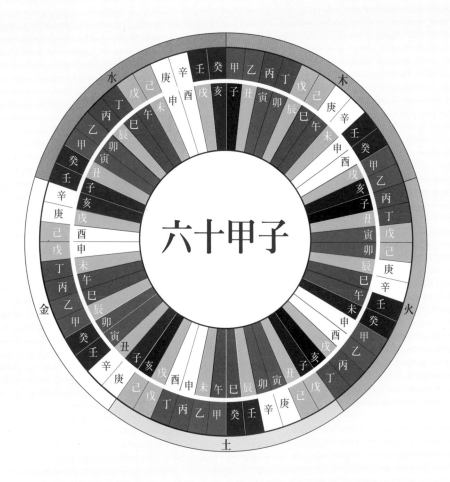

六十甲子

▲ 역학(易學)은 크게 음양을 2진법으로 효(爻)를 쌓아가는 주역과 음양에서 오행의 논리로 확장한 명리학으로 발전했다. 주역의 64괘와 명리학의 육십갑자 모두 음양이 조화를 이루듯 끊임없이 변한다. 위는 갑자부터 계해까지 명리학의 육십갑자를 원형으로 표현한 이미지다. 12년씩 5등분한 후 목화토금수 오행의 색을 투명하게 입혀보았다. 사람이 태어난 후 맞이하는 60세 생일을 일컬어 환갑(還甲) 또는 회갑(回甲)이라 한다. 육십갑자가 한 바퀴를 돌았다는 뜻이다. 육십갑자는 각각의 의미를 가진, 시간을 나타내는 기호다. 모든 인간은 이 시간의 의미망 속에서 각자 독립적인 기운을 가지며, 태어난 연월일시에 따라 그 기운을 포착한 사주를 갖고 있다. 사주가 없는 인간은 존재하지 않는다.

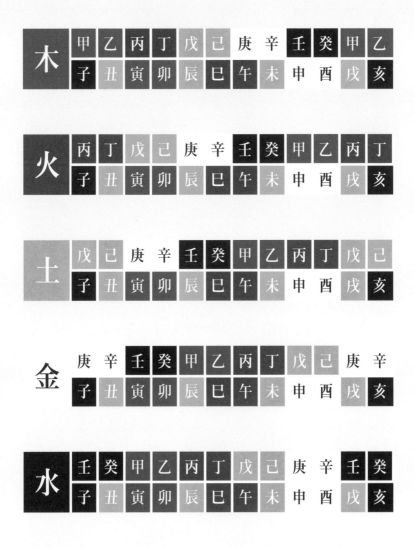

▲ 원형의 육십갑자를 세로 형식의 도표로 표현한 이미지다. 기존에 6등분 되어 있던 육십 갑자와 달리, 지지를 기준으로 그룹을 나누었다. 달라진 구성으로 인해, 몇 가지 규칙성을 찾아볼 수 있다. 예를 들어, 같은 세로선상에 놓인 간지들 모두 지지는 같지만 천간은 상생 관계로 연결된다. 또한 공망이 되는 간지도 찾기가 쉽다. 갑자의 공망은 술해, 병자의 공망은 신유, 무자의 공망은 오미다.

명리
나를 지키는
무기

초명 지음

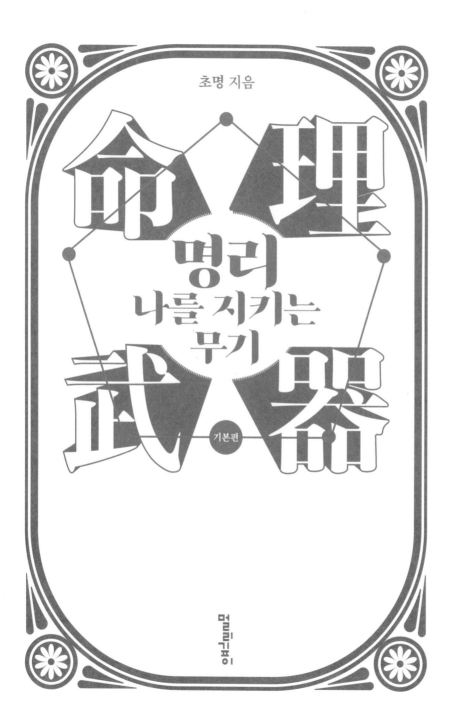

命理
武器

명리
나를 지키는
무기

기본편

멀리깊이

명리로 나를 지킬 전략을 세운다는 것

취미로 사주를 공부할 때부터 주변 사람들에게 들어왔던 질문이 있다. 운명이 진짜 정해져 있느냐, 사주팔자를 보면 그 사람이 어떤 인생을 살지 보이느냐는 질문이었다. (명리를 공부한 지 몇 년이 지난 오늘에 이르러서도) 여전히 난 잘 모른다고 말한다. 명리(命理)라는 학문이 길흉화복을 점치는 점술이나 접신의 영역과는 무관하기 때문이다. 무엇이 '된다', '안 된다'를 예언하며 점쟁이를 흉내 내는 명리학자가 사기꾼인 이유도 여기에 있다.

태어나면서부터 한 사람의 운명이 정해져 있다는 숙명론에는 인간의 빛나는 자유의지가 들어설 자리가 없다. 오이디푸스 신화처럼 내가 주체적으로 결정한 모든 것들 또한 미리 정해진 프로그램처럼 피해 나갈 수 없는 숙명이 되어 다가온다면, 인간의 삶은 얼마나 허무하고 비극적인가?

내가 몇 번이고 이혼할 사주라고?

신혼 때 갓난 아이를 키우면서 아내와 크게 다투곤 했다. 당시 잘못된 투자로 저축한 돈을 상당히 잃었던 터라, 사소한 일에도 서로를 비난했고 안식처가 되어야 할 집은 전쟁터나 다름없었다. 아내와 서로의 바닥을 본 시기, 이혼을 고민하다 지인에게 소개를 받곤 한 철학관을 찾았다.

> **역술가** (심각한 얼굴로) 흠… 편재격이 돼야 하는데 이건 파격이군요.
>
> **나** 네!?
>
> **역술가** (역시 심각한 얼굴로) 갑목을목이 등라계갑하여 축토 상관을 억지로 괴롭히는 형국입니다.
>
> **나** 그렇다면 제가 이혼을 한다는 말씀인가요?
>
> **역술가** (너는 모르는 비밀을 나는 알고 있다는 얼굴로) 네. 이혼은 하겠네요. 앞으로 두세 번은 더 이혼할 겁니다.
>
> **나** 아니, 대체 제가 왜 이혼을 하게 된다는 거죠?
>
> **역술가** 사람의 운명은 이미 정해져 있어요. 사주도 문제지만, 조상 묏자리가….

뭔가 한 대 얻어맞은 저릿한 느낌으로 철학관을 나왔다가, 과거에도 비슷한 이야기를 두어 번 들었다는 걸 깨닫고 소름이 돋았다. 대학 졸업 후 취업을 못해 방황하다 찾아간 서울의 꽤 유명한 철학관에서 한 번, 나 홀로 배낭을 짊어지고 여행을 떠났을 당시 홍콩의 어느 사주카페 거리에서 한 번.

도대체 전생에 무엇을 그렇게 잘못했길래 홍콩까지 가서 이런 얘기를 들어야 했을까? 더군다나 조상 묏자리가 문제라면, 그 묏자리에 조상을 모신 건 내 잘못이 아니다. 어디까지가 내 조상인지도 모를 일이고 말이다. 더불어, 같은 뿌리인데 후손들의 앞길을 빌어주지는 못할 망정, 자기 묏자리 제대로 안 잡았다고 후손들을 아프고 병들게 하고 취업을 방해하는 등 인생을 구렁텅이로 모는 게 조상이 할 짓인가?

아무튼 나 보고 몇 번은 이혼할 거라는 그 말을 당시에는 '사주가 일종의 학문이라 비슷한 풀이를 내놓는 건가?'라며 웃어 넘겼다. 음양오행론에 기초한 동양철학이라, 조선시대에는 풍수·한의학과 함께 잡과로 묶여 국가 관료를 선발하는 과거 시험으로 치러지던 과목이 사주명리 아니던가.

다시 한번 철학관에서 이혼 소리를 듣고 나서, '두세 번 이혼할 운명이었다면 나는 왜 결혼을 한 걸까? 제대로 책임지지도 못할 거면서 아이는 왜 낳았을까? 몇 번이나 더 이혼한다면 다음에 만날 누군가와도 이혼한다는 이야기일까?' 이런 생각을 하며 무척 혼란스러운 시기를 보냈다. 그러곤 다짐했다. '정해진 운명이 있다는 걸 부정해주겠다! 만약 이혼을 하더라도 당신네들이 말한 그 시기를 지나서 이혼하고, 운명의 신을 비웃으리라!'

상담하면서 만나는 20대 여성들에게서 가끔씩 "제가 이혼할 사주인가요?"라는 질문을 받는다. 나는 성향상 이혼의 가능성이 높은 사주는 있지만 확정되어 있는 사주는 없다고 말한다. 그러곤 과연 이혼이 그렇게 나쁘기만 한 건지, 어떤 상황에서도 이혼을 하면 안 되는 건지 물어본다. 극단적인 사례이긴 하지만, 배우자가 주기적으로 주폭을 저지르거나, 혼외 자식을 낳아오거나, 자녀를 학대하는 경우도 있기 때문이다.

왜 내 사주를 본 사람들이 비슷한 해석들을 했는지, 그 궁금증을 풀기 위해 서점에서 명리학 서적을 한 권 집어 들었다. 대중음악 평론가이자 명리학자인 강헌의 책이었다. 당시 나는 점쟁이를 찾아가 미래에 대해 물을 게 아니라, 나에 대해 직접 알아보자는 강한 욕망으로 활활 불타올랐다. 그때의 선택과 행동이, 지금의 나를 이곳까지 이끌었다고 확신한다.

아내와 힘든 시기를 보내는 몇 년간 틈날 때마다 명리 책을 뒤적였다. 수확한 포도로 와인을 만들면, 포도나무를 심을 당시의 계절과 토양 성분에 따라 와인 맛이 달라진다고 한다. 원산지가 중국 화북인 배추는 여름에는 잘 자라지 않는 대신, 영하 6도에도 잘 얼지 않는다. 하물며 작물도 그러할진대, 사람이라고 태어난 계절의 영향을 받지 않았을까? 그 의문을 붙잡고 칠흑 같은 어둠을 헤매기 시작하자, 아주 조금씩 내 사주가 눈에 들어오기 시작했다.

공부라는 건 누가 시켜주거나 떠먹여주는 게 아니라, 내가 스스로 하는 거라고 생각한다. 누가 이끌어줄 수는 있겠지만, 그 세계로 문을 열고 들어가 앞으로 발을 내딛는 건 철저히 나의 몫이다. 새로운 세계를 경험하면서 낯선 감각을 일깨우고, 내가 가진 생각을 깨부수는 것. 명리를 공부한 이후 내 삶이 바뀌었고, 삶을 변화시키는 공부가 진짜 공부라는 것도 알게 됐다. 단적으로는 운명(運命)을 대하는 나의 태도가 달라졌다. 명(命)은 정해져 있지만, 운(運)은 내 노력과 행동, 시기에 따라 얼마든지 다르게 끌고 갈 수 있다는 확신을 갖게 되었다. 내가 어느 계절에 서 있고, 앞으로 어떤 계절을 맞이할지 그 흐름을 알게 되니 사소하게 일희일비(一喜一悲) 하는 일도 줄었다. 삶을 있는 그대로 받아들이면서 나에 대한 욕심도 내려놓고, 타인에 대해서도 한결 너그러워졌다.

조금씩 아내의 사주도 눈에 들어오기 시작했다. 나와 아내가 서로 이혼을 고민하던 2018년 무술년은, 각자에게 처음으로 운이 가장 불리하게 흐르는 시기였다. 비유하자면 둘 다 혹한기에 들어선 줄도 모르고, 어리석게도 밭을 갈고 씨를 뿌리고 있었던 셈이다.

사주를 이해하고 나서, 내게 몇 번씩 이혼하겠다고 말한 사람들 모두에게 화가 났다. 특히 마지막으로 만난 역술가에게 더욱더. 적어도 그가 내 아내의 사주를 함께 살폈더라면, 화가 덜 났을지도 모른다. 그들 모두는 명리학을 도구로 더 나은 선택을 할 수 있도록 도와주지 않고, 마치 결정된 운명이 있는 것처럼 내 앞에서 점쟁이 흉내를 냈다. 마음이 흔들리더라도, 그 계절에 절대 해서는 안 되는 일이 무엇인지 차분히 조언해줬다면 어땠을까? 불리한 운을 최대한 지혜롭게 방어하는 길은 얼마든지 있으니 말이다.

명리학은 운명을 활용하기 위해 존재한다

나와는 반대로 자기 사주의 한계를 발견하고 좌절하는 사람들이 많다. 운명이 있다고 믿으면서, 자기 삶을 틀에 가두는 분들을 보면 너무도 안타까울 때가 많다. 그런 의미에서, 스승님(명리학자 강헌)을 만나 이 공부를 시작한 게 내겐 큰 행운이 아니었을까 싶다. '천격'이니 '귀격'이니 하는 식으로 사주에 등급을 매기지 않고, 존엄한 개인이 주체로서 어떻게 하면 더 나은 삶을 살아갈 수 있을지에 대해 연구하는 스승님의 관점이, 명리학을 어떻게 도구로 활용할 것인지에 대한 길을 밝혀주었다.

명리학을 통해 자유로워졌다 보니, 같은 관점에서 명리로 도움을 주기 위해 상담도 하게 되었다. 나는 강의를 하거나 상담을 할 때 사주를 품평하지 않으려 한다. 결정론적인 시각을 배제하기 위해 '꼭', '반드시', '무조건'이라는 말 또한 쓰지 않으려 노력하고 있다. '내가 아는 게 전부가 아니며, 나도 언제든 틀릴 수 있다'는 사실을 늘 되새긴다.

상담 초기 직장인이던 한 내담자에게 농담으로 "혹시 노래 꽤 잘하지 않으세요?"라고 물었다. 그가 웃으며 학생 때 밴드부 활동을 하다가 아버지에게 걸려 트라우마로 남을 만큼 심하게 구타를 당한 후, 그 뒤로 음악과는 멀어지게 됐다고, 그래도 언젠가는 음악을 하고 싶다고 했다. 우연히도 몇 달 뒤 같은 사주를 접했는데, 그 분은 음악을 전공한 아버지의 전폭적인 지지하에 이른 나이에 음악을 시작해 현재까지 음악가로서 만족스러운 삶을 살고 있었다. 이런 사례를 접하면서 특히 어린 시기에는 '어떤 부모를 만나 어떤 환경에서 자라느냐'가 사주보다 더 중요한 게 아닐까 하는 생각을 하게 됐다. 잘 보지는 않지만 어린아이의 사주를 살필 때 부모의 사주도 함께 가져오라고 하는 이유다.

자기 사주의 기운을 제대로 쓰기 시작하는 때는, 대체로 부모 곁을 떠나 경제적인 독립 주체로서 자기 삶을 온전히 책임지는 시기부터다. 하지만 세속적인 관점에서 사주는 물론, 어른으로서 주체적으로 살아가는 시기의 대세운이 아무리 좋아도, 그 가능성을 꽃 피울 수 없는 나라에서 태어난다면 좋은 사주라는 게 무슨 의미가 있을까? 만약 대한민국이 아니라, 개인의 자유와 인권을 억압하는 북한에서 태어나거나, 경제적 자립을 도모하기 힘든 저개발국에서 태어났다면 난 과연 지금의 나로 존재할 수 있을까? 어쩌면 사주보다는 현재 내가 어떤 환경에서 자라고 있는지, 누구와 관계를 맺고 있는지가 더 중요한 게 아닐까?

여기에 덧붙여 나는, 더 나은 상황을 만들기 위해 행동하고 노력을 기울이는 주체의 의지가 훨씬 더 중요하다고 믿는다.

사실 대부분의 사람들은 자기에게 주어진 원국(原局)대로 살지 못한다. 부모의 바람과 주변의 시선 속에서 타인의 욕망을 내재화하며 살아가기 때문에, 소위 사회적으로 높은 성취를 이루었어도 마음속엔 늘 공허함이 가득하다. 남이 볼 때 별 볼 일 없는 사람이라도 자기 원국에 따라 살아가는 사람들은 경제적·사회적 성취를 떠나 대체로 자존감이 높고 다른 사람들과 행복하게 관계 맺으며 순리대로 살아간다.

나는 오늘도 사주를 통해 내담자가 어떤 환경에 놓여 있는지, 따라서 그에게 어떤 선택이 최선인지를 고민한다. 동시에 절대적인 정답이란 없다는 것을 끊임없이 되새기며, 점쟁이가 되지 않기 위해 노력한다. 공부할 때도 이런 태도는 정말 중요하다고 본다. 내가 태어난 연월일시에 따라 기호로 상징화된 게 사주다. 같은 사주라고 해도 각자가 뚜렷한 개성을 지닌 개별적이고 고유한 존재이듯, 삶의 양상은 저마다 다르게 나타난다. 이런 주체성을 간과하고, 마치 절대적인 정답이 있는 것처럼 여겨버리면 점차 아무것도 의심하지 않고, 질문 또한 던지지 않게 된다. 과학과 합리를 기반으로 재편된 오늘과 같은 시대에 질문하지 않는 명리학은 지혜의 학문이 아니라 운명을 점치는 신비주의적 비술(祕術)로 여겨지고, 오래 이어져온 생명력을 다하게 될 것이다. 내가 도사, 점쟁이, 술사 등의 존재보다, 명리 상담사 또는 명리학자라는 정체성을 품으려 하는 이유가 여기에 있다.

아, 심각하게 이혼을 고민하던 아내와는 어떻게 됐냐고? 오붓하게 딸 아이를 키우며 행복한 인생을 보내고 있다. 서로 힘들었던 시기를 두고 이야기할 때마다, 그때는 왜 그렇게 어리석게 행동했던가 그저 웃고 넘긴다. 추운 겨울이 지나면 따스한 봄이 찾아오는 것처럼, 힘든 시기를 이겨내니 자연스럽게 평화가 찾아왔다 여길 뿐이다. 명리학을 공부하다 보면 자연스레 알게 된다. 절대적이며 영원한 것은 없다는 것, 모든 것은 변화한다는 것을 말이다.

아내는 나와 함께 힘든 시기를 이겨내고, 나를 더 나은 어른으로 성장시켜 준 천을귀인(天乙貴人) 같은 사람이다. 명리학을 공부하고 표면적으로 나타난 가장 큰 변화는, 손에 꼽을 정도로 부부싸움을 하지 않게 되었다는 점이다. 물론, 우리 삶에 명과 암이 있고 명리학에 음과 양이 있듯, 나와 아내는 여전히 애증의 관계이기도 하다. 그래도 증증(僧憎) 관계에서 애애(愛愛) 관계를 지향하는 애증의 관계가 됐다는 게 어딘가 싶다. 스스로 이런 말을 하는 게 좀 우습기도 하지만, 부부관계에서는 물론 아이를 대하는 태도에 있어서도 조금이나마 성숙해진 부분이 있다면 전부 명리학 덕분이리라.

사주가 없는 인간은 존재하지 않는다. 태어나는 순간, 모든 인간은 끊임없이 변화하는 우주적 질서 속에서 사주라는 특정한 기호를 부여받는다. 명리학은 단순히 인간의 길흉화복을 점치기 위해 존재하지 않는다. 사주의 한계를 규정 짓고, 미래의 가능성을 제한하기 위해 존재하는 것도 아니다. 명리학은 한 개인을 둘러싼 자연의 질서와 잠재력을 파악하고, 어떻게 하면 다가올 미래를 전략적으로 활용할 수 있을지 알려주는 삶의 유용한 도구이자 무기다.

이 책을 쓰게 된 배경

이 책《명리, 나를 지키는 무기: 기본편》은 자신의 사주팔자를 어떤 순서와 방법으로 읽어내야 하는지를 자세히 서술한 책이다. 목차만 봐도 내가 전달하려는 바를 충분히 인지할 수 있을 것이다(추후에 나올《명리, 나를 지키는 무기: 심화편》에서는 원국의 합과 충을 어떻게 해석해야 할지, 대세운에 따라 어떤 전략을 세워야 할지에 대해 자세히 서술할 예정이다).

나는 이 책을 저술하며 상담가로서, 그리고 명리학자로서 실전에서 사주를 어떤 순서로 해석해야 하는지를 실증적으로 설명하고자 최대한 노력했다. 관법이 다른 명리학자들과 학문적인 토론을 주고받게 된다면, 그것 자체로도 명리계의 긍정적인 발전을 위해 반가운 일이 될 것 같다. 좀 다른 이야기이지만, 상담을 하다 보면 자기 사주가 이래서 안 좋은 거 아니냐고 묻는 분들이 정말 많다. 특히 어설프게 공부하신 분일수록 그런 질문을 많이 던지는 터라, 미신과 잡술이라는 편견에

얼룩져 있는 명리학을 양지로 끌어올리고 싶은 마음도 컸다.

　명리학은 점술과 다르다. 정해진 운명이 있다는 가정하에 미래를 예견한 후 내담자가 원하는 명쾌한 '답'을 줄 수는 없는 노릇이다. 물론 대학 합격, 승진, 취직과 관련된 운이 들어오는 때를 알 수는 있지만, 당락에 대한 답은 명리학의 영역이 아니다. 그보다 명리학에 부합하는 질문이 있다. "올해 대학에 합격할 수 있을까요?"보다 "대학에서 어떤 공부를 해야 맞을까요?"가 적합한 질문이며, "이번에 회사에 취직할 수 있을까요?"보다 "회사에서 어떤 보직을 맞는 게 맞을까요?"와 같은 질문이 명리학적으로 더 올바른 질문이다. 자식과 관련된 질문도 마찬가지다. 물론 자식을 낳기 어렵다고 분류하는 사주도 있다. 하지만 자식을 어떤 성별로 몇 명이나 낳겠냐고 묻는 분들에게 답하기란 거의 불가능하다. 이게 가능했다면, 진작 산부인과에서 예비 의사들에게 명리학을 필수 과목으로 가르치지 않았을까?

　예시로 밝혀 두겠지만, 내 사주엔 상관이 발달되어 있다. 상관이 발달한 사람들이 진보적인 성향을 지닌 만큼 나 역시 과거의 틀을 깨부숴야 한다는 반골 기질을 강하게 띠고 있다. 강하게 저항감을 품고 있는 명리계의 이론 하나는 흔히 말하는 사흉신(상관, 겁재, 편인, 편관, 양인 등)에 관한 것이다. 요즘 시대에는 오히려 길신이 되어야 할 텐데, 왜 아직도 흉신 대접을 받는지 이해할 수 없다.

　사주상담을 하다 보면, 관성혼잡이나 재다신약, 무재사주 등은 사주 구조가 안 좋은 거 아니냐고 묻는 분들도 많다. 심지어는 이혼할 사주는 아닌지, 결혼할 수 있는 사주인지, (미래의) 남편에게 얻어 맞거나, (역시 미래의) 남편이 바람을 피우는 사주가 아닌지 등 말도 안 되는 걸 묻는 분들도 많이들 있다. 당연하지만 그런 사주는 없거니와, 사주가 설령 그렇게 해석되게끔 구성되어 있다고 해서 그런 삶을 사는 것도 결코 아니다. 현재 어떤 환경에 속해 있는지, 누굴 만나 어떤 관계를 맺는지, 대운과 세운에 따라 어떤 변화가 일어나는지, 그리고 운을 맞이하는 주체인 내가 얼마만큼의 의지로 어떤 노력을 기울이느냐에 따라 모든 것이 달라질 수 있기 때문이다.

　이런 설명에도 불구하고, 하는 일이 안 풀리는 이유가 사주 때문이며 사주가 한쪽으로 치우쳐져 있어서 문제인 것 같다는 소리에 걱정하는 분들이 있을 것이다. 만약 그런 소릴 들었다면, 축하한다. 다른 관점으로는 폭발력이 뛰어난 사주라는 이야기니까. 아직 운을 만나지 못했을 뿐이며, 다가오는 운을 살펴 전략적으로 당신이 가진 재능을 활용하게 될 거라는 말을 꼭 전하고 싶다(참고로 역사에 이름을 남긴 분들의 사주를 보면 의외로 사주가 하나의 기운으로 관통한 즉, '사주일기격'이 많다는 것도 덧붙인다). 속된 말로 잘 모르는 사람들은 그런 사주를 '버린 사주'로 분류한다.

사주에 대한 다양한 편견에 빠져 찾아온 내담자에게 원리를 차분히 설명해주다 보면, 피치 못하게 상담이 길어질 때가 잦다. 이 때문에 기회가 된다면 고전의 틀을 벗어나, 명리 공부를 하는 초보자들이 갇히게 되는 편견을 깨기 위한 책을 꼭 써보고 싶었다. 이제라도 작은 목표를 이루었으니, 정말 감사한 일이다.

명리 입문자가 아닌, 초급자나 중급자 사이에 머물러 계신 분들을 위해 기초적인 내용은 배제하고 실전에서 사주를 어떻게 풀어야 할지에 초점을 맞추었다. 아무래도 오행, 천간과 지지, 십성에 대한 기본적인 개념 정도는 익히고 있어야, 이 책을 편하게 읽을 수 있다는 이야기다. 정리하면, 대략 아래와 같은 분들에게 이 책이 유용하게 활용될 것 같다.

① 일간, 천간, 지지, 십성이 뭔지는 알고 있다. 그러나 용어만 알고 있지, 막상 사주를 어떤 순서로 해석해야 할지는 잘 모르겠다.

② 수없이 많은 명리학 서적을 읽었지만, 새로운 사주만 보면 눈앞이 캄캄해진다. 아무래도 내게 사주울렁증이 있나 보다.

③ 고전에서 말하는 조후와 억부, 격국이 뭔지는 안다. 그런데도 사주에 어떻게 적용해서 해석해야 하는지 감을 잡을 수 없다.

④ 다수의 고전이 가진 계급사회 기반의 해석을 벗어나, 명리학을 현대적인 시선으로 재해석해보고 싶다.

⑤ 사주를 어떻게 해석하는지 제대로 공부해서, 내 운명을 적극적으로 활용해보고 싶다.

⑥ 언젠가 명리상담가가 되어, 내가 배운 명리학 지식을 다른 사람을 위해 이롭게 활용하고 싶다.

명리를 도구로 활용하려는 분들에게

위에서 대다수의 사람들이 주어진 원국대로 살아가고 있지 않다고 말한 바 있다. 하지만 나의 경우는 다행히 달랐다. 내 사주가 어느 정도 눈에 들어오기 시작할 때, 사주상 드러나는 성격과 대세운에 따른 흐름이 내 삶의 흐름과 꽤나 일치하여 얼마나 놀랐는지 모른다. 내 원국에는 나라는 사람이 고스란히 들어가 있었다. 나의 성격과 추구하는 욕망은 물론, 대학 전공, 취업 등 내가 살면서 내렸던 중요한 선택들에 대한 방향과 그 시기까지도 일치했다. 심지어 20대 시절 뜻하지 않게 폐결핵, 기흉 등으로 고생한 이력까지 명확하게 확인할 수 있을 정도였다(명리학을 어느 정도 공부한 분들에게 내가 언제 폐결핵과 기흉으로 고생했는지 사주를 보여주며 문제를 내면, 최소 중급 이상의 실력을 가지신 분들은 거의 90퍼센트 이상의 확률로 정확한 때를 짚어낸다. 추후에 나올 심화편까지 제대로 읽기만 한다면, 여러분도 이런 문제 따위는 정말 쉽게 맞출 수 있을 것이다).

명리를 공부한 이후, 나는 더 행복한 삶을 살아가기 위해 명리를 도구로 활용하며 적극적으로 내 운명에 개입하기로 마음먹었다. 예를 들면 비록 불리한 대운 속에서도, 내 사주의 용신인 편재(偏財)의 기운이 일시적으로 강해지는 2021년 신축년(辛丑年)만큼은 운의 흐름이 유리한 방향으로 달라지는 시기임을 알고 새로운 일을 시작했다. 코로나 때문에 다니던 회사가 어려워지더니 월급이 반토막 나던 상황이었다. 좋은 운을 기대했건만, 나를 둘러싼 상황은 절대 우호적으로 느껴지지 않았다. 하지만 감나무 밑에서 입을 벌린다고 감이 떨어지지 않는다는 걸 알기에, 내 운을 믿고 눈에 보이지 않는 하늘의 감들을 향해 마구 장대를 휘젓기로 했다. 놀랍게도 내 삶은 그때부터 조금씩 바뀌기 시작했다.

유튜브 채널을 개설하고 명리 관련 영상을 올림과 동시에 당시 인연이 없던 스승님께 무작정 편지를 썼다(그때 스승님은 문화재단 대표로 재직 중이라, 나 따위가 만나 뵙기 힘든 분이었다.) 그러고 나서 며칠 뒤 하필이면 내가 사는 지역으로 출장을 오신 스승님과 우연찮게 만나 뵙게 됐다. 편재는 비정기적인 재물이기 이전에, 사람과의 관계를 뜻한다. 결국 나는 편재를 활성화시키기 위해 노력했고, 나를 이끌어줄 분들을 만나 함께 더 넓은 공간으로 나아가게 된 것이다.

2022년 임인년(壬寅年)에는 내게 편관운이 들어온다는 걸 알고 광고 영화제에 작품을 출품해서 상도 받고, 도반들과 함께 활동하는 명리 공동체에서 임원도 맡게 됐다. 어느 방송사의 명리 관련 프로그램의 자문위원으로 활동했고, 스승님과의 인연으로 명리 앱 개발에도 참여하게 됐다. 유튜브 덕분에 방송사의 출연 제의도 받고, SNS를 새로 시작하면서 출간 제의도 받게 됐다. 나에게 왜 이런 일이 생긴 걸까? 내 사주의 용신인 편재의 기운을 대세운에 맞춰 적극 활용했기 때문이다(SNS는 편재의 속성과도 맞닿아 있다. 나는 편재가 용신인 사람들에게는 새로운 일이 생길 테니, 가급적 SNS를 해보라고 권장하는 편이다). 편재를 끌어들이기 위한 여러 노력 덕분에 새로운 사람들과 인연을 맺게 됐고, 이전과는 전혀 다른 인생을 살게 됐다.

나는 신강한 병오일주다. 화기(火氣)가 뜨거워지는 병술년(丙戌年), 갑오년(甲午年), 무술년(戊戌年) 때 나는 전부 금기(金氣)와 관련된 기흉, 폐결핵, 피부병, 치질 등으로 고생했다. 모두 화기가 강해져 사주의 금이 녹는 해였다. 곧 이전과는 비교할 수 없을 만큼 화기가 뜨거워지는 병오년(丙午年)이 다가온다. 이때 나는 어떻게 해야 내 건강을 지킬 수 있을까? 바닷가 쪽으로 이사를 가거나, 기수련을 해서 내 몸을 치유하는 데 집중할 생각이다. 취미로 금기가 강한 갯벌이나 토기가 강한 황토길을 자주 걷는 것도 좋겠다. 또는 수의 기운을 끌어들이기 위해 일찍 자고 규칙적인 생활을 하면서 내 건강을 지키는 방법도 있다. 음식을 통해서든 환경을 바꿔서든, 그도 아니라면 파트너 관점에서 나에게 필요한 기운을 가진 사람과 함께하는 방법으로라도 얼마든지 내 건강을 지킬 수 있을 것이다.

간단하게만 언급했지만, 결과적으로 나는 명리를 통해 내 운을 활용했고, 그에 따라 여러 계획을 세우며 나에게 유리한 결과를 이끌어냈다. 명리를 활용할 줄 안다는 건 삶의 중요한 순간마다 어떤 전략을 세워야 할지 알려주는 지침서를 손에 쥐게 되는 것과 같다. 이 책을 통해 여러분 또한 명리학을 통해 삶의 전략을 세울 수 있게 되기를 바란다.

3장 관계 속에서 나를 지켜내는 지혜, 십성(十星)

6장 욕망과 현실의 끝없는 변주: 연주에서 시주까지

주체로서의 나를 지키는
일간 해석

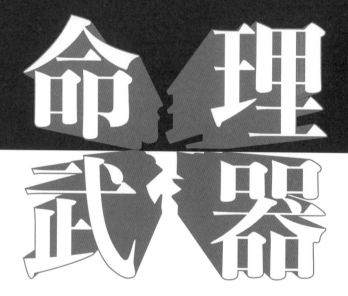

命理
武器

1
장

일간을 먼저 살펴야 하는 이유

당나라 시대에는 연주를 중심으로 사람의 운명을 파악하는 당사주(唐四柱)가 크게 유행했다. 자신의 태어난 연도, 즉 띠를 중심으로 한 해의 운을 점치거나 궁합을 보는 방식은 어느 정도 당사주에 기원을 두고 있다. 이후 송나라 시대에 서자평(徐子平)은 연월일에 태어난 시까지 추가하여 네 기둥, 즉 사주(四柱)를 세우고, 태어난 연도가 아닌 태어난 일을 기준으로 사람의 운명을 파악하려 했다.

연주 중심에서 일간 중심으로 관법이 바뀌었다는 건 무엇을 의미할까? 이전까지는 인간의 운명을 국가와 우주의 질서 속에서 파악하려 했다면, 이제는 일간, 즉 개인을 중심으로 인간의 운명을 파악하게 됐다는 것을 의미한다. 아랍인들이 수십 년간 별자리를 연구하며 쌓아놓은 지식을 두고 궁리하다 지동설을 발견한 코페르니쿠스처럼, 명리학에서도 사고의 혁신적인 전환이 일어난 것이다. 지금도 명리학은 여러 국가적인 재난으로 인해 비명횡사 하는 이들 앞에 무력하다. 1945년 일본 히로시마와 나가사키에 각각 원자폭탄이 투하되었을 때 초기 2개월에서 4개월 동안 죽어간 몇 십만의 죽음에 대해 명리학은 답하지 못한다. 과거 전쟁, 기아, 전염병 같은 재난으로 속수무책 쓰러져야 했던 수많은 이들에 대해서도 마찬가지다.

명리학의 역사에서 일간 중심으로 관법이 변화한 일은, 국가나 사회적 혼란기 속에서도 개인의 주체성을 점점 중요하게 바라보기 시작했다는 가치관의 변화를 반영한다. 하지만 가문 중심적 사고와 신분제도의 영향을 반영하듯, 일간을 기준으로 하되 월지를 중심으로 하는 격국론이나 조후론 같은 여러 관법들 또한 서서히 체계화되기 시작했다.

그렇다면 왜 월지는 일간을 대신하는 기준이 되지 못한 걸까? 월주는 연주에 따라 구성되는데, 바꿔 말하면 월주가 연주에 종속된다는 걸 뜻한다. 마찬가지로 시주는 일주에 따라 구성된다. 월주는 결코 연주라는 담을 넘을 수 없고, 시주는 일주라는 담을 넘을 수 없다. 즉 연주가 기준이었던 시대 이후, 연주를 넘어, 어느 주에도 종속되지 않는 일주로의 기준 변화가 더욱 자연스러운 흐름이었다는 것이다.

명대의《연해자평》을 통해 근묘화실론이 하나의 이론으로 굳건히 자리 잡기 전, 이전 시대인 송대의 고서《옥조정진경》과《이허중명서》에는 각각 일지를 형제나 처첩, 주축으로 보는 관법이 등장한다. 일지를 동년배인 형제로 해석하다 보니, 개인의 주체성이 중요해지는 시기로 이어지면서 자연스럽게 일간을 본원인 나로 바라보게 된 게 아닌가 추측해볼 수 있다.

참고로 자연의 변화, 계절의 변화에 뿌리를 둔 명리학에서 월지의 중요성에 대해서는 따로 언급할 필요가 없다. 하지만 개인이 자신의 능력으로 얼마든지 주체적인 삶을 살아가는 지금의 자본주의 경쟁사회에서는 월주만큼이나 시주의 중요성을 더 높이 바라봐야 한다.

시	일	월	연
	?		

신강과 신약보다 중요한 것은 일간의 기운과 주체의 호응이다. 그러므로 제일 먼저 살펴야 하는 것은 일간이다. 다른 글자를 제외하고, 일간만 보더라도 정말 많은 것들을 알 수 있다. 현대명리에서는 일간을 중심으로 원국의 다른 간지들과의 관계를 살피지만, 사주를 처음 볼 때는 다른 요소를 제외하고 일간 자체만을 우선 살펴야 한다. 일간은 주체의 내외적 속성을 가장 잘 함축하고 있는 글자다. 따라서 신강, 신약을 떠나 일간만 보고도 음양은 물론, 사주 주체의 기본 바탕이 어떠한지 한번에 파악이 가능하다.

원국을 살필 때는 일간이 가진 기운이 사주 주체와 일치하는지를 먼저 파악해야 한다. 일간이 가진 기운은 일간을 제외한 원국의 나머지 글자와의 관계, 대운과 세운, 주체가 처한 현실적 환경, 주변의 특수관계인 등에 따라 얼마든지 달라질 수 있기 때문이다.

만약 일간이 가진 기운이 사주 주체와 일치하지 않다면 어떻게 봐야 할까? (생년월일시가 정확하다는 가정하에) '사주가 안 맞네'라고 할 것이 아니라 왜 일간과 주체가 일치하지 않는지, 트라우마나 다른 요인으로 인한 억압이 있었던 건 아닌지 세심히 살펴야 한다. 일간의 특성과 주체의 특성이 일치할 때, 자기 삶에 대한 만족도와 행복지수가 높아진다.

일간의 기운이 뚜렷한지, 그렇지 않은지는 주체의 생김새나 옷차림, 몸가짐, 말투 등에 따라서도 어느 정도 읽어낼 수 있지만, 일간의 특성과 관련된 몇 가지 질문들을 통해서도 1차적인 파악이 가능하다. 따라서 상담 시 원국을 살피고 질문을 하는 행위는, 내담자와 공감하기 위해 원국과 관련된 요인을 살피는 중요한 작업이 된다.

갑목과 을목: 성장과 생존, 에너지의 양상

갑목과 을목의 물상은 나무나 화초로, 정확하게는 봄의 계절적 성향과 봄이라는 계절이 품고 있는 에너지의 흐름을 나타낸다. 갑목은 겨우내 잠들어 있던 씨앗이 초봄을 맞아 언 땅을 뚫고 하늘을 향해 발아하는 그 순간의 에너지, 또는 나무가 중력을 거슬러 하늘로 솟구치려는 강한 생명의 에너지를 뜻한다. 시작과 성장, 생명의 힘을 뜻하는 만큼 갑목은 사람들 사이에서도 본인을 주도적으로 드러내려 한다.

갑목의 기운을 잘 드러내고 있는지 파악하려면, 혼자 밥이나 술을 먹을 때가 있는지, 친구는 많은지 등을 물어보면 된다. 갑목의 기운이 선명한 사람은 혼자 밥이나 술을 먹지 않으며, 실제 친구가 얼마나 있건 별 고민 없이 친구가 많다고 말한다. 남과 비교당하며 주눅드는 걸 싫어하기 때문이다.

참고로 갑목은 양목으로 강한 성장의 기운을 담고 있기에, 어릴 적 얼굴과 다 크고 난 뒤의 얼굴이 다른 경우가 많다. 또한 대체적으로 얼굴형이 갸름하거나 말상이다. 또한 목은 신체 중 눈과 관련이 깊다. 눈이 발달한 경우가 많지만, 신강하여 갑목의 기운이 너무 넘칠 경우 눈의 크기나 형태가 비대칭적이거나, 시력이 안 좋거나, 눈과 관련된 질환으로 고생하는 경우가 있다. 음 속에 양이, 양 속에 음이 있듯 극과 극은 통하며, 너무 넘치는 기운은 모자란 것과 같다.

갑목은 지적인 호기심은 물론, 세상사에도 관심이 많다. 친구들과 어울리는 데 앞장서며, 여행 다니는 것도 좋아한다. 좋아하든 싫어하든 호불호가 명확하며, 표정을 잘 숨기지 못한다. 약자에 대한 공감능력도 뛰어난 편이다. 십성으로 치면, 편재(偏財)의 속성과 비슷하다. 이런 갑목의 특성을 알고 있다면, 갑목의 기운이 선명한지 확인하기 위해 스스로에게든 내담자에게든 정기적으로 기부를 하는지, 여행은 자주 다니는지, 혹은 얼리어답터인지 같은 여러 질문을 던질 수도 있을 것이다. 또는 질문하지 않더라도, 갑목과 을목의 외양을 살피거나, 오행인 목의 특성이 가장 잘 드러나는 직업, 예컨대 교육계나 의료계, NGO 계통에 종사하고 있는지 등에 대한 정보도 원국의 요소를 파악하는 1차적 작업이 될 수 있다.

참고로 같은 일간이라 하더라도 특정 일주마다 외양적 특성에 차이가 있다. 예를 들어 갑자일주의 경우 남녀 모두 목이 긴 편이며, 남자인 경우는 새가슴, 여성은 가슴이 넓고 큰 사람이 많다.

을목의 외양은 어떨까? 갑목과 을목 모두 팔다리가 길지만, 을목이 조금 더 몸의 비율이 좋고 실제 키에 비해 작아 보이지 않는다. 양은 발산하고 드려내려는 성질을, 음은 안으로 수렴하려는 성질을 갖추고 있어 조화를 이루기 때문이다. 갑목 중에 눈이 크거나 부리부리한 사람이 많다면, 을목 중에는 오밀조밀 생기 있는 외모에 남녀 공히 작거나 찢어진 눈을 한 경우가 많다. 또한 무표정으로 침울하게 보이는 게 싫어, 사람들 앞에서 애써 밝게 보이려 노력하는 경향이 크다. 똑같은 봄의 욕망을 가지고 있더라도 사람들 앞에 주도적으로 나서는 갑목과 달리, 음기인 을목은 자신 있게 세상에 나서지 못하는 것이다.

을목은 대체로 가녀린 화초나 풀, 연꽃, 등나무 등과 같은 물상에 비유한다. 겉보기와 달리 생존력이 강한 성질을 두고 외유내강으로 설명하기도 한다. 을목은 스스로를 고립무원으로 만들지 않기 위해서라도, 본능적으로 주변을 활용할 줄 안다. 이는 갑목보다 유연하며 적응력이 강한 이유가 되기도 하지만, 반대로 사람과의 관계나 환경 속에서 기댈 곳을 잃었을 때 더없이 힘겨워하는 이유가 되기도 한다.

갑목과는 달리, 을목은 주변에 자기 편이 없거나 현실적인 문제로 내면에 상처를 입더라도 잘 이야기하지 않는다. 누구보다 내면의 안정감과 조화, 균형이 중요하다고 할 수 있다. 을목은 십성으로 치면 정재(正財)적 성향을 보인다. 의존적인 경향이 강한 을목에게는 마음을 나눌 수 있는 지인이 있는지 물어보는 것이 좋다. 직장 동료, 부모, 친구, 애인을 막론하고 그런 지인이 없거나 반대로 많다고 답한다면 보다 세심한 접근이 필요하다. 이런 유형의 경우 겉으로 드러나는 것과 달리,

을목의 본질이 손상당했을 가능성이 높다.

을목의 의존성은 자기 주체성이 약해 무엇이든 남에게 맡기는 것을 의미하는 게 아니다. 을목의 의존성은 스스로의 생존을 위한 하나의 방편이다. 이 때문에 생존을 위해 자신이 강해지기 위한 과정으로서, 스스럼없이 부탁하며 타인을 활용하려는 쪽에 가깝다.

① 주체의 성별과 음양의 조화

남자는 양기가, 여자는 음기가 강하다. 따라서, 양간일 때와 음간일 때 사주의 주체가 양기가 강한 남자인지, 음기가 강한 여자인지에 따라 일간이 가진 기운의 양상 또한 달라진다. 대체적으로 남자가 음간인 경우를 여자가 음간인 경우에 비해 음양의 조화가 더 잘 맞추어져 있다고 본다. 주체의 성별에 따라 사주에 양기가 많거나, 음기가 많은 경우에도 같은 기준으로 음양의 조화로움을 살필 수 있다. 남자가 지나치게 음기가 많거나, 반대로 여자가 지나치게 양기가 강할 때는 음양의 극단에 따른 부정성이 덜하다. 을목은 음목이다. 같은 관점에서, 남자는 기본적으로 양기가 강해 을목의 음기와 더 조화를 이룬다. 따라서 을목일간이 무너졌을 때는 여자가 조금 더 위험하다고 볼 수 있다.

양기가 강한 남자가 을목일 때와, 음기가 강한 여자가 을목의 주체일 때 역시 일간이 드러내는 기운의 결이 다르다. 예를 들면 특히 여성 을목은 나쁜 사람들에게 사기를 당하거나, 피치 못하게 그들을 돕다 곤란에 처하는 경우가 많다. 약자에 대한 공감능력, 인자함, 측은지심이 지나치게 강하기 때문이다.

② 등라계갑(藤蘿繫甲)과 을을병존(乙乙竝存)

등라계갑은 담쟁이나 덩굴이 곧은 나무를 타고 올라가는 형상으로, 을목에게는 갑목 겁재가 필요함을 일컫는다. 을목이 가진 유연한 성장력과 적응력은 갑목이 있을 때 더욱 빛난다. 안 그래도 사회생활과 처세술이 갑목보다 좋은 편인데, 이끌어주는 사람을 만나니 원하는 바를 쉽게 이루는 그림이다. 하지만 그 근원에는 타인에 대한 을목의 의존적인 성향이 자리함을 알아야 한다.

을목 옆에 갑목이 있는 등라계갑과는 달리 을목 옆에 을목이 오는 을을병존은, 고서에서도 '주변에 사람이 없고, 외롭다'는 식으로 평가가 박한 편이다. 실제로도 을목은 병존해 있을 경우 사람들의 도움이 미비한 경우가 많고, 조울(躁鬱) 현상이 일어날 가능성도 높다. 고서를 비롯해 왜 이렇게 박한 평가가 나오는 걸까?

지기(知己)인 명리학자 현묘와 만나 함께 논하던 중 이에 대한 작지만 흥미로운 실마리를 찾을 수 있었다. 모든 사주의 월주는 연주에 의해 결정되고, 시주는 일주에 의해 결정된다. 을목이 일간인 경우 지지는 해묘미(亥卯未), 사유축(巳酉丑)으로 붙는다. 즉 을묘(乙卯), 을사(乙巳), 을미(乙未), 을유(乙酉), 을해(乙亥), 을축(乙丑) 여섯 가지 경우다. 하지만 이들을 통틀어, 즉 일간이 을목일 때 을목이 포함된 시주는 유일하게 을유(乙酉)시 하나뿐이다. 즉 을목에겐 동료, 친구, 형제를 상징하는 시간의 비견이 반드시 스트레스나 중압감을 뜻하는 유금 편관 위에 있는 형태로만 온다는 뜻이다.

	시	일	월	연
천간(天干)	乙	乙		
지지(地支)	酉			

을목 일간일 때, 을목이 시간으로 오는 경우는 을유시가 유일하다.

명리학자 현묘와 처음 세운 가설은, 특정 시주의 조합에 따른 특성이 일간의 무의식적인 특성을 결정 짓는 배경으로 작용하지 않을까 하는 것이었다. 이는 특히 고서에서 말하는 천간병존의 특성을 이해하는 데 큰 도움이 된다.

을목일간일 때 시주 대신, 월간에 을목이 있어도 역시 을을병존이 된다. 병존 또는 삼존은 천간에 나란히 붙어 있는 경우에만 해당한다.

28

따라서 연간과 월간의 간지가 같을 때 역시 병존이라고 하지만, 일간과 시간의 병존이 고서에서 말하는 병존의 특성을 가장 잘 드러낸다.

	시	일	월	연
천간(天干)	乙	乙	乙	
지지(地支)	酉			

참고로 을을을 삼병존은 예로부터 복덕수기격(福德秀氣格)*이라 하여 귀하게 여겼다. 최고의 관직에 올라 오랫동안 명예와 복록을 유지하는 기운으로 보았다. 월간에 을목이 있고 시주가 을유시로 오는 구성을 살펴보면, 척박한 환경 속에 뿌리내린 넝쿨들이 서로를 의지하며 끈질기게 살아남는 형국이다. 강한 근성으로, 기어이 목표한 바를 이루어내는 힘을 암시한다.

참고로 을목이 일간일 때 겁재인 갑목이 시간으로 오는 경우는 갑신(甲申)시가 유일하다. 갑목 입장에서는 지지 신금이 역시 편관이 된다. 이때는 을목이 갑목 위에 올라타 등라계갑을 이루더라도, 갑목의 뿌리가 튼튼하지 않아 큰 도움을 기대하기 어려울 수 있다.

	시	일	월	연
	甲	乙		
	申			

일간이 을목일 경우 갑목이 시간으로 오는 경우는 갑신시가 된다.

---

* **복덕수기격(福德秀氣格)**: 예로부터 귀격으로 분류된 사주 중 하나로, 신살 중 천을귀인처럼 인복이 많고, 관직에 진출했을 때 큰 명예를 얻을 수 있다고 여겨졌다. 주변의 도움이 끊이지 않으니 어려운 문제도 쉽게 해결하고, 어느 자리에서든 자신의 능력을 최대한 발휘할 수 있다고 한다.

명리학 고전 《적천수(滴天髓)》* 에는 을목에 대해 '회정포병(懷丁抱丙)하면 과봉승후(跨鳳乘猴)'라는 표현이 나온다. 을목일간이 정화나 병화를 만나면 화가 금을 극하니 봉황[鳳]·닭[酉]과 원숭이[猴·申]를 능히 제압할 수 있다는 뜻이다. 을목이 일간일 때의 시주 구성과 조합을 생각해보면 더욱 음미할 만한 대목이다. 을목 일간에게는 때로 갑목이나 을목보다, 병화나 정화가 더 큰 도움이 될 수도 있다.

③갑갑병존(甲甲竝存)과 '갑갑하다'는 표현의 기원

갑목이 일간인 경우는 지지가 인오술(寅午戌), 신자진(申子辰)으로 붙는다. 즉 갑인(甲寅), 갑진(甲辰), 갑오(甲午), 갑신(甲申), 갑술(甲戌), 갑자(甲子) 여섯 가지 경우다. 하지만 이 여섯 가지 경우 모두 갑목이 일간일 때 갑목이 따라오는 시주는 을목과 달리 갑자(甲子)와 갑술(甲戌)시 두 가지이다.

시	일	월	연
甲	甲		
子			

시	일	월	연
甲	甲		
戌			

당연히 같은 비견을 시주에서 만나더라도, 을목이 일간일 때보다 갑목이 일간일 때의 비견이 더 강할 수밖에 없다. 그럼에도 불구하고, 갑목의 병존에 대해서도 역시 을을병존과 비슷하게 부정적인 해석이 많은 편이

---

* 《적천수》: 명태조 주원장의 책사로 유명한 유백온(劉伯溫)이 지었거나 소개했다고 알려진 명리학의 바이블이다. 《적천수》는 후대의 학자들이 여러 주석서를 낼 정도로 명리학의 발전에 큰 영향을 미친 3대 고전 중 하나다. 3대 고전은 흔히 《적천수》, 《자평진전(子平眞詮)》, 《궁통보감(窮通寶鑑)》을 일컫는다.

다. 길흉의 기복이 심하고, 주변과 불화의 기운이 강하다는 것이다.

잠시 갑갑병존이 어떤 뜻인지 살펴보자. 갑목은 진취적이며, 명예 지향적이다. 주체성이 높은 만큼 고고하며, 고집도 세다. 무언가를 시작할 때 앞장서려는 기운도 강하다. 땅은 좁은데, 그 좁은 땅에 큰 나무(갑목)가 서로 빼곡하게 차 있는 장면을 상상해보자. 하늘 위로 사정없이 나무들이 자라다 보니, 나뭇가지들은 얽히고설켜 햇볕도 제대로 받지 못할 것이다. 나무가 다른 땅으로 옮겨갈 수도 없다 보니 무척이나 갑갑한 상황이다. '좁고 닫힌 공간 속에 있어 꽉 막힌 느낌이 있다'는 '갑갑하다*'는 말의 사전적 정의와 같다. 갑갑병존은 갑목의 주체성이 너무 높아 다른 사람들의 말은 잘 귀담아듣지 않고, 자기 고집만 내세운다는 뜻으로도 해석된다. 이상이 너무 높아 현실 감각이 떨어지거나, 마음에 여유가 없고 감정의 동요가 잦아 주변과 불필요한 트러블을 자주 일으킨다는 것을 암시하기도 한다.

하지만, 시대가 달라진 만큼 고전에서부터 내려온 갑갑병존과 을을병존의 부정적인 뜻을 곧이곧대로 해석하는 건 무척이나 곤란하다. 과거 신분제 사회에서는 갑목의 주체성이 너무 강한 사주는 부정적으로 여길 수밖에 없었다. 하지만 자기 주체성이 강조되는 현대사회에서는 갑목의 강한 주체성이 오히려 긍정적으로 발현될 소지가 크다. 만약 갑갑병존인 사람이 신강할 경우, 사회생활을 통해 스스로를 낮추고 다른 사람들과 조화롭게 지낼 수 있도록 조언해주어야 한다. 강한 기운은 자연스럽게 설기시켜야 한다는 뜻이다. 고전을 비판적인 관점에서 시대에 맞게 해석해야 하는 이유가 여기에 있다. 특히 상담에 종사하는 사람이라면, 고전을 통해 얻은 얄팍한 지식이나 기술로 상처를 줄게 아니라, 내담자와 눈높이를 맞추고 공감하기 위한 자세를 먼저 갖추어야 한다.

---

* 삼수갑산(三水甲山)이라는 말이 있다. 함경남도에 위치한 '삼수'라는 곳과 '갑산'이라는 곳을 합친 표현이다. 삼수(三水)는 압록강 지류에 흐르는 큰 세 개의 물줄기가 합류하는 곳이다. 갑산은 개마고원 중심부에 있는 큰 산이다. 산세도 험하고, 찾아가기에도 너무 추운 오지가 바로 삼수갑산이 된다. 여기에서 알 수 있듯 '갑산(甲山)'은 큰 산이 겹겹이 쌓여 있는 오지를 뜻한다. 나무가 겹겹이 쌓인, 산세가 험한 이 갑산의 느낌이 '갑갑하다'의 뜻을 잘 표현해주고 있다.

정치인 이재명의 명식

남,
신강

시주	일주	월주	연주
비견	본원	겁재	편인
乙	乙	甲	癸
酉	酉	子	卯
편관	편관	편인	비견
			**
庚辛	庚辛	壬癸	甲乙

91	81	71	61	51	41	31	21	11	1
겁재	비견	상관	식신	정재	편재	정관	편관	정인	편인
甲	乙	丙	丁	戊	己	庚	辛	壬	癸
寅	卯	辰	巳	午	未	申	酉	戌	亥
겁재	비견	정재	상관	식신	편재	정관	편관	정재	정인
제왕	건록	관대	목욕	장생	양	태	절	묘	사

32

정치인 이재명의 명식. 일간과 시간의 을목이 모두 유금 위에 있다. 위태로워 보이지만, 다행히 일간은 충분히 유금을 감당할 수 있다. 하지만 '나'를 뜻하는 을목 비견이 유금 편관 절지 위에 있다는 것은, 내가 주체가 되어 수행하는 일들이 수많은 고비들을 거치면서 진행될 가능성이 큼을 암시한다. 가능성과 잠재력을 뜻하는 월주와 달리, 일주와 시주는 현실적인 발현의 영역이기 때문이다. 실제 그는 성남시장이 되기 전 공천탈락 및 낙선을 경험했다. 세 번의 도전 끝에 성남시장이 된 후에는 대통령 선거에서 근소한 차로 패배했다.

지장간에도 식상과 재성이 없는 보기 드문 명식으로, 현대사회에서 새로운 형태의 재기통문*이 될 수 있다. 이런 구조의 사주는 수, 목운이 불리하며, 화, 토 운이 유리하다. 어릴 적 수 대운이 흐르는 동안 지독한 가난으로 불운한 성장기를 겪었다. 식상이 없어 유금의 힘이 강하지만, 신강하여 유금에게 끌려가기보다 일간이 주도권을 쥐고 있다. 관을 향한 욕망이 크며, 풍파가 예상되는 도전도 두려워하지 않는다. 목 기운이 강한 만큼 인본주의적 성향을 바탕으로, 20대 금 관성 대운이 들어올 때 인권변호사로서 새로운 인생을 시작했다. 정치인으로서는 청년배당정책, 성남시의료원 건설, 무상교복지원사업 등 각종 친서민·복지 정책들로 많은 주목을 받았다.

---

* 재기통문(財氣通門): 돈의 기운이 문을 통하였다는 뜻. 명리학 고전 《적천수》에는 '하지기인부 재기통문호(何知其人富 財氣通門戶)'라 하여 '그 사람이 부자인지 판단하려면, 재성의 기운이 문을 통했는지를 보라'는 문장이 나온다. 즉, 재물운이 좋은 팔자를 재기통문 팔자라 한다. 명리학에서는 재물을 축적하는 자가 아니라 재물을 잘 쓰는 사람을 진정한 부자라 일컫는다. 동양적 사유로는, 재물은 내게 잠시 주어진 것이기 때문에 재물을 쌓아두지 않고 잘 쓰는 게 핵심이라 본 것이다. 나아가 명리학에서는 남에게 잘 베풀어야 재물 운이 더욱 좋아진다고 본다.

병화와 정화: 빛과 열, 연소의 두 가지 형태

丙 | 丁

병화와 정화는 물상적으로 각각 빛과 열을 뜻하지만, 본질적으로는 여름의 계절적 성향, 즉 여름이라는 계절이 품고 있는 확산의 에너지를 나타낸다. 꽃이 잎을 피울 때의 에너지도, 나무가 옆으로 가지를 뻗고 울창하게 자라날 때의 에너지도 모두 화의 에너지다.

병화는 높이 뜬 태양이 스스로를 밝게 드러내듯, 대중에게 주목을 받고 인기를 얻는 힘이 있다. 병화일주가 있는 공간은 왠지 모르게 활기찬 느낌이 든다. 밝고 명랑한 성정으로, 주변사람과도 잘 어울리며 사교적인 모습을 보이기 때문이다. 또한 옳고 그름이 명확하며, 위아래의 질서를 엄격하게 구분 짓는다. 무엇보다 대인관계에서 예의를 중요시하며, 인사성이 밝다. 또한 십성으로 편관(偏官)적 경향을 보인다. 편관은 자기 기운이 긍정적으로 발현될 때 명랑한 성격으로 드러난다.

목이 시력이라면, 화는 시각적인 요소와 관련이 깊다. 방송·디자인·패션·미술 계통에 화가 발달된 사람이 많다. 화 기운과 관련된 방송·연예 계통이 대체적으로 위계질서가 명확하고, 인사성을 중시함을 떠올려보자. 어떤 유형의 사람이 제일 싫은지, 대인관계에서 본인은 무엇을 제일 중요시하는지 물어보면 병화의 기운을 잘 드러내고 있는지 파악할 수 있다. 병화의 기운이 선명한 사람은 철저한 위계질서를 따르는 만큼 예의 없는 사람을 싫어하고, 인사하는 걸 중요하게 여기기 때문이다.

병화일간들은 대체적으로 이마가 넓다. 그리고 당당함에서 비롯된 선명한 눈빛을 갖고 있다. 비록 전교 꼴등이라 하더라도 눈빛만은 살아있는 것이 특징이기 때문에, 병화일간이 눈밑에 그늘이 지고 시선이 처져 있다면 내면에 어떤 문제를 안고 있는지 꼭 확인해야 한다. 병화가 시선을 피한다는 건 자신감이나 자존감이 무너진 상태를 의미한다. 양기가 강한 만큼 감정 변화가 그대로 얼굴과 태도에서 드러나기 때문에, 이를 살피기란 어렵지 않을 것이다.

병화는 급한 성격으로 생각과 행동의 속도가 매우 빨라 체력적인 소모가 크다. 무슨 일을 하든 넘치는 열정으로 일을 추진하지만, 조금 전까지만 해도 열을 올리며 관심 가졌던 사항에 대해 금방 포기하고 싫증을 내기도 한다. 겉으로 드러나는 감정의 변덕도 심한 편이다. 확장의 힘으로 늘 새로운 일에 몰두하기에, 어디로 튈지 알 수 없다. 좋은 의미이든 나쁜 의미이든 삶에 이벤트가 많다는 뜻이다.

병화는 진취적인 도전정신과 세상을 뒤바꾸려는 혁명적 에너지를 강하게 품고 있다. 생각을 곧바로 행동으로 옮기기 때문에 시민단체나 정치권에 뛰어드는 사람도 많다. 이런 병화의 특성을 알고 있다면, 자기만의 취미활동이 있는지, 문자를 보냈는데 상대에게 바로 답장이 안 오면 마음이 어떤지, 휴일에 집에만 있는 편인지, 하고 싶은 일이 있다면 어떻게 하는 편인지 등 여러 질문을 해볼 수도 있을 것이다.

또한 병화의 외양을 살피는 것도 주체의 특성을 파악하기에 좋다. 병화는 화려한 것을 좋아하고, 외관을 꾸미는 것에도 관심이 많다. 자신을 드러내려는 힘이 강한 만큼, 길거리 옷을 사 입어도 자기 스타일에 맞게 코디할 줄 아는 것이 특징이다.

참고로 양기가 극단에 이른 병오일주 여명의 경우 유니섹스적인 느낌이 있다. 강한 양기가 외양으로 드러난 것이다. 여명 병화는 외모나 행동거지도 시원시원하다. 반대로 병오일주 남명 중 목화의 기운이 강한 경우에는 언뜻 중성적이거나 섬세한 성격으로 병화스럽지 않은 느낌이 있다. 여성과는 반대로, 양기로 태어난 남성에게 더욱 강한 양기가 더해지니, 마치 양기가 없는 것처럼 행동하기 때문이다. 역시 극과 극은 통하며, 너무 넘치는 기운은 모자란 것과 같은 이치다.

정화의 외양은 어떨까? 키가 작아도 어깨가 딱 벌어진 장정의 체형이다. 사전적으로 '나이가 젊고 기운이 좋은 남자'를 장정이라 일컫는데, 한자 壯丁(장정)에도 정화[丁]가 들어간다. 삼수갑산의 갑산(甲山)처럼, 때론 특정 간지의 물상적 의미를 어휘에서도 유추해볼 수 있다. 정화는 음화다. 발산의 속성을 가진 양기가 확장하다가도, 끝에 가서는 어느 정도 음으로 수렴하는 기운이 체형으로 드러난 것이다. 실제 정화는 조금만 운동을 해도 어깨가 금방 벌어진다.

병화가 집 밖에 나가기 전 전신거울을 본다면, 정화는 손거울을 본다고 할 수 있다. 병화에 비해 시야가 넓지 않다. 병화가 전체적인 외양의 화려함을 추구한다면, 정화는 세련된 깔끔함을 추구한다. 정화 남명의 경우 체형은 장정의 체형이라도, 겉보기와 달리 섬세한 내면에 온화한 성품이 많다. 창의력, 또는 예술적인 감각도 뛰어나다. 여명은 오목조목한 얼굴에 작은 계란형이 많다.

정화는 물상으로 달, 조명, 난로 등에 비유한다. 자신의 몸을 태워 은은하고 따스하게 주변을 밝히려는 촛불처럼, 정화는 자신이 속한 환경과 조화를 이루려 한다. 병화가 양화라 시원시원한 성격에 욱하는 기질이 있다면, 정화는 음화인 만큼 침착하며 감정도 잘 제어할 줄 안다. 병화와 마찬가지로 예의를 중요시하지만, 정화는 남들이 나를 어떻게 보는지에 더 신경을 쓴다.

이런 정화가 참지 못하는 순간은 남과 비교당할 때이다. 정화는 질서를 깨트리지 않기 위해서라도 형식과 절차, 법도를 지키기 위해 노력한다. 본인은 마땅히 해야 할 일을 하며 세상의 요구에 순응해왔기에, 남과 비교당하는 순간 본인의 사회적 체면이나 자존심이 크게 손상되었다고 여긴다. 그 배경에는 정화의 강한 질투심도 자리 잡고 있다. 그때그때 발산하고 표현하는 병화와 달리, 음화인 정화는 속으로 쌓아두다가 한꺼번에 폭발시킨다. 사소한 일에 과잉반응하여 주변을 놀라게 하는 경우도 많다. 정화는 십성으로 치면 정관(正官)과 가깝다.

① 조후용신의 만병통치약, 병화

명리학의 3대 고전 중 하나인 《궁통보감》은 한난조습(寒暖燥濕), 즉 '조후(調候)'를 중요시한다. 사람의 운명은 기후와 밀접한 관련이 있기에, 일간의 신강·신약을 따지는 억부적 관점보다 우선시되어야 한다는 것이다. 일간과 월지만 주로 살피던 고전의 조후적 관점으로는, 대체적으로 병화가 용신으로 쓰였다. 농경사회에서는 태양이 가장 중요하다 보니, 병화가 마치 만병통치약처럼 등장한다. 하지만, 병화도 천간 열 글자, 지지 열두 글자 중 하나일 뿐이다. 하나의 간지에 지나치게 큰 의미를 부여하면, 전체를 제대로 살피지 못할 우려가 있다. 게다가 고전의 조후적 관점으로는 주로 월지만 살피고, 시주는 고려하지 않는 게 가장 큰 문제다.

실제 《궁통보감》을 절대적 기준으로 삼고, 조후용신으로만 사주를 살피면 해석이 안 되는 경우가 많다. 여러 이유가 있겠지만, 사람들의 사주가 뜨거워지고 있는 것도 중요한 요인 중 하나이다. 제왕절개를 하는 경우가 많은 만큼, 점점 사시(巳時), 오시(午時), 미시(未時)에 태어난 사람들도 덩달아 많아지고 있다. 청소년들이 겪는 ADHD 같은 정신질환이나, 욱해서 일어나는 학교폭력 등 많은 문제들 역시 명리적으로는 지나치게 많은 화 기운 때문으로 해석한다. 많은 아이들이 밤 늦게까지 공부를 하고, 집에 돌아와서는 잠 자기 전 스마트폰을 붙잡고 놓지 않는다. 잠을 자야 수 기운이 들어오는데, 잠을 제대로 자지 못하니 수 기운은 부족해지고 화 기운은 자연스레 넘쳐난다.

계절적 요인이 여전히 중요하지만, 도시에 사는 사람들은 과거에 비해 계절의 영향을 거의 받지 않고 지낸다. 겨울에도 히터를 켜고, 집안에선 속옷만 입고 돌아다닌다. 여름에는 하우스에서 재배한 딸기를, 겨울에는 수박을 먹기도 한다. 현대사회에서는 삶의 형태가 다양해진 만큼, 조후용신만을 절대화할 수 없다. 조후용신은 반드시 억부용신을 중점적으로 파악한 후, 2차적으로 살펴야 할 용신이다. 용신에 대해서는 곧이어 출간될 심화편에서 자세히 살펴보도록 하자.

② 병병병존(丙丙竝存)과 정정병존(丁丁竝存)

병화가 병존해 있을 때 두드러지는 속성은 크게 두 가지다. 이상을 향한 열망과 광역역마의 기운이 강해진다는 것이다. 병화는 끝없이 발산하는 기운으로, 하늘에 떠 있는 태양이 온 세상을 향해 빛을 내뿜듯 병화의 시선 또한 보이지 않는 곳을 향해 있다. 세상을 바꾸려는 진취적이고 혁명적인 병화는 오늘도 현실 너머의 이상을 향해 뜨겁고 맹렬한 빛을 내뿜고 있다. 이런 병화의 힘이 강하면 강할수록, 사주의 주체는 자신을 굽히지 않고 현실 속에서 더욱 이상을 추구하게 된다.

참고로 병병병존으로 병화의 기운이 강한 사람은 자신의 속마음을 감추기 어렵다. 돌려 말하기보다 직설적으로 표현하길 좋아하는 만큼, 자신의 이상주의적 성향을 바탕으로 소신발언을 하다 종종 반감을 사기도 한다.

시	일	월	연
丙	丙		
申			

광역역마의 기운은 어디에서 오는 걸까? 병화가 일주와 시주에서 병존이 될 때 시주는 반드시 병신(丙申)시로 구성된다. 병화 입장에서 신금은 역마의 속성을 가진 편재가 된다. 편재는 즉흥적이며, 본인이 좋아하는 일이 생기면 반드시 실행에 옮겨야 직성이 풀린다. 병화가 병존되어 있을 때 병화의 시선은 이 세상 어디에든 가닿을 수 있다. 이런 병화에게 활동성 강한 편재의 기운이 더해지니, 자연스레 범위가 넓은 역마의 기운이 성립되는 것이다.

시	일	월	연
丁	丁		
未			

정정병존은 남녀 모두 인상이 좋고, 자신이 옳다고 믿는 것에 대한

확신과 독립심이 강하다. 정화가 미토 위에 있는 정미일주는 일간의 뿌리가 튼튼한 간여지동(干與支同)급 일주로 해석한다. 미토는 정화의 뜨거운 열기를 간직한 조토라, 정화는 그 미토 위에서 강하게 뿌리를 내린다. 정정병존은 시주의 구성상 반드시 정미(丁未)시로만 이루어지며, 병존되어 정화의 기운이 아주 강하게 작용됨을 알 수 있다. 정화가 시간이 아닌 월간으로 온다 하더라도, 정화가 시주에서 구성되는 간지적 특성에 따라 정화가 가진 무의식적인 속성이나 현실에서의 발현 양상을 쉽게 유추해볼 수 있을 것이다.

한편, 병병병존은 타인에게 강한 시선을 끄는 기운으로, 대체적으로 훤칠하며 인물이 좋은 경우가 많다.

간여지동이란?

한 주 안에서 천간과 지지의 오행이 같거나, 천간과 지지의 정기가 같은 경우를 간여지동(干與支同)이라 한다.

시주	일주	월주	연주		시주	일주	월주	연주
정인	본원	편인	정인		편재	본원	겁재	정인
乙	丙	甲	乙		乙	辛	庚	戊
未	午	申	丑		未	丑	申	辰
상관	겁재	편재	상관		편인	편인	겁재	정인
	*		*		*	*	*	*

왼쪽은 일주가 간여지동인 사주이고, 오른쪽은 연주와 월주가 간여지동인 사주이다.
참고로, 간여지동인 간지는 총 열두 개이다(목, 화, 금, 수 오행은 두 개, 토 오행만 네 개이다).

甲	乙	丙	丁	戊	戊	己	己	庚	辛	壬	癸
寅	卯	午	巳	辰	戌	未	丑	申	酉	子	亥

③ 병탈정광(丙奪丁光)

시	일	월	연
丙	丁		
午			

등라계갑하는 을목은 겁재인 갑목을 반기지만, 정화는 반대로 옆에 있는 겁재 병화를 부담스러워 한다. 정화 옆에 병화가 있는 것은 현실과 이상 사이의 갈등을 암시한다. 병화의 빛에 정화의 존재가 가려짐을 의미하는데, 대낮(병화)에 별빛(정화)을 볼 수 없는 것과 같다. 정화가 자기 방식으로 삶을 살아가기보다, 병화 겁재에 의해 주도권을 잃는 상황으로 볼 수도 있다.

정화 일간이 시간에 병화를 만날 때는 반드시 병오시(丙午時)로 구성된다. 병오는 여름 한낮에 내리쬐는 가장 뜨거운 열기다. 정화 일간이 겁재 중에서도 가장 힘이 강한 겁재를 만나니, 자기 주체성을 잃고 존재가 가려지는 것으로도 해석할 수 있는 것이다.

명리영역 기출문제

1. 대체적으로 양간과 음간 중 감정을 잘 숨기지 못하는 사람은 어느 쪽일까? (난이도 하)

① 양간

② 음간

2. 다음 중 사주를 볼 때 제일 먼저 살펴야 하는 것은? (난이도 하)

시	일	월	연
❺	❶		
	❹	❷	❸

3. 다음 중 일간에 대한 설명으로 옳지 않은 것은? (난이도 하)

① 이전에는 연주가 중심이었지만, 자평명리의 등장 이후 일간 중심으로 사주를 보기 시작했다.

② 일간은 주체의 특성을 가장 잘 함축하고 있는 글자이다.

③ 원국에 일간을 설기하는 기운이 많을 경우, 일간의 특성이 잘 드러나지 않을 수도 있다.

④ 일간에 따른 주체의 특성을 파악하는 작업은 별로 의미가 없다.

⑤ 일간은 사주를 볼 때 제일 먼저 살펴야 하는 글자이다.

4. 다음 중 갑목 일간에 대한 설명으로 옳지 않은 것은? (난이도 중)

① 자기 주장이 뚜렷하며, 부러질지언정 물러서지 않으려 하는 힘이 강하다.

② 목의 기운을 바탕으로 한 휴머니즘, 민주주의, 이상주의적 코드와 잘 연결된다.

③ 사람들과의 관계에 있어 자기 중심을 잘 지키며, 크게 휘둘리지 않으려 한다.

④ 안정감과 예측 가능성을 중요시하다 보니, 십성으로는 정재와 관련이 깊다.

⑤ 생동감 넘치는 아이처럼, 세상사에 대한 호기심과 관심이 많다.

5. 다음 중 병화 일간에 대한 설명으로 옳지 않은 것은? (난이도 중)

① 자기를 드러내고 표현하려는 힘이 강하여 비밀이 없는 편이다.

② 남명 병화가 양기가 아주 강해지면, 소위 상남자가 된다.

③ 인사성이 밝으며, 예의범절을 중요시한다.

④ 지나간 일은 금방 잊으며, 뒤끝이 없다.

⑤ 칭찬에 약하고, 억울한 상황을 견디기 힘들어한다.

풀이노트

1. 음간은 자신을 숨기며 주변 환경에 잘 융화되는 편이다. 정리하면, 양간은 발산하고 적극적으로 드러내려는 성향이, 음간은 수렴하고 감추려 하며 소극적인 성향이 강하다. 대체적으로 양간이 음간에 비해 감정을 잘 숨기지 못하는 편이다. 따라서 정답은 ①번이다.

2. 정답은 ①번이다. 자평명리의 등장 이후 연주 중심에서 일주 중심으로 사주 해석의 중심축이 바뀌게 되었기 때문이다. 물론 월지는 내 무의식적인 욕망, 잠재력, 일지는 첫째, 건강운 둘째, 배우자운 셋째, 직업운 등 각 자리별로 많은 정보를 추출해낼 수 있지만, 어떤 경우에라도 사주 해석에 있어 기준이 되어야 하는 것은 일간이다.

3. 사주를 살필 때 주체가 일간의 기운을 지니고 있는지 살피는 것

은 상당히 중요한 작업이다. 다른 기운으로 끌려갔다면, 일간의 주체성은 힘이 없다고 볼 수 있기 때문이다. 명리학의 핵심 중 하나는 넘치는 것을 덜어주고, 부족한 것을 채워주는 데 있다. 사주 해석의 기준인 일간의 기운을 살피는 것은 사주를 볼 때 가장 먼저 해야 할 일이다. 따라서 정답은 ④번이 된다.

4. 내면의 안정감, 조화, 균형을 중요시 여기는 것은 을목이다. 따라서 을목은 십성으로 치면 정재적 성향을 보인다. 갑목은 인적 네트워크를 중요시하며, 즉흥적으로 여행을 다니거나, 노는 것에도 관심이 많다. 갑목은 십성으로 편재적 성향과 가깝다. 정답은 ④번이다.

5. 정답은 ②번이다. 60일주 중 양기가 가장 센 병오일주 남명 중에는 의외로 중성적이거나 섬세한 성격으로 병화스럽지 않은 느낌이 강한 경우가 많다. 여성과는 반대로, 양기로 태어난 남성에게 더욱 강한 양기가 더해지니, 마치 양기가 없는 것처럼 행동하기 때문이다. 역시 극과 극은 통하며, 너무 넘치는 기운은 모자란 것과 같은 이치다.

무토와 기토: 땅을 다스리는 두 가지 방법

토 오행은 봄, 여름, 가을, 겨울의 계절적 에너지를 중간에서 이어주는 간절기·환절기의 역할을 한다. 이 때문에 다른 오행에 비해 간지 수도 많고, 좀 더 복합적인 특징을 갖고 있다. 천간의 무토는 이런 토 오행이 양적으로 발현된 것이다. 양과 음을 다양한 층위로도 구분 지을 수 있다. 천간의 갑을병정무를 양으로, 그 뒤의 기경신임계를 음으로 보자. 양기는 병화의 단계에서 극단에 이르고, 정화의 단계에서 강하게 뭉친다. 이후 뭉친 양기는 무토에 이르러 사방으로 흩어진다.

무토는 물상적으로 끝없이 펼쳐진 광활한 대지나 황무지 등을 뜻한다. 본질적으로는 사방으로 넓게 퍼져 나가는 확장의 에너지를 나타낸다. 무토는 넓은 땅이 만물을 품듯 웅대한 포용력이 특징이다. 대인관계에 있어 누구에게나 친절하며, 낯선 사람과도 금세 관계를 맺는다. 오행 토가 나머지 오행들을 중재하며 계절적 운동성을 이어주듯, 무토 역시 만물의 기운을 중간에서 조절하는 성격을 갖는다.

배포와 스케일이 남다른 무토에겐 모든 것을 품어야 한다는 강박이 있다. 활동 범위가 넓어 다양한 분야에 관심이 많고, 소유욕이 강해 물건을 잘 버리지 못한다. 무토의 성향은 십성으로 편인(偏印)에 가깝다. 현실 감각이 부재한 황당함으로 주변을 의아하게 만들기도 한다. 아직 발산하고 행동하려는 화의 특성이 남아 있기 때문에, 돌발성에 기인한 창의성과 과감한 면도 강하다. 끝없이 영토를 확장하려는 데서 오는 뚝심과 고집이 있는데, 이는 본인의 주장만을 내세우는 아집으로 나타나기도 한다.

이런 무토에게 갑자기 큰 돈이 주어진다면, 그 돈으로 무얼 할지 물어보자. 저축을 할지 안 할지에 대한 답변에 따라 무토의 기운이 잘 작동하는지 파악할 수 있다. 다양한 분야에 관심이 많아 돈 쓸 곳이 많은 무토에겐, 저축할 여유 따윈 없다. 만약 무토가 저축을 한다고 하면, 자기 기운이 위축되어 있는 건 아닌지 살펴야 한다.

역시 무토의 외양을 통해서도 주체의 특성을 파악할 수 있다. 외양을 보면 남녀 모두 배나 옆구리, 허리 등의 살집이 두터운 편이다. 날씬해도 옆구리가 단단하다. 무토가 상징하는 토 오행의 기운은 주로 내장과 관련되어 있다. 특히 10대 사춘기를 보내고 있는 무토들에겐 남녀 모두 피부트러블이 잦다는 것도 특징이다.

무토의 기운이 선명한 사람 역시 얼굴에서 감정을 잘 숨기지 못한다. 원하는 걸 욕심낼 때도 대부분 티가 난다. 속내를 쉽게 간파당하기 때문에, 도박판에서 가장 돈을 많이 잃는 부류에 속한다. 무토에게는 앞뒤를 잘 헤아리지 않고 막무가내로 달려드는 무모함이 있다. 되든 안 되든 불도저처럼 밀어붙이는 우직함은 조직 내에서의 영향력을 넓히는 데 도움이 되기도 하지만, 리더가 됐을 때 오히려 발목을 잡기도 한다. 언뜻 다른 조직원들의 의견에 동의하는 듯 보이나, 내심은 그렇지 않기 때문이다. 무토는 자기가 한 번 정한 방식을 잘 바꾸려 하지 않아, 융통성이 떨어지는 편이다.

무토는 천간 열 글자 중 가장 질병에 취약한 간지다. 따라서 사주를 볼 때 일간이 무토라면, 반드시 토 오행을 제외하고 무토가 가지지 못한 오행이 무엇인지 지장간까지 세심히 살펴야 한다. 지장간에 숨어 있는 간지가 대운이나 세운을 만나 손상당할 때도 위험하지만, 무토는 지장간에도 없는 오행이 질병으로 발현되어 더 큰 문제를 일으키는 경우가 많다. 예를 들어 무토 일간이 목이 없을 때는 간이나 척추, 화가 없을 때는 심혈관, 금이 없을 때는 호흡기 계통의 질환으로 고생하는 경우가 많다. 특히 심혈관 질환이 가장 심각하기에, 무토는 지장간에도 화가 없는지 꼭 살펴야 한다. 당연히 원국 내에 고립되어 있는 간지가 있는지도 함께 살펴야 할 것이다.

기토는 물상으로 정원, 텃밭, 화분의 흙 등 비옥한 토양에 비유할 수 있다. 무토가 척박한 황무지를 적극적으로 개척하려 한다면, 기토는 좁은 지역이라도 철저하게 관리하며 땅의 가치를 높이려 한다. 무토에서 사방으로 흩어졌던 양기는 기토에서 음기로 변하며 수축하기 시작한다. 만물의 기운을 중간에서 이어주는 토 오행에 음기가 배속되니,

기토는 누구보다 현실적이고 중립적이며, 융통성이 좋다. 무토가 배포와 스케일은 큰 대신 현실적으로 취할 수 있는 이익을 자주 놓친다면, 기토는 소극적이나 안정을 추구하다 보니 실속을 잘 챙긴다.

기토는 외양을 보면 몸이 단단하거나 탄탄하다. 의외로 기토 중에서도 경금이나 병화만큼 헬스 트레이너나 보디빌더들이 많다. 음토의 안정·숭용·중립적인 성향상 몸 역시 균형 잡혀 있거나, 본인 역시 그런 외양을 추구한다는 뜻이다. 실용성을 중시하는 만큼, 옷도 함부로 걸치지 않는다. 다만 기토가 화 기운을 동반하면 이야기가 조금 달라진다. 화 기운은 드러내는 걸 좋아하고 활동적인 성향이 강하다. 예를 들어 기사(己巳)일주의 경우 화려한 패션을 좋아하거나, 취미활동이 다양할 수 있다.

무토가 욕심을 못 숨기는 데 반해, 기토는 욕심이 나도 그 욕심을 숨기고 때를 기다릴 줄 안다. 기토에게 역시 갑자기 큰 돈이 생긴다면, 그 돈으로 무얼 할지 물어보자. 기토는 원하는 걸 얻기 위해 저축을 한다거나, 가족이나 친한 지인들에게 그 돈을 쓰겠다고 답한다. 물론 나를 위해서도 돈을 쓰겠지만, 나를 위해 쓰겠다고는 잘 말하지 않는다. 실제 엄청난 부자인데도, 티를 안 내는 사람 중에 기토가 많다. 부자라는 게 밝혀지면, 이래저래 피곤할 일이 많이 생긴다는 걸 본능적으로 아는 것이다.

기토에게는 내 영역을 설정하고 관리하는 힘이 있다. 내 가족과 내가 마음을 준 몇 안 되는 지인들을 세심하게 챙길 줄 안다. 좁은 땅에만 집중하는 기토는 여기저기 친구가 많은 사람을 부러워하지 않는다. 오히려 내 결혼식장에 실속없이 많은 사람이 오는 걸 피곤해하며, 손님이 많지 않아도 크게 개의치 않는 게 기토다. 기토는 안정지향적이라, 사람들과의 일회적인 관계를 낯설어하고 새로운 환경과 변화를 꺼린다.

기토는 십성으로 치면 정인(正印)과 가깝다. 보수적이며, 인내력이 뛰어나다. 실속을 추구하다 보니, 당장은 본인이 손해를 봐야 하는 상황에서도 미래의 이익이 확실하다면 기꺼이 현재의 손해를 감수할 줄 안다.

기토 역시 무토보다는 덜하지만, 마찬가지로 질병에 취약한 편이다. 특히 일지가 편관으로 구성되는 기묘(己卯)일주의 경우 자잘한 질병이 있거나, 하체가 부실한 경우가 많다.

① 삼기귀인 중에 기토만 제외된 이유는?

연월일 적용	시	일	월	연
천상삼기 (天上三奇)		庚	戊	甲
인중삼기 (人中三奇)		丁	丙	乙
지하삼기 (地下三奇)		癸	壬	辛

연월일 적용	시	일	월	연
천상삼기 (天上三奇)	庚	戊	甲	
인중삼기 (人中三奇)	丁	丙	乙	
지하삼기 (地下三奇)	癸	壬	辛	

삼기귀인은 천을, 천덕, 월덕 귀인의 상위 개념으로, 가장 강력하며 높고 맑은 기운으로 본다. 삼기귀인은 기문둔갑에서 유래한 신살로, 명리학에 기반한 기원과 원리는 찾아보기 어렵다. 삼기귀인은 반드시 연월일, 또는 월일시에 해당 간지가 순서대로 와야 하며, 그 외에 엄격한 성립 조건들이 있다. 여기서는 왜 기토만 삼기귀인에서 빠지게 된 건지 유추해보자.

토 오행은 봄, 여름, 가을, 겨울의 계절적 에너지를 중간에서 이어주는 중재자적 역할을 하기에 다른 오행에 비해 간지 수도 많고, 좀 더 복합적인 특징을 갖고 있다. 하지만 천간의 기토는 지지의 간지들과는 달리, 하늘의 맑은 기운 그대로의 순수한 음토이다. 천간의 양기는 갑을병정무에서 기토의 단계에 이르러 음기로 수축하기 시작한다. 만물의 기운들을 중재하는 천간의 토 오행에 음기가 배속되니, 기토는 모든 천간 중 가장 중립적이며, 현실적이고, 실속을 챙긴다. 갑을병정무기경신임계가 양기와 음기의 단계를 나타낸다면, 기토는 양기나 음기 어느 한쪽으로도 치우쳐져 있지 않고 중용을 지킨다.

통계적으로도 기토는 천간 중 가장 이혼율이 낮다. 본인이 조금이라도 손해날 것 같은 상황이면, 인내하며 이혼을 회피한다(만약 기토가 이혼을 한다면, 배우자가 정말 나쁜 사람일 확률이 높다). 과감한 시도를 좀처럼 하지 않기에, 기토의 안정적인 울타리가 때론 감옥이 될 수도 있다. 기토의 사고와 행동은 항상 현실에 기반한다. 중립·중용·안정을 추구하는 만큼 사건·사고가 적고, 본인에게 가장 이익이 되는 방향으로 인내하며 마침내 열매를 취하는 사람이 기토다.

삼기귀인의 기원이 확실치 않은 만큼, 삼기귀인에서 기토만 제외된 이유도 100퍼센트 알 수는 없다. 어쩌면 삼기귀인을 최초로 만든 어느 선인이 "기토, 너는 혼자든 둘이든 얼마든지 잘 살아갈 수 있잖아." 라고 건넨 농담의 결과인지도 모르겠다. 그만큼 기토는 강한 인내력을 바탕으로, 이익을 잘 따지는 실속주의자이다.

참고로 바이든, 트럼프, 오바마, 조지 워싱턴, 링컨 등 50명이 조금 안 되는 미국 역대 대통령 중에서도 기토 일간이 가장 많다. 미국은 미합중국(United States Of America), 즉 각 주가 독자적으로 존재함과 동시에 하나의 국가를 이루는 일원으로서 큰 틀에서는 협력을 통해 운영되는 나라다. 미국의 특성상 다양한 각 주를 잘 융합할 수 있는 사람이 역대 미국 대통령이 되었던 게 아닌가 싶다.

② 무무병존(戊戊竝存)과 기기병존(己己竝存)

무무병존은 강한 해외역마의 기운을 갖고 있다. 무토는 끊임없이 확장하는 기운으로, 척박한 황무지들을 끝없이 개척해 나가려 한다. 영향력을 넓혀가는 데서 자기 존재를 확인하는 무토는 생각나는 즉시 행동으로 옮긴다. 이런 무토의 힘이 강해질수록 사주의 주체는 삶에서 더욱 강한 역동성을 보이게 된다. 또한 무토가 가진 확장의 힘은 넓은 활동 범위를 동반하기에, 병존이 되었을 때는 자연스럽게 외국에서 유학하거나, 직업적으로 활동하는 것도 좋은 방법이다. 참고로 무무병존은 야망이 너무 커서 수습이나 주체가 잘 안될 수도 있다.

시	일	월	연
戊	戊		
午			

　무무병존의 강한 역마성은 어디에서 오는지 살펴보자. 무토가 일주와 시주에서 병존이 될 때 시주는 반드시 무오(戊午)시로 구성된다. 지지 오화[午] 지장간에는 병화[丙] 편인, 정화[丁] 정인과 함께 기토[己] 겁재가 숨어 있다. 겁재가 가진 강한 독립의 기운은 지지의 뜨거운 열기 속에서 활활 타오르며 무토가 가진 본래의 기운을 더욱 강하게 추동한다. 무토가 시간 대신, 월간에 있어도 무무병존은 성립한다. 하지만 무토병존의 힘이 가장 현실적으로 강하게 발현될 때는 시주에서 무토가 병존할 때다.

　기기병존은 좁은 범위의 역마다. 작지만 본인만의 정원을 아름답게 가꾸는 데서 만족을 얻는 기토는 병존될 경우 마을 단위를 매일 산책하는 것만으로도 마음의 평온을 얻는다. 소규모 지역에 기반한 우편 배송, 택배 배달, 거래처 납품 등이 기기역마다. 좁은 지역을 꾸준하고 섬세하게 관리하는 힘이다.

시	일	월	연
己	己		
巳			

기토가 시간을 포함하여 기기병존이 될 때 시주는 반드시 기사(己巳)

시로 구성된다. 사화[巳]는 지지에서 강한 활동성을 가진 생지로, 역마의 글자다. 사화 지장간 안에는 초기로 기토에겐 겁재가 되는 무토[戊]가 들어 있다. 즉, 기토가 가진 안정을 추구하는 성향에 겁재의 힘과 활동성 강한 생지의 힘이 더해지니 기기병존을 좁은 범위의 역마라고 이야기하는 것이다.

③ 무무무 삼병존(戊戊戊 三竝存)과 기기기 삼병존(己己己 三竝存)

시주	일주	월주	연주
비견	본원	비견	편관
戊	戊	戊	甲
午	辰	辰	申
정인	비견	비견	식신

91	81	71	61	51	41	31	21	11	1
비견	정인	편인	정관	편관	정재	편재	상관	식신	겁재
戊	丁	丙	乙	甲	癸	壬	辛	庚	己
寅	丑	子	亥	戌	酉	申	未	午	巳
편관	겁재	정재	편재	비견	상관	식신	겁재	정인	편인
병	쇠	제왕	건록	관대	목욕	장생	양	태	절

반기문 전 UN 사무총장의 명식이다. 무토가 병존을 넘어 삼병존을 이룰 때는 전지구적인 역마의 힘을 갖게 된다. 월간과 일간의 무토가 진토에도 강력히 뿌리내리고 있는 데다 시지 오화 정인도 진토를 생조하니 무토의 기세를 막을 길이 없다. 극신강한데 충이나 합이 전혀 없는 보기 드문 명식이다. 갑목이 월지와 일지 진토에 강하게 뿌리내리고 있어 전왕은 될 수 없다. 이처럼 신강한 사주는 대부분 용신이 재성,

희신은 식상이 된다. 대운이 금, 수로 유리하게 흐르는 동안, 대부분 자신이 원하는 많은 것들을 조금씩 이루어 나갔고 외교관으로서 오를 수 있는 최고의 지위까지 올랐다.

시주	일주	월주	연주
편재	본원	비견	비견
癸	己	己	己
酉	未	巳	亥
식신	비견	정인	정재
▲		▲*	*

91	81	71	61	51	41	31	21	11	1
비견	겁재	편인	정인	편관	정관	편재	정재	식신	상관
己	戊	丁	丙	乙	甲	癸	壬	辛	庚
卯	寅	丑	子	亥	戌	酉	申	未	午
편관	정관	비견	편재	정재	겁재	식신	상관	비견	편인
병	사	묘	절	태	양	장생	목욕	관대	건록

내 어머니의 명식이다. 회사에 입사하여 사회에 첫발을 내딛은 지 1년쯤 되었을 때, 그동안 모은 저축을 쪼개 부모님과 해외여행을 떠났다. 부모님께 첫 해외여행을 선물해드렸다는 뿌듯함도 잠시, 외국 공항에 내리자마자 가슴도 답답하고 주저앉을 것 같다며 사색이 되었던 어머니의 모습을 봐야 했다. 환갑 때 아버지와 함께 해외 휴양지에 한번 다녀오시라는 아들내미의 간청에도 손사래를 쳤다. 나중에 명리를 공부하고 보니, 어머니의 명식이 기기기 삼병존이었다. 어머니는 국내라 해도 차로 세 시간 이상 움직여야 하는 곳은 가급적 가지 않으려 하신다. 아버지와 함께 매일 마을을 산책하고 집안을 청소하는 게 유일한 취미이자 낙이다.

④ 천간 병존이 성립되는 경우

시주	일주	월주	연주
		●	
정인	본원	편재	비견
丁	戊	壬	戊
巳	申	戌	辰
편인	식신	비견	비견
●	●	＊	＊

사례 1

시주	일주	월주	연주
정관	본원	편인	편인
丁	庚	戊	戊
丑	辰	午	戌
정인	편인	정관	편인
	＊	▲	▲＊

사례 2

시주	일주	월주	연주
		●	
편재	본원	비견	정관
壬	戊	戊	乙
戌	戌	子	丑
비견	비견	정재	겁재
	●	●●●	●

사례 3

시주	일주	월주	연주
비견	본원	편인	정관
戊	戊	丙	乙
午	戌	戌	丑
정인	비견	비견	겁재
▲	▲	▲	▲

사례 4

사례 1과 같은 경우는 무토 병존이라고 하지 않는다. 연간과 월간(사례 2), 월간과 일간(사례 3), 또는 일간과 시간(사례 4)으로 천간의 같은 글자가 나란히 올 때만 병존이 성립된다. 참고로 사례 3과 사례 4는 지지에서 술술병존이 성립되어 있다.

⑤ 일간의 특징이 잘 드러나지 않는 경우

시	일	월	연
壬	丙	壬	壬
辰	子	子	子

사주 구성에 따라 일간의 특성이 잘 드러날 수도, 그렇지 않을 수도 있다. 예를 들어 병화 일간이지만, 나머지 간지가 전부 병화의 힘을 설기하는 구조로 이루어진 사주를 보자. 이 사주는 수의 힘이 압도적으로 강해 병화 일간이 수 기운에 종하는, 수 관성 전왕의 사주다. 이런 관성 전왕은 물론, 재성 전왕, 식상 전왕 모두 일간의 특성을 갖고 있다. 다만, 비겁 전왕은 일간의 특성이 잘 드러나지 않을 수도 있다. 비겁 전왕은 사주 전체가 일간과 같은 힘으로만 이루어져 있다 보니, 주체를 상징하는 힘이 넘쳐 오히려 일간의 특성이 잘 드러나지 않을 수도 있다. 예를 들어 양기인 신강한 병오일주 남명 또한 얼핏 봐서는 병오일주처럼 보이지 않는 경우가 많다. 너무 많은 것은 모자란 것과 같다.

사주 구성에 따라 일간의 특성이 잘 드러나지 않는다 하더라도, 여전히 사주 주체가 일간의 특성을 가지고 있는지 먼저 살펴야 한다. 만약 다른 기운으로 일간의 힘이 끌려가 약해졌거나 잘 드러나지 않는다면, 일간의 주체성은 힘을 잃었다고 볼 수 있다.

명리영역 기출문제

1. 다음 중 건강상 원국에 없는 오행이나 간지를 더욱 세심히 살펴야 하는 천간은? (난이도 상)

① 무토(戊)

② 정화(丁)

③ 병화(丙)

④ 갑목(甲)

⑤ 을목(乙)

2. 일반적으로 천간 병존의 특성이 가장 잘 드러나는 경우는? (난이도 중)

① 일간과 시간이 병존을 이룰 때

② 연간과 월간이 병존을 이룰 때

③ 월간과 일간이 병존을 이룰 때

3. 다음 중 가장 얼굴에서 감정을 숨기지 못하는 일간은? (난이도 하)

① 무토(戊)와 정화(丁)

② 을목(乙)과 정화(丁)

③ 갑목(甲)과 기토(己)

④ 정화(丁)와 기토(己)

⑤ 병화(丙)와 무토(戊)

4. 엄청난 부자인데도 가장 티를 안 내는 일간이 있다면? (난이도 중)

① 무토(戊)

② 정화(丁)

③ 병화(丙)

④ 기토(己)

⑤ 을목(乙)

5. 다음 중 일간의 기운이 선명할 경우, 특정 질문에 대해 해당 일간의 주체가 내릴 답변으로 적절하지 않은 것은? (난이도 상)

① 질문: "혼술이나 혼밥을 하시나요?"

  갑목: "아니요. 밥이나 술은 친구들이랑 같이 먹고 마시는 거죠!"

② 질문: "주변에 마음을 나눌 만한 친구는 많이 있나요?"

  을목: "그럼요! 그런 친구들은 차고 넘치죠!"

③ 질문: "제일 싫어하는 사람이 어떤 사람인가요?"

  병화: "인사 안 하고 예의 없는 사람이요!"

④ 질문: "제일 화날 때가 언제인가요?"

  정화: "누가 남하고 저를 비교할 때요!"

⑤ 질문: "공돈이 생기면 그 돈은 어디에 쓸 건가요?"

  기토: "배우자가 ○○을 사달라고 해서, 그걸 사줄 것 같아요."

풀이노트

1. 무토는 일간을 제외하고, 나머지 오행 중 가지지 못한 것과 관련해 문제가 생길 가능성이 높다. 토 오행이 내장과 관련되어 있기 때문이다. 남명은 위암이나 당뇨, 고혈압 같은 성인병이나 지병에, 여명은 유방암 같은 질환에 유의하는 것이 좋다. 정답은 ①번.

2. 연간이나 월간도 역시 병존의 특성을 보이지만, 주체인 일간을 기준으로 일간과 월간 또는 일간과 시주가 병존을 이룰 때 병존의 특성이 가장 잘 드러난다. 하지만, 고전에 기반한 병존의 설명, 또는 일반적인 통변 시 확인 가능한 병존의 특성은 아무래도 일간과 시주가 병존을 이룰 때 가장 강하게 나타난다. 정답은 ①번이다.

3. 정답은 ⑤번이다. 천간의 음양 역시 여러 층위로 구분지을 수 있다. 갑을병정무를 양으로, 기경신임계를 음으로 보자. 갑에서

시작된 양기는 병화에 이르러 확산되고 정화에 이르러 뭉친 후 무토에서 다시 사방으로 확장된다. 이제 막 시작된 양기인 갑목을 제외하면, 양간이면서도 양기가 강한 병화와 무토가 아무래도 양기의 특성을 조금 더 잘 드러내는 편이다.

4. 정답은 실용과 실속을 중시하는 ④번 기토이다. 병화나 무토는 갑자기 엄청난 부가 주어질 경우 주변인들에게 본인이 먼저 티를 낸다. 무언가를 숨기려 해도 도무지 숨길 수가 없다. 이외 음간인 을목, 정화, 기토 중 현실적인 생존과 이익을 위한 균형감각과 융통성을 골고루 갖춘 건 기토이다. 기토는 예상치 못한 불편한 일들로 삶의 안정성이 흔들리는 걸 싫어한다. 따라서 본인의 부를 끝까지 드러내지 않을 일간은 기토이다.

5. 을목은 음목으로서, 내면의 안정감과 조화·균형을 중요하게 여긴다. 이런 을목에게 마음을 나눌 수 있는 사람이 있는지 물어봤을 때 그런 사람이 없거나 반대로 많다고 답한다면 겉보기와 달리 을목의 본질이 손상당했을 가능성이 높다. 정답은 ②번.

경금과 신금: 결실인가 종결인가

庚　辛

경금과 신금은 계절의 기운으로 치면 가을에 해당한다. 가을은 봄에 심은 작물의 열매가 열리고 곡식이 익는 계절로, 노력에 대한 뚜렷한 성과나 결실을 지향함을 의미한다.

가을은 봄(木)과 여름(火)이라는 양적인 계절을 지난, 음적인 계절이다. 나무는 스스로 여름에 화려하게 피어냈던 나뭇잎을 땅으로 떨어트리고 양분을 끌어모아 열매를 맺으며, 음의 기운이 가장 강한 겨울[水]을 준비한다. 이런 과정 때문에 가을의 계절적 에너지 그 자체인 금(金)기를 명리학에서 열매이자 과실이라고 표현한다.

나무는 모든 양분을 끌어 모아 맺은 열매들도 때가 되면 톡 떨어트린다. 사람으로 치면 자기 살을 깎아내는 듯한 이러한 과정은 나무에게 있어 어쩔 수 없는 고육지책(苦肉之策)이다. 단호하고도 냉정하게 보이지만, 나무는 이러한 과정 없인 결코 겨울을 날 수 없다.

경금은 열매를 떨어트리는 힘, 즉 필요한 것과 버려야 할 것을 명확하게 구분하고, 한 번 결정한 것들에 대해서는 뒤돌아보지 않는 강한 결단력을 가졌다. 경금의 강하게 밀어붙이는 힘은 다수를 향한 숭고한 혁명이 될 수도, 그렇지 않을 때는 잔인한 폭력이 될 수도 있다. 경금의 기운이 선명한 사람은 자기 방을 어지럽히거나, 방에 쓸데없는 물건을 가져다 놓지 않는다. 정리정돈하는 습관이 생활화되어 있으며, 무언가를 해야겠다 마음먹으면 강한 집중력을 가지고 일관성 있게 실현해 나간다.

병화나 정화는 얼굴을 꾸미고 성형을 하는 데 관심이 많다. 하지만 몸에 대해 관심도 많고 투자가 많은 쪽이라면 단연 경금이라 할 수 있다. 이런 경금에게 운동을 좋아하는지 물어보면, 경금의 기운을 잘 드러내고 있는지 확인할 수 있다. 경금 본인은 정기적으로 하는 운동이 없어도, 운동을 좋아한다고 답한다. 만약 운동을 싫어한다고 답한다면, 그는 경금이 아니다.

금은 피부와 관련된 기운이다. 보통 금 일간들이 수 기운을 갖출 경우 피부가 맑다. 남명 경금이 구릿빛 피부를 갖추었다면 최상의 상태로 보지만, 백짓장처럼 하얀 피부라면 위험하다. 여명 경금 역시 피부색에 광택이 없다면, 심리적·병리적으로 문제가 있는 것으로 보고 심층적인 질문을 해야 한다.

경금의 강한 결단력은 단단한 자아와 자기 신념을 바탕으로 한 주체성에 뿌리를 두고 있다. 튼튼한 신체와 강한 정신력이 곧 경금의 굳건한 자산이다. 경금은 십성으로 치면 강한 주체성을 상징하는 비견(比肩)과 가깝다. 비견은 친구나 동료에 대한 경쟁의 기운이 되기도 한다. 경금이 힘이 넘칠 때는 자기 기운을 활성화시키기 위해 무조건 운동을 하는 것이 좋다. 참고로, 경금은 헬스나 수영 같은 운동을 조금만 해도, 몰라보게 몸이 달라진다. 복싱이나 검도 같은 움직임이 많은 운동도 정말 좋다.

경금은 논리와 일관성, 완성된 체계를 중요시한다. 정해진 규칙과 질서를 따르고, 약속을 지키는 힘이 있다. 법과 질서를 수호하고, 상관의 명령에 복종하며, 조직의 논리를 우선한다. 이 때문에 경찰이나 군인으로 복무하거나 보안·경비·금융·사법 계통에 종사하는 사람이 많다. 걸음걸이나 자세 또한 대체로 곧고 바르다.

경금의 물상이 바위나 큰 칼, 도끼라고 한다면, 신금은 바늘, 가위, 메스 같은 작지만 예리한 도구라고 할 수 있다. 나무의 열매나 과실을 경금이라고 한다면, 신금은 한 단계 더 나아가 성장의 가능성이 응축된 씨앗이다. 안으로 수렴된 강한 응집성이 신금의 특징이다.

경금이 몸에 난 종기를 짜려고 한다면, 신금은 아프더라도 제 몸에 난 종기를 칼로 도려내려 한다. 섬세하고 꼼꼼하며, 작은 일을 하더라도 치밀하고 확실하게 처리한다. 이런 완벽주의적 성향은 강한 책임감으로 드러나 윗사람들에게는 곧잘 신뢰를 얻어낸다. 하지만, 신금 특유의 까칠함이나 냉정함, 예민함으로 인해 본인은 물론 아랫사람들도 쉽게 피곤해질 수 있다.

신금의 외양을 보면 몸에 맵시가 있으며, 특히 하체가 길고 가느다란 경우가 많다. 그리고 경금보다 신금의 피부가 더 맑고 깨끗하며, 피부질환이 거의 없는 편이다. 신금의 기운이 선명한지 판단하고자 한다면, 집안이 어질러져 있을 때 어떻게 하는지 물어보면 좋다. 신금은 자기 삶의 영역이 어질러진 것을 본능적으로 싫어하기 때문이다. 하지만 그 영역을 넘어갈 때 신금은 잘 움직이지 않는다. 주변의 머리카락은 치워도, 전체 레이아웃에는 손을 대지 않는 것이 신금이다.

경금은 양금으로 남성다움이 강하고 실속보다는 대의를 추구하며, 전체 판을 한꺼번에 바꾸려고 한다. 반대로 음금인 신금은 여성스럽고 섬세하며, 자기가 할 수 있는 것들을 조금씩 수행해가는 식으로 더욱 실속있게 움직인다. 똑같이 논리적이지만, 경금이 문맥상 큰 결론에 집중하는 반면, 신금은 촘촘하고 치밀하게 근거가 짜여 있어야 받아들인다.

신금은 십성으로 치면 경쟁과 투쟁을 상징하는 겁재(劫財)와 가깝다. 남과의 경쟁을 통해 성장하는 힘이 강하다. 누군가에게 상처를 입었다면, 잊지 않고 마음속에 새겼다가 기회가 됐을 때 꼭 복수한다. 다만, 신금은 남녀 모두 콤플렉스가 많은데 신금의 예리한 칼날이 본인을 향하기 때문이다. 끝없는 비교를 통해 자신을 깎아내고 더욱 나은 존재로 완성하려는 힘은 큰 성과로 이어진다. 하지만, 자기를 괴롭히는 성향으로도 나타나 멘털이나 체력 관리에 어려움을 겪을 수도 있다.

신금은 실없는 농담이나 빈말을 좋아하지 않는다. "언제 한 번 밥이나 먹자."는 말도 그냥 지나치지 않는다. 약속 시간에 늦을 때도 "나 조금 늦어?"가 아니라, "미안한데 나 5분 정도 늦을 것 같아."라고 정확하게 시간을 알려줘야 하는 게 신금이다.

① 신금 남명과 여명의 차이

천간의 갑을병정무가 양이라면, 기경신임계는 음이다. 금 기운이 음의 기운에 속하는 만큼 음금인 신금은 음 기운이 굉장히 강함을 알 수 있다(27쪽 '주체별 성별과 음양의 조화' 참고). 양기가 강한 남자가 신금일 때와, 음기가 강한 여자가 신금의 주체일 때 역시 일간이 드러내는 기운의 결이 다르다. 예를 들면 남명 신금은 섬세하고 때론 소탈해 보일 수도 있다. 음의 기운이 강한 신금이라 해도 양 기운이 발달한 남명이 음양의 조화를 이루기 때문이다.

이에 비해 여명 신금은 예민하고 까탈스러우며, 더욱 히스테릭해지기 쉽다. 디테일에 강하고, 다양한 재주를 갖출 수도 있지만, 대체적으로 멘털이나 체력 관리에 더욱 주의를 기울여야 한다. 신금의 날카로운 칼이 본인을 향하지 않도록 수영이나 헬스, 조깅 같이 몸을 쓰는 운동을 자주해야 한다. 몸을 움직일수록, 금 기운은 더욱 긍정적인 방향으로 맑고 선명해진다.

② 경경병존(庚庚竝存)과 신신병존(辛辛竝存)

경경병존은 전국 역마의 힘으로 드러난다. 힘이 너무 강하니 집 밖으로 도는 것이다. 운동을 자주 다니거나, 아르바이트를 여러 개 하거나, 먼 거리의 학교를 다니는 등 활동성이 강해진다. 참고로 경금의 주체성이나 자기 신념도 더욱 강해지기에, 한 번 마음 먹은 걸 되돌리기 어려울 수가 있다.

시	일	월	연
庚	庚		
辰			

경경병존의 강한 활동력과 자기 확신은 어디에서 비롯되는 걸까? 경금이 일주와 시주에서 병존이 될 때 시주는 경진(庚辰)시로 구성된다. '조토불생금', 즉 조토는 금을 생해줄 수 없지만 진토는 습토로 경금이 가장 좋아하는 토 기운이 된다. 지속적으로 경금을 생해주며 경금의 기운을 뒷받침해주니, 경금의 힘이 더욱 강해질 수밖에 없다. 경금이 진토를 만나면 신살로 괴강(魁罡)이 성립된다. 역시 경금이 시간 대신 월간에 있어도 경경병존은 성립한다. 하지만 경경병존의 힘이 가장 현실적으로 강하게 발현될 때는 시주에서 경금이 병존할 때다.

신신병존이 되면, 신금의 치밀하고 세밀한 힘이 더욱 강해진다. 따라서 직업적으로 꼼꼼함과 정교함을 필요로 하는 프로그래머, 회계사, 엔지니어, 의사, 디자이너, 보석세공업 등에 종사하는 경우가 많다.

시	일	월	연
辛	辛		
卯			

신금이 시간을 포함하여 병존될 때 시주는 반드시 신묘(辛卯)시로 구성된다. 묘목은 신금 입장에서 재성(편재)으로, 일간이 지향하는 목표가 된다. 신금의 힘이 목표, 즉 눈에 보이는 성과를 향해 쓰이니, 업무적으로는 완벽주의적 성향으로 발현된다. 특유의 전문성으로 자신의 분야에서 장점을 살려 나가며, 사람들로부터 신뢰를 이끌어내는 힘이 강해지는 것이다. ㅌ

다만, 병존이 될 경우 신금 특유의 까칠하고 예민한 기운 또한 강해져 정신적으로 피곤해질 가능성도 높아진다. 날카로운 칼은 본인이 아니라 밖을 향해, 본인의 기운을 직업적으로 풀어내며 의미 있게 활용하는 것이 좋다. 예를 들면, 실제 직업적으로 뛰어난 의사나 간호사의 경우 신신병존의 유형이 많다.*

③ 금의 고집과 목·화·토·수의 고집

금 기운이 과도하면 자기 주관, 확신, 신념이 강하다. 고집스러워진다고 하는데, 대체 목·화·토 오행의 고집과 어떤 차이가 있는 걸까?

목 오행의 고집은 어린이 같은 순수한 고집으로, 본인이 원하는 걸 추구하는 데서 비롯된다.

---

* 참고로 신금이 병존될 때만큼이나, 신금의 기운이 가장 강한 일주는 신유(辛酉)일주다. 사격, 양궁, 다트 같이 극도의 정밀함을 바탕으로 한 스포츠에 강하다. 대한민국 양궁을 대표하는 안산 선수가 금 기운이 강한 신유일주다. 직업이 다양해진 만큼, 옛날처럼 꼭 의사나 조각가의 직업만을 권할 필요는 없다.

토 오행의 고집은 변화를 싫어하는, 고립에 가까운 고집이다. 내가 옳다는 강한 확신은 과거 경험에 의해 굳건하게 자리 잡은 신념에 기반한다. 참고로, 천간의 무토와 기토는 충이 없고 극만 있다. 중화와 중용을 상징하는 만큼 다른 일간에 비해 변화 가능성이 가장 적다고 볼 수 있다.

화 오행은 외적으로 무성하게 확장하는 기운으로 범위가 너무 넓다. 성질이 불 같은 사람이 뒤끝이 없듯, 화 오행에게서 강한 고집이나 집념의 기상은 찾아보기 힘들다.

수 오행은 외부적 움직임을 멈추고 내부로 응축하는 기운이다. 컵의 형태에 따라 물이 모양을 달리하듯, 환경에 따른 융통성이 가장 뛰어나다. 변화가능성이 큰 유연한 힘이기에, 수는 고집이 있더라도 잘 드러내지 않고 외부조건에 따라 선택을 달리한다.

금 오행은 나무의 열매처럼 하나의 완결된 기운으로, 강한 주체성에 기반한 고집이다. 근거 없는 자신감에 휩싸인 '완성형 고집'으로, 합리나 이성으로도 설득이 잘 안 된다.

참고로, 화의 혁명성과 금의 혁명성을 구분하는 것도 오행의 본질이 가진 특징을 이해하는 데 도움이 된다. 화가 가진 혁명성이 이상주의적 열망을 바탕으로 한다면, 금이 가진 혁명성은 내가 아니면 안 된다는 확신에 가까운 욕망에 기반한다. 금 일간의 대통령이었던 전두환, 이명박, 윤석열을 떠올려보자. 다만 금은 매우 강한 주체성의 힘이기에, 한 번 꺾이면 돌이키기 어려울 정도로 큰 상처를 입는다.

④ '금이 수를 생한다(金生水)'는 말은 무슨 뜻일까?

목화토금수 오행을 처음 공부할 때 만물은 나무(木), 불(火), 흙(土), 쇠(金), 물(水)의 성질로 이루어졌고, 오행은 이를 기호화한 것으로 이해하는 경우가 많다.

'목생화(木生火)'는 나무가 불의 땔감이 되어 불을 강하게 키워주는 것으로 볼 수 있다. '화생토(火生土)'의 경우에는 물상적으로 여러 가지 상황을 떠올릴 수 있다. 첫째, 불은 물질을 태워 재를 남기고 재는 결국

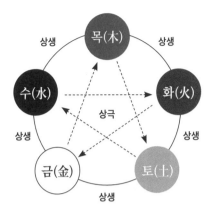

일반적인 오행의 상생상극도는 이와 같다.

흙이 된다. 둘째, 흙으로 만들어진 도자기는 불 속에서 더욱 단단해진다. 셋째, 화의 따뜻한 온기가 땅에 스며들어야 토질에 안정감이 생겨 나무를 키울 수 있게 된다. 대체로 이 세 개 이미지일 것이다.

하지만 '금생수'의 경우 '쇠나 바위에서 물이 나온다'라고 했을 때 얼핏 물상적으로 납득이 되지 않는다. 어쩌면 당연한 반응일 수 있다. 원래 오행은 나무, 불, 흙, 쇠, 물이라는 물상을 기호나 상징으로 표현한 것이지만, 정확히는 계절적 흐름, 계절적 에너지로 봐야 하기 때문이다. 목(木)은 봄, 화(火)는 여름, 금(金)은 가을, 수(水)는 겨울의 계절적 흐름이며, 토(土)는 각 계절과 계절 사이를 중재하는 환절기이다. 따라서 오행의 상생상극도를 정확하게 표현하면 아래와 같다.

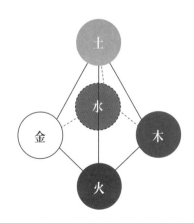

토는 목화금수 사이에서 균형추 역할을 한다.

물론, 금생수를 물상적으로 설명할 수도 있다. 계곡에서 물이 바위 사이를 시원하게 흐르고 있는 장면을 떠올려보자. 실제 계곡에 바위(金)가 있어야 흐르는 물의 용존산소 농도가 높아지고, 물이 더 맑아질 수 있다. 고여 있는 물은 썩기 마련이다. 물은 높은 곳에서 낮은 곳으로 흐르며, 흐르면서 정화되는 물이라야 생명수가 된다.

이번엔 지하 밑에 고여 있는 암반수를 떠올려보자. 지하 깊은 곳에 내려가면 내려갈수록, 마치 정수기의 필터가 물을 정화하듯, 바위는 스며드는 물을 깨끗하게 정화하며 맑은 물을 품는다. 우물이 깨끗한 물을 품고 있다가, 사람들이 펌프나 두레박으로 이 물을 길어올리는 것도 우리가 금생수를 이해할 수 있는 대표적인 물상적 이미지다. 물론, 쇠에 이슬이 맺히는 것을 금생수의 물상으로 이해할 수도 있다.

목화토금수 오행의 순환을 바라볼 때 'A가 B를 만든다', 'A가 B를 낳는다', 'A가 B를 생해준다'고 표현하지만 이런 관점 대신 'A가 B를 도와서 B가 더욱 본질에 가까워질 수 있도록 도와준다'는 관점에서 바라봐야 오행의 상생상극을 보다 깊이 이해할 수 있다.

한 예로 '금(金)이 수(水)를 만들었다', '바위가 물을 만들었다', '금속이 물을 만들었다'와 같은 묘사는 물상적으로도 이해가 어렵고, 나중에는 깊은 통변도 불가능해진다. B는 A가 없어도 존재한다. 다만 B는 A가 있어야 더 빛나며, A의 생조를 통해 B 역시 더욱 빛날 수 있다.

물론 금은 가을, 수는 겨울의 계절적 에너지를 상징화한 기호다. 하지만 물상적으로 이해한다고 했을 때, 물은 바위 사이에서 흐를 때 더 맑아지고, 나중의 쓰임을 위해 바위 안에 있을 때 맑게 고여 있을 수 있다. 이런 식으로 금생수 역시 자연관찰을 통해 본질을 이해해야 한다. 따라서 금생수 역시, '금이 수를 수로서 더욱 빛나게 한다', '수가 수로서 제 역할을 할 수 있도록 돕는다'라고 이해하는 것이 더 올바르다.

참고로 금 오행은 신체 중 폐, 호흡계통, 피부, 대장과 관련이 깊다. 피부 역시 호흡 작용을 하며, 몸 안의 수분을 지키는 역할을 한다. 화상 환자의 경우 몸의 수분을 지킬 수 없게 되어(정확하게는 혈장이 바깥으로 흘러나와) 갈증을 크게 느끼는데, 금과 수의 관점에서 시사하는 바가 크다.

통변 시 금생수(金生水)의 상생 관계를 살펴보자. 경금[庚]이나 신금[辛]일간인 경우 가급적 사주에 수(水)가 있어 금(金)이 설기되어야 좋다고 말한다. 얼핏 '설기된다'는 표현은 에너지나 기운이 빠져나간다고 하여 부정적으로 생각하기 쉽지만, 금은 수의 설기를 반긴다. 그 이유는 금이 제 역할을 하며 더욱 맑아지기 때문이다. 수 또한 금으로부터 흘러 생명수로 작용하니, 더욱 수로서의 역할을 잘할 수 있게 된다.

이런 관점은 생(生)의 관계뿐 아니라, 극(剋)의 관계에서도 마찬가지이다. 금은 '화극금(火剋金)', 즉 불로 제련되어야 한다. 일간이 특히 경금(庚)인 경우, 극하는 관계를 꺼린다고 보기 쉽지만, 정화(丁)가 와서 제련이 되어야 경금(庚)은 더욱 자기 가치를 키울 수 있게 된다.

금생수를 올바르게 이해해야 금백수청(金白水淸)또한 제대로 이해할 수 있다.《적천수》에 '수(水)는 가을의 수(水)가 제일 좋다'는 표현이 나온다. 가을이 금(金)이라, 자연스럽게 금백수청(金白水淸)이 이루어지기 때문이다. 금백수청과 같은 말로는 금수쌍청(金水雙淸)이 있다. 금수쌍청은 금과 수가 쌍으로 모두가 청하다는 뜻이다. 금과 수가 서로 빛난다는 의미로, 목화통명이 번뜩이는 명석함(brilliant)을 드러낸다면 금백수청은 치밀함, 상상력, 직관력을 기반으로 한 총명함을 드러낸다. 사색과 존재에 대한 근원을 성찰하는 힘도 강해 종교, 철학 같은 인문학에도 강점이 크다. 물이 흐르는 듯한 다재다능함도 장점이다.

고전에는 오리지널 금백수청, 금수쌍청 사주로 금 일간이 월지에 수를 놓거나, 수 일간이 월지에 금을 놓아야 제대로 된 금백수청이라고 말한다. 금 일간이 사주에 수를 보면, 수가 식상으로 쓰이는 만큼 눈에 보이지 않는 세계에 대한 인식 능력도 크다는 것을 짐작할 수 있다.

오행의 상생상극 관계는 명리의 기초다. 하지만 '만물이 나무(木), 불(火), 흙(土), 쇠(金), 물(水)의 성질로 이루어졌으며 오행은 이를 기호화한 것'으로만 이해할 경우 단계가 올라갈수록 깊은 통변이 불가능해진다. 다시 한번 강조하자면, 오행은 봄, 여름, 가을, 겨울, 환절기라는 계절적 흐름과 에너지를 뜻한다.

명리영역 기출문제

1. 다음 상황에서, 금 오행이 발달한 사람이 할 말로 적절한 것은?
(난이도 하)

> 연말 회사에서의 인사평가를 앞두고, 실적이 좋지 않은 부하 직원이 이번엔 꼭 승진을 해야 한다며 인정에 호소하고 있다.

① "그래⋯ 이해하고 있네. 어떻게든 방법을 함께 찾아보세."
② "다 됐고, 일단 알았으니 지난 번 자네 실적이 어땠는지 먼저 이야기해보세."

2. 경금에 대한 설명으로 바르지 않은 것은? (난이도 중)
① 허리가 굽어 있거나, 바르지 못한 걸음걸이가 자주 연출된다면 경계할 필요가 있다.
② 자기 기운을 활성화시키고 싶다면, 몸을 쓰는 운동을 하는 것이 좋다.
③ 피부가 맑고, 특히 수 기운이 동반될 경우 피부가 깨끗한 경우가 많다.
④ 확신을 갖고 마음먹은 바를 강하게 밀어붙이는 편이라, 주변 사람과의 마찰이나 불협화음에 유의해야 한다.
⑤ 조직의 논리를 우선시하고 상관의 명령에 잘 따르다 보니, 잘못된 게 있어도 끝까지 모르는 척한다.

풀이노트

1. 인정에 호소할 때 금의 성향이 강한 상사는 어떤 태도를 보일까? '다 됐고, 알았으니 숫자나 데이터로 이야기를 하라'며 부하직원의 호소를 냉정하게 딱 잘라 끊는다. 반대로 목의 성향이 강한

상사는 '이해하고 있으니, 함께 어떻게든 방법을 찾아보자'며 부하 직원의 쓰라린 마음을 최대한 다독여준다.

목(木) 오행이 발달되어 있으면 인본주의적 성향이 강해진다. 하지만 '금극목', 즉 금이 목을 극한다는 오행의 상생상극의 관계로 보면 금은 목과는 대척점에 있다. 금의 기운이 잘 발달되어 있으면 성과주의나 결과 중심적인 태도로 드러난다. 어찌보면 단호함과 냉정함, 결단력, 합리성 등을 갖추고 있다고도 볼 수 있겠다. 정답은 ②번.

2. 정답은 ⑤번이다. 경금은 상관의 명령에 복종하며, 조직의 논리를 우선시한다. 때문에 경찰이나 군인, 보안, 경비, 금융, 사법계통에 종사하는 사람이 많다. 하지만 주인이 마음에 들지 않을 때 큰 칼을 휘둘러 주인의 목을 베는 것도 경금이다. 내가 아니면 안 된다는 강한 확신은 때론 폭력적인 기운을 동반한다. 경금에겐 질서를 따르지만, 개혁을 실행에 옮기는 이중성이 있다.

참고로, 상관의 기운이 강한 경자(庚子)일주의 경우 공정과 정의에 대한 갈망이 큰 편이다. 강자에게 강하고, 약자에게 약한 검사들 중에서도 경자일주가 많다. 상관의 기운이 강하면, 같은 편이라도 잘못한 걸 지적하거나, 험난할 줄 알면서도 내부고발자의 역할을 택하는 경우가 있다.

임수와 계수: 형태를 결정하는 에너지의 단위

壬 癸

임수와 계수가 가진 수의 기운은 계절로 보면 겨울이다. 화의 기운이 상징하는 여름에는 만물이 외부적으로 활발한 움직임을 보인다. 수는 반대 운동으로 활발했던 외부적 움직임이 멈추고 안으로 응축하는 성향을 나타낸다. 임수 역시 과묵한 편으로, 자신의 생각이나 감정을 잘 감춘다. 양기가 강한 병화들이 조금 힘든 일을 겪을 때 지인들에게 "힘들어 죽겠네."라고 말한다면, 음기가 강한 임자는 아무도 모르게 이를 악물고 버틴다.

임수는 물상적으로 바다나 강, 호수에 비유할 수 있다. 속이 보이지 않는 시커먼 바다의 끝을 도무지 알 길이 없듯, 임수 역시 비밀스러운 면이 많고 속을 알기도 힘들다. 본인 이야기도 액면 그대로 하지 않아, 겉만 보고는 판단이 어렵다. 음기가 극단에 이른 임자일주의 경우 남녀 모두 명식을 확인하기 전까지, 임자일주라는 느낌을 갖기 어려울 정도다.

참고로 병화나 무토가 포커판에서 가장 돈을 잘 잃는다면, 감정 변화가 얼굴에 잘 드러나지 않는 임수는 천간 중 도박사의 자질이 가장 뛰어나다고 할 수 있다. 자기 통제력도 강한 데다, 전체적인 상황이나 분위기를 한 번에 파악하여 때를 포착하는 데 동물적인 감각이 있다. 겉과 속을 다르게 포장할 줄도 알기에, 정치인이나 경영인으로서의 자질도 뛰어난 편이다.

담기는 컵에 따라 물이 제각각 다른 모양을 띠듯, 임수 역시 상황에 따른 유연성이나 융통성과 순발력이 뛰어나다. 壬(임)이라는 글자를 두고 선비[士, 선비 사]가 모자를 비뚤게 썼다며 임수의 자유분방함에 주목한 해석도 있다. 임수는 물이 흐르듯 생각이 열려 있어, 정답을 꼭 한 가지로만 한정 짓지 않는다. 상상력은 물론, 지적 계산 능력 또한 탁월한 편이다. 수 오행을 지혜를 상징하는 오행으로 표현하는 이유다.

68

다만 임수는 양수라, 오행 수의 기운을 거침없이 발산하여 사용하기에 두뇌회전이 빠르며, 여러 일도 동시에 처리할 수 있다.

바다가 마지막 단계에 이르러 세상의 모든 물을 품에 담듯, 임수 역시 분야를 막론하고 지식을 채우기 위한 열망이 큰 편이다. 상담 시 임수에게는 새로운 정보와 지식을 채우기 위해 노력하는지 확인해봐야 한다. 요즘 시대에는 유튜브나 검색 사이트를 쉽게 활용할 수 있기에, 모르는 게 있으면 반드시 확인을 해야 직성이 풀리는지, 관심 있는 분야나 대상이 생기면 어떻게 대응하는지 등을 물어보자. 만약 지식욕이 없고, 책을 사 모으지 않는다면, 어딘가 문제가 있다고 볼 수 있다.

임수는 전체적으로 둥그렇고 부드러운 인상이다. 하지만, 표정 변화는 크지 않아 감정을 짐작하기 어렵다. 너그럽고 이해심이 많지만, 그때그때 표출하는 병화와 달리 임수는 내면에 쌓아뒀다가 한꺼번에 폭발시키기에 한번 화를 내면 무섭게 돌변한다. 불은 타면 재라도 남지만, 쓰나미가 닥치면 모든 것이 흔적도 없이 사라지는 격이다.

임수의 가장 큰 장점은 위기를 극복하는 데 있다. 쉽게 지지 않으며, 위기가 이어져도 물이 흐르며 새로운 길을 내듯 언제듯 돌파구를 만들어낸다. 대범함과 뛰어난 임기응변, 핵심을 꿰뚫는 통찰력, 쉽게 꺾이지 않는 강인한 힘을 바탕으로 큰 성공을 이루어낸다. 임수의 기운이 가장 강한 임자(壬子)일주를 두고, 괜히 '오늘 임자 만났다'는 말이 나온 게 아니다.

임수[壬] 는 아이를 밴다는 뜻이 있으며, 妊[임신할 임]에도 상형자로 쓰인다. 바다에서 생명이 탄생했듯, 생식에 해당하는 수 오행 임수 역시 성과 관련된 욕망과 섹슈얼한 힘이 강하다. 이는 대인관계에서 본인을 돋보이게 하는 장점이 될 수도 있지만, 은폐된 성적 욕망이 사고로 이어질 수도 있으니 주의해야 한다.

임수는 지식이나 기술 습득, 이해 능력도 탁월하다. 뛰어난 활용 능력을 바탕으로, 관심 있는 분야에 대해 마음 먹고 무언가를 습득한 임

---

* 옛 글자 工(공)은 옷감 짜는 실을 감아 붙이기 위한 막대기이며, 그 工(공) 가운데 ㆍ을 붙여 만든 글자가 壬(임)이다. 즉 壬(임)은 막대기에 실을 감아 붙인 모양이 꼭 임신을 하면 배가 부르는 것과 같다 하여, '임신하다'는 뜻으로도 사용되고 있다.

수는 자신의 지식을 전문가처럼 포장할 줄도 안다. 마음을 잘못 고쳐먹으면 권모술수가 되어 자신은 물론 타인도 위험에 빠트릴 수 있다. 임수는 이처럼 생식의 힘, 성욕, 지식을 향한 탐구욕이 강하기에, 십성으로 치면 식신(食神)에 가깝다.

임수의 물상이 큰 강, 호수, 바다라고 한다면, 계수는 안개비, 시냇물, 연못이라 할 수 있다. 양수인 임수가 스케일이 크고 거침없다면, 음수인 계수는 여리고 작은 물이지만, 세상의 모든 것에 스며들 수 있을 만큼 유연한 게 특징이다. 계수는 자신의 존재를 잘 드러내지 않고, 천천히, 그리고 조금씩 영향력을 넓혀간다.

계수는 열 천간 중 가장 음의 성향이 강하다. 음기의 마지막 단계에서 양의 기운이 시작되니, 겉으로는 음의 성향이 강하지만 계수의 내면에는 양의 기운이 싹트는 데서 오는 의외성이 있다. 고립되기 쉬워한 번 우울증이나 자폐적인 상황에 빠지면 큰 타격을 입지만, 명랑한 성격도 공존하기에 마음속에 늘 희망을 품고 나아간다.

계수의 외양은 어떨까? 연약하고 지켜주고 싶은 존재로서 사람들의 보호본능을 자극하는 힘이 있다. 인기가 많은 임수와 달리, 마지막에 남녀 모두에게 사랑받는 건 역시 계수다. 임수가 광범위하게 포용하고 통합하는 스타일로 대인관계를 형성해 나간다면 계수는 소수와의 접점을 점차 늘려가며 공동체의 갈등을 해소해 나간다. 처음에는 존재감이 없지만, 어느 조직에서든 이슬비처럼 스며들어 모두와 두루 친한 관계를 맺는 게 계수다.

계수는 섬세하고 부드러우며, 온화하고 감수성도 풍부하다. 그게 누구든 상대의 기분과 감정을 잘 파악하고, 경청할 줄 안다. 계수는 위험을 감지하고 피해가는 처세술도 뛰어난 편이지만, 때론 감정이나 인정에 치우쳐 현실적인 판단을 그르치기도 한다. 본인에게 해가 되는 관계를 제때 정리하지 못하고, 무리한 부탁을 들어주다 마지막에 상처입는 게 계수다.

계수에게는 무엇을 살 때 기분이 좋은지 물어보면 좋다. 만약 책이라고 한다면, 가장 계수다운 답이라 할 수 있다. 계수는 책을 사 모으는 것 자체로 자신의 부족함이 채워진다 여긴다. 계수는 본인의 상상력을 확장하고, 지식을 채울 수 있는 책 그 자체에 대한 애착을 가진다. 다만 공무원, 회계, 경영, 자기계발 등 실용적인 책만 사는 계수의 삶은 어딘가 힘겨워 보인다. 계수는 십성으로 치면, 총명함과 재능을 상징하는 상관(傷官)과 관련이 크다. 독서를 바탕으로 한 지적 능력이 높으며, 남이 모르는 자신만의 기술도 하나씩은 가지고 있는 게 계수다.

계수는 조직원들 사이에서 유대감이 강하고, 규율과 체계가 엄격한 조직에는 잘 어울리지 못한다. 개척하기보다는 주어진 상황에 안착하려다 보니, 부조리하고 부당한 환경에 한 번 놓이게 되면 벗어나기 힘들다. 계수는 임수와 달리 배포와 자기동력이 약하다. 밀도가 높은 조직, 즉 물이 흐를 수 없는 고여 있는 땅에선 쉽게 지쳐간다. 변화 없이 한 곳에서 반복적으로 일하는 것을 힘들어하는데, 특히 신약한 계수는 외부 상황에서 비롯된 우울증을 조심해야 한다. 참고로 계축(癸丑)처럼 신왕한 계수는 반대로 통상적이지 않으며, 어떤 상황이나 법칙에 갇히지 않는 경우가 많다.

① 임임병존(壬壬竝存)과 계계병존(癸癸竝存)

임임병존은 강한 도화의 기운을 갖고 있다. 도화는 자신의 매력을 어필하여, 다른 사람으로부터 사랑과 인기를 얻는 힘이 강하다. 같은 말이나 행동을 하더라도 눈에 띄며, 방송, 문화, 연예계 진출 시 큰 파급력을 갖는다. 과거 신분제 사회에서는 개인이 주체성을 갖는 걸 위험하다 여겼기에 도화를 살(煞)이라 이름 붙였다. 하지만 자신의 개성과 매력을 적극적으로 드러내어 타인에게 인기를 끄는 것이 중요해진 요즘, 도화는 무척 반기는 기운이 되었다.

시	일	월	연
壬	壬		
寅			

임임병존의 강한 도화의 기운은 어디에서 나올까? 임수가 일주와 시주에서 병존이 될 때 시주는 반드시 임인(壬寅)시로 구성된다. 인목의 지장간을 보면 무토[戊] 편관, 병화[丙] 편재, 갑목[甲] 식신으로 이루어져 있다.

임수는 양수로 지식, 지력을 뜻하며 큰 물을 의미한다. 수 오행은 다른 사람에게 사랑을 받는 기운이 강한데, 시간으로는 생식의 기운이 강한 밤을 나타낸다. 임수는 식신을 쓰더라도 어떻게 하면 본인이 주목을 받을 수 있을지 본능적으로 안다.

식신이 가진 강한 자기 표현의 기운이 병화 편재, 무토 편관으로 이어지니, 본인을 적극적으로 드러내며 사회생활을 하는 힘이 강하다는 걸 알 수 있다. 게다가 식신으로부터 이어지는 재관이 편재, 편관이니 그 활동 범위도 넓다. 대중을 상대로 한 본인의 개성이나 매력을 드러내는 힘이 여기에서 비롯되는 것이다.

임수가 시간 대신 월간에 있거나, 연간과 월간에만 임수가 있어도 임임병존은 성립한다. 하지만 임임병존의 힘이 가장 현실적으로 강하게 발현될 때는 시주에서 임수가 병존할 때이며, 고서에서 말하는 임임병존의 특성 또한 가장 잘 드러난다.

참고로 고전에는 금 일간이 월지에 수를 놓거나, 수 일간이 월지에 금을 놓아야 제대로 된 금백수청이라고 일컫는다. 재미있게도 임상을 해보니, 사회생활을 하다 뒤늦게 한의대에 들어가는 사람들을 보면 임수일간에 신금 월주인 분들이 많았다. 수 오행이 가진, 눈에 보이지 않는 세계에 대한 인식 능력과 이를 탐구하고자 하는 강한 열망을 짐작할 수 있다.

계계병존이 성립될 시 역시 매우 여성적인 감수성과 부드러운 성품으로 사람들에게 사랑과 인기를 얻는 힘이 강해진다. 촉촉하게 내리는 봄비가 운치를 자아내는 물상으로, 임임병존이 강력한 카리스마와 매력을 바탕으로 강렬하게 다가간다면, 계계병존은 여리지만 서서히 남들의 이목을 끄는 스타일이다. 한때 문화대통령이라 불리던 서태지는 임임임 삼병존, 세계적인 스타로 발돋음한 싸이는 임임병존이다. 둘 다 선 굵은 카리스마로 대놓고 "나 스타잖아!"라는 매력을 자아낸다면, 계계병존은 아닌 듯하면서도 "저를 사랑해주세요."라는 말을 속삭이는 듯 보호본능을 유발하며 상대방의 마음을 끈다.

시	일	월	연
癸	癸		
丑			

시	일	월	연
癸	癸		
亥			

계수는 시간을 포함하여 계계병존이 될 때 시주가 계축(癸丑)시, 계해(癸亥)시로만 구성된다. 지장간이 계수[癸], 신금[辛], 기토[己]로 이루어진 축토는 '토생금'→'금생수'의 흐름으로 계수의 힘이 약하지 않은 습토이다. 계수는 축토 중 계수에 강하게 뿌리내린다. 해수는 지장간이 무토[戊], 갑목[甲], 임수[壬]로 계수에게는 겁재인 임수가 정기로 이루어져 있다. 정리하면, 계수가 시주 구성으로 병존이 될 때 계수의 주체성이 누구보다 강해진다는 것이다.

수 오행은 섬세함과 뛰어난 감수성을 바탕으로, 상대방의 기분이나 마음을 단번에 파악한다. 계수 역시 상대방과 상황에 따라 융통성 있게 처신하며, 가랑비가 옷을 적시듯 부드럽게 만사를 처리한다. 계수는 수 오행이면서 가장 끝 단계의 음기라 겉으로는 여리지만 안으로는 양기가 태동하고 있다. 따라서 계수가 병존이 되면 보호본능을 유발하는데, 보이는 것과 달리 현실적이며 실리적인 힘도 함께 갖추고 있다.

비견	겁재	편인	정인	편관	정관	편재	정재	식신	상관	비견	겁재
癸	壬	辛	庚	己	戊	丁	丙	乙	甲	癸	壬
亥	戌	酉	申	未	午	巳	辰	卯	寅	丑	子
겁재	정관	편인	정인	편관	편재	정재	정관	식신	상관	편관	비견

계수일간인 경우 가질 수 있는 시주 구성

참고로 계수 일간인 경우, 시주가 위 이미지처럼 거의 간여지동급 간지들로만 따라붙게 된다(이는 무토 일간도 마찬가지다). 가장 음기가 강한 계수가 어떤 형태로든 시주를 강한 도구로 사용할 수 있는 모양이다. 천간 중 가장 부드러워 보이는 계수가 알고 보면 어찌 됐건 자기만의 강력한 도구를 들고 태어난다는 점에서, 우주의 조화로움에 대해 다시 한 번 생각해보게 된다. 당연히 계수가 가진 현실적이고 실리적인 힘은, 시주 구성에 따라 더욱 폭발력 있게 드러난다.

② 임자년 임자월 대 계해년 계해월

시	일	월	연
		壬	壬
		子	子

시	일	월	연
癸	癸	癸	癸
亥	亥	亥	亥

일간에 따라 시주 구성이 달라지듯, 연간 구성에 따라 월주 구성이 달라진다. 육십갑자의 차순에 일정한 규칙이 있기 때문으로, 이를 시두법과 월두법이라 한다. 재미있는 점은 연주와 월주를 한 세트로 볼 때, 이 구성이 일주와 시주에도 똑같이 적용되는 경우가 제한적이라는 점이다. 요컨대, 임자년에 임자월이 올 수는 있지만, 임자일에 임자시가 올 수는 없다. 명리학적으로 자시가 되면 다음날로 일이 넘어가기 때문에, 계축일 임자시나 임자일 경자시로만 일주와 시주가 구성된다.

연주와 월주가, 또는 일주와 시주가 천간은 비견, 지지는 겁재인 형태로만 이루어지는 경우는 유일하게 수 오행만 가능하다. 임자년, 임자일과 계해년, 계해일이 그런 형태다. 연주부터 시주까지 천간은 비견인데 지지가 겁재인 구성은 천간 중 유일하게 가장 음기가 강한 계수만 가능하다. 우주의 조화와 균형이 다시 한번 떠오르는 대목이다.

일간에 상관없이 임자라는 간지는 연주와 월주에서 한 세트로 구성되어 극강의 힘을 이룬다. 일간이 임자인데 연주와 월주도 임자라면, 임자들 사이에서도 가히 최강의 '임자'라 할 수 있을 것이다. 혹여나 임자년, 임자월, 임자일, 경자시의 사주를 가진 자를 만난다면, 한 수 접고 들어가길 바란다. 물론, 계해년, 계해월, 계해일, 계해시의 사주 역시 마찬가지다.

명리영역 기출문제

1. 다음 중 본인의 기분이나 감정을 가장 잘 숨겨 포커판에서 상대
   적으로 유리한 오행은? (난이도 하)

① 수 오행

② 화 오행

③ 목 오행

④ 금 오행

⑤ 토 오행

2. 다음 중 각 일간이 가진 특성으로 적절하지 않은 것은? (난이도
   중)

① 계수: 천간의 가장 마지막 단계에 해당하는 음기인 만큼, 버티는
   힘이 강해 규율과 체계가 엄격한 조직에도 잘 어울릴 수 있다.

② 임수: 너그럽고 이해심이 많지만, 한 번 분노를 표출하면 무섭게
   돌변한다.

③ 무토: 활동 범위가 넓어 다양한 것에도 관심이 많고, 소유욕이
   강해 물건을 잘 버리지 못한다.

④ 신금: 실없는 농담이나 빈말을 좋아하지 않는다.

⑤ 경금: 경금의 주체성은 강한 자아와 자기 신념을 바탕으로 한 만
   큼, 천간 중 가장 근자감(근거 없는 자신감)이 세다.

3. 다음 중 인본주의적 성향이 강한 정치인의 특징으로 가장 알맞은
   것은? (난이도 하)

① 목 일간이거나 원국에 대체적으로 목 기운이 강하다.

② 화 일간이거나 원국에 대체적으로 화 기운이 강하다.

③ 토 일간이거나 원국에 대체적으로 토 기운이 강하다.

④ 금 일간이거나 원국에 대체적으로 금 기운이 강하다.

⑤ 수 일간이거나 원국에 대체적으로 수 기운이 강하다.

풀이노트

1. 정답은 ①번이다. 수 오행은 감정변화가 얼굴에 잘 드러나지 않아 오행 중 가장 도박사의 자질이 뛰어나다고 할 수 있다. 자기 통제력도 강한 데다, 전체적인 상황이나 분위기를 한 번에 파악하여 때를 포착하는 데 동물적인 감각이 있다. 겉과 속을 다르게 포장할 줄도 알기에, 정치인이나 경영인으로서의 자질도 뛰어난 편이다.

2. 계수는 어떤 상황이든 외부 조건을 잘 수용하며 적응을 하지만, 유연성이 떨어지는 규율과 체계가 엄격한 조직, 부조리하고 부당한 환경에 한 번 놓이게 되면 벗어나기 힘들어한다. 밀도가 높은 조직, 즉 물이 흐를 수 없는 고어 있는 땅에선 쉽게 지칠 수 있다. 정답은 ①번이다.

3. 목 오행이 발달되어 있으면 인본주의적 성향이 강해진다. 교육계나 의료계, NGO 계통에 종사할 때 강점을 보인다. 과거에는 금 기운이 강한 사람들이(박정희, 전두환, 노태우, 이명박 등) 정치에 나섰으나, 인본주의적 가치가 중요해진 요즘에는 갑목, 을목 일간의 대통령이나 정치인들이(문재인, 이재명, 안철수, 유승민, 우상호, 김두관 등) 두각을 나타내고 있다. 정답은 ①번.

시주 구성으로 살피는 일간의 무의식적인 특성과 도구

지금까지 열 천간이 각각 시간에서 병존이 될 때 시주 조합이 어떻게 구성되는지를 살펴보았다. 이는 특히 고서에서 말하는 천간 병존의 특성을 이해하는 데 큰 도움이 된다. 추후에 자세히 설명하겠지만, 시주는 일간이 바라보는 일종의 미래지향적 나침반이다. 과거와 달리 주체가 자기의 기운을 온전히 쓸 수 있는 현대사회에서 시주의 중요성은 점점 높아지고 있다. 일간과 시간의 병존에서 더 나아가 다른 시주를 조합해 보면, 각 일간별로 배경에 자리한 무의식적인 특성과 지향점, 활용할 수 있는 도구도 유추해볼 수 있다.

예를 들면 비교적 식신에 대한 지향성이 강하며, 다른 일간에 비해 식신을 잘 쓸 수 있는 천간은 무엇일까? 바로 임수[壬]이다. 임수에게 식신은 갑목[甲]인데, 시간 갑목은 반드시 시지에 자신이 가장 강하게 뿌리내릴 수 있는 진토와만 구성이 되기 때문이다. 임수가 가진 수 오행 특유의 거침없는 상상력과 기획력은 힘이 강한 갑목 식신을 만났을 때 엄청난 힘을 낸다. 실제 임수 일간에는 식신이 뜻하는 요식업이나 문필업 계통의 직업 종사자가 많다. 특히 식신이 사주에 없더라도, 임수 일간이 식신 대운을 만나면 엄청나게 잘 활용하기 때문이다.

시	일	월	연
甲	壬		
辰			

임수 일간의 시주가 갑진시가 아니라 하더라도, 임수는 대세운에서 갑목을 만났을 때 다른 일간에 비해 갑목이 가진 식신의 기운을 더욱 잘 활용할 수 있다. 임수는 갑목이 가진 식신의 기운을 무의식적으로 지향하기 때문이다.

시	일	월	연
庚	戊		
申			

천간 임수와 같은 관점에서 비교적 식신에 대한 지향성이 강하며, 다른 일간에 비해 식신을 잘 쓸 수 있는 천간이 하나 더 있다. 바로 무토이다. 무토에게 식신은 신금[申]인데, 시주에 신금이 올 경우 시주는 경신시로만 구성된다. 신금 안에 있는 지장간 무토는 천간 무토가 어느 정도 지지에 뿌리를 내릴 수 있게 해준다. 물상으로 대륙을 상징할 만큼 스케일이 어마어마한 무토가 신금을 만나면 식신이 가진 표현력이 무척 강해진다(특히 무신일주의 경우 느긋하고, 사람들과 유대감을 느끼는 가운데 맛있는 음식을 먹는 걸 좋아하는 사람이 많다). 시주 구성에 따라올 수 있는 간지적 조합의 가능성을 살피면, 일간별로 저마다 다른 무의식적인 특성을 어느 정도 유추할 수 있을 것이다.

상담시 용희신 파악을 떠나, 이는 일간별로 사주 주체가 원하는 삶의 방향을 설정할 때도 큰 도움이 된다. 예를 들면 (물론 사주 원국을 다 살펴야겠지만) 임수 일간인 분에게는 글을 써보라거나, 요리를 배워볼 것을 권유할 수도 있다. 양수인 임수는 본인의 속마음을 드러내는 게 아무래도 다른 일간에 비해 쉽지 않다. 임수의 장점을 바탕으로 식신의 기운을 살리라고 조언하는 것이다. 자신의 속마음을 말로 표현하지 않더라도, 무언가 창의적인 작업을 통해 임수의 기운을 긍정적으로 활용할 수 있기 때문이다.

시	일	월	연
戊	甲		
辰			

　이와 같은 관점에서, 편재를 가장 잘 반기는 일간은 갑목이 된다. 갑목에게 편재를 의미하는 시주는 무진(戊辰)시로 편재가 간여지동(干與地同)으로 이루어져 무척 강력함을 알 수 있다. 갑목은 시주 조합의 가능성만 따졌을 때 편재를 가장 잘 쓸 수 있는 간지이다. 시주 구성상 갑목에게 다른 간지가 오더라도, 갑목은 일간의 무의식적인 특성상 편재적 욕망을 갖고 있다고 해석할 수 있다.

　실제 갑목은 운에서 편재를 만나면 정말 잘 활용한다. 편재는 재물을 뜻하기도 하지만, 넓은 활동 무대가 되기도 한다. 하나의 공연장에서 정기적으로 공연하는 가수가 정재에 가깝다면, 편재는 전국을 무대로 뛰어다니는 가수와 같다. 갑목은 성장이 중요하기에, 주변환경의 영향을 많이 받는다. 어른이 되어 갑목의 기운을 주체적으로 쓰려는 이에게 편재적 환경을 만들기 위해 노력해볼 것을 권할 수도 있다. 갑목이 상징하는 생동감, 기획력, 추진력과 약자를 보살피려는 젊음의 리더십은 편재를 활용할 때 더욱 빛난다.

시	일	월	연
庚	癸		
申			

　계수는 정인을 가장 반기는 일간이 된다. 계수에게 정인을 의미하는 시주는 경신(庚申)시로 정인이 간여지동으로 이루어져 무척이나 강력함을 알 수 있다. 정인은 꾸준함, 지속력, 버티는 힘을 의미한다. 계수는 음의 가장 끝 단계에 위치한 천간으로, 주어지는 상황에 안착하며 어떤 조건이 따르더라도 잘 적응한다. 시주가 경신시로 이루어지지 않더라도, 우리는 계수가 가진 무의식적인 특성과 인성의 의미를 연결지을 수 있다.

　지금까지 간략하게 시주 구성의 조합에 따라 일간별로 어떤 무의식적인 특성이 있는지, 그리고 어떤 도구를 가장 잘 활용할 수 있는지 살펴보았다. 하지만 시주 구성을 떠나, 본질로 돌아가 일간의 특성만 잘 살펴도 일간에게는 저마다 주어진 특수성과 장점이 있음을 알 수 있다.

예를 들면, 임수와는 반대로 자신을 드러내길 가장 좋아하는 일간은 천간 중에 가장 양기가 강한 병화이다. 행동과 생각의 속도가 빠르며, 무슨 일을 진행하든 거침이 없다. 속도가 중요한 세상에서 병화는 자기를 마음껏 드러낼 수 있는 1인 미디어를 활용할 경우 큰 강점을 갖는다.

다른 일간별로 어떤 강점이 있는지, 일간의 특성과 시주별로 조합 가능한 구성을 통해 어떤 도구를 활용할 때 일간이 폭발력을 내는지 다시 한번 살펴보시길 권한다.

명리영역 기출문제

1. 다음 중 각 일간이 멋진(?) 이유로 가장 거리가 먼 것은? (난이도 하)

① 갑목: "난 남들과는 다른 나만의 기준이 있어!"

② 병화: "난 언제나 자신감을 잃지 않아!"

③ 정화: "난 나보다 주변을 먼저 생각할 줄 알아!"

④ 기토: "난 모든 것을 품에 안을 수 있어!"

⑤ 임수: "난 어떤 상황에서도 침착해!"

2. 만약 일간별로 초능력을 지녔다고 가정할 때, 가장 거리가 먼 것을 고르면? (난이도 하)

① 갑목: 번개의 스피드

② 을목: 자연의 치유력

③ 경금: 바위의 우직함

④ 임수: 안개의 은신술

⑤ 계수: 물의 변신술

3. 각 일간이 할 수 있는 말로 가장 거리가 먼 것을 고르면? (난이도 하)

① 갑목: "난 유연하진 않아."

② 을목: "난 늠름하진 않아."

③ 병화: "난 냉철하진 않아."

④ 기토: "난 신중하진 않아."

⑤ 임수: "난 명확하진 않아."

4. 남이 보는 일간의 모습 중 가장 거리가 먼 것을 고르면? (난이도 중)

① 경금: "쟤는 근자감이 넘쳐 보여."

② 신금: "어쩌면 저렇게 말끔할까?"

③ 병화: "무슨 생각을 하는지 전혀 모르겠어."

④ 계수: "못하는 게 없는 팔방미인이야!"

⑤ 을목: "은근히 정이 많은 것 같아."

풀이노트

1. 정답은 ④번으로, 이는 기토가 아닌 무토에 대한 설명이다. 무토는 넓은 땅이 만물을 품듯 거침없는 포용력이 특징이다. 대인 관계에 있어 누구에게든 친절하며, 낯선 사람들과도 금세 관계를 맺는다. 반대로 기토는 무토에 비해 소극적이나 실리적이며, 범위는 좁은 대신 내 영역을 설정하고 관리하는 힘이 강하다.

2. 경금은 천간 중 가장 외강한 간지라 일컫는다. 무협 용어를 빌리자면, 경금은 외공이 극강에 이르러 몸이 금강석처럼 단단해지는 금강불괴와 같은 느낌이다. 정답은 ③번으로, 경금은 바위의 우직함보다 방어력을 지녔다고 하는 게 더 어울릴 듯하다.

   경금을 물상으로 바위나 큰 칼, 도끼라고 한다면 신금은 바늘, 가위, 메스 같은 작지만 예리한 도구라고 할 수 있다. 경금 일간이 신금까지 갖추었다면, 이는 둔중한 방패에 뾰족한 스파이크를 달아둔 형상으로 볼 수 있다.

3. 정답은 ④번이다. 무토는 욕심을 못 숨기는 데 반해, 기토는 욕심이 나도 그 욕심을 숨기고 신중하게 때를 기다릴 줄 안다. 기토는 소극적이나 안정을 추구하며, 실속을 잘 챙길 줄 안다. 신중하지 못한 성격은 오히려 병화나 무토에 해당한다. 병화는 발산의 기운이 강해 결정이 빨라 손해를 보는 편이며, 무토는 활동 범위가 넓고 다양한 것에도 관심이 많은데 현실 감각은 약해 돌발적인 성향을 보이기 때문이다.

4. 병화일간은 극양의 일간으로, 성격이 급해 생각과 행동의 속도
   가 매우 **빠르며** 겉으로 드러나는 감정의 변덕도 심한 편이다. 자
   신의 속마음을 쉽게 감추는 수 일간들과 달리, 병화는 감정이나
   생각, 기분을 그대로 드러내기에 거짓말에 취약하다. 따라서 정
   답은 ③번이다.

일간을 지탱하는 현실의 터전,
일지

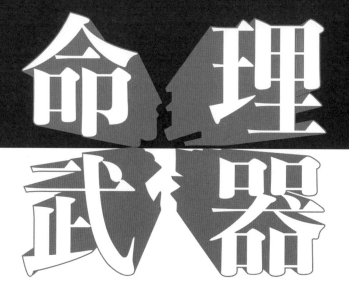

命理
武器

2
장

일지를 통해 무엇을 알 수 있을까?

시주	일주	월주	연주	
	일간 (주체)			천간(이상, 꿈, 머리)
	일지 (건강, 배우자, 직업)			지지(현실, 육체)

사주를 볼 때는 첫 번째로 일간을, 두 번째로는 일지를 살펴야 한다.

일간이 속한 천간이 이상이나 꿈, 무의식적인 영역으로서 순수하고 깨끗한 기운을 상징한다면, 일지가 속한 지지는 다소 복잡하지만 일간이 발 딛고 살아가는 눈에 보이는 구체적인 현실을 나타낸다. 이 때문에 천간은 제외하고, 현실의 기운을 뜻하는 지지 위주로만 사주를 해석하는 명리학자들도 있지만 이는 지극히 위험하다.

《적천수》에서는 '천간의 충은 대체적으로 반기고, 지지의 충은 반기지 않는다'는 구절이 나온다. 꿈을 안고 살아가는 존재로서 인간이 가진 이상적인 욕망이 활성화되는 것은 반길 만한 일이지만, 지지에서는 충이 사건사고로 복잡한 양상을 보이기 때문에 꺼려진다는 뜻이다. 하지만 이는 원론적인 이야기일 뿐으로서, 충이나 합을 무조건적으로 좋게 보거나 나쁘게 볼 필요는 없다.

일간과 함께 기둥(일주)을 이루는 일지를 살피면, 일간이 담고 있는 여러 현실적인 부분을 파악할 수 있다. 일지는 일간의 현실적 조건이면서, 일간이 가진 성향이나 가치관, 기호 등이 반영되기 때문이다.

일지는 주체인 일간을 떠받치는 가장 중요한 토대이자 일간을 위한 현실적 동력이 된다. 간단히 말하면 천간은 머리에, 지지는 육체에 비유할 수 있다. 일간이 발딛고 서 있는, 이 일지라는 현실적 발판이 무너질 때 일간은 그 존재를 위협받는다. 이와 같은 이유로 일지는 첫째 건강과 수명을 상징한다.

극단적으로 일지가 겁재로 이루어진 병오, 정사, 임자, 계해일주와 정관으로 이루어진 경오, 병자, 신사, 정해일주를 비교해보자. 일지가 정관으로 구성된 일주들은 비교적 규칙적으로 지내지만, 일지가 겁재로 이루어진 일주들은 자기 힘을 과신하는 나머지, 한꺼번에 많은 일을 처리하다 몸을 상하게 하거나, 밤을 새우는 일이 많다. 일지가 일간의 성향을 나타낸다고 할 때, 이런 점들이 주체의 건강에도 지속적으로 영향을 미치는 것이다.

사실 일지를 통해 건강운을 볼 때는, 일간과 함께 과다나 고립, 쟁충, 형의 성립 여부 등 여러 요소를 두루 살펴야 한다. 이 부분 역시 추후에 자세히 설명하겠다.

두 번째로 일지가 뜻하는 바는 배우자이다. 명대의《연해자평》이 등장하기 전, 이전 시대인 송대의《옥조정진경》을 통해서도 당시 일지를 형제나 처첩으로 해석했다는 것을 알 수 있다. 주체인 일간이 성숙한 개체로서 배우자와 짝을 이루는 것이 당시에도 중요하게 여겨졌다는 뜻이다. 사회적 활동을 통해 일간이 그 주체성을 드러낼 때, 배우자나 짝으로도 해석되는 일지는 현실적으로 일간의 활동을 뒷받침한다.

일지는 내 배우자와 함께 쓰는 기운이 되기도 한다. 즉, 내 일지가 편관이라면 편관적 속성을 가진 배우자를 선호하거나, 그런 속성이 강한 배우자와 인연이 될 확률이 높다는 뜻이다. 일지는 일간의 성향이나 기호 등을 나타낸다고 했는데, 아무래도 대부분의 사람은 본인과 성향이 비슷한 사람과 친숙함을 느끼기 마련이다.

참고로 직업의 종류가 다양하지 않았고, 권력을 장악한 후 이를 이용해 돈을 버는 게 유일한 출세의 길이었던 시대에는, 일지가 정관인 여성의 사주를 현모양처의 사주로 높게 여겼다. 남편이 아내가 가진 정관의 기운을 쓸 수 있다고 여긴 것이다. 이런 경우 남편이 좋은 관직을 갖게 되어 정경부인이 될 수 있다고 여겼다.

일지가 정관인 여성의 경우 이혼률이 낮은 것이 사실이다. 정관은 법규나 도덕, 질서를 따르는 힘이다 보니, 집안 사람들도 잘 챙기고, 남편의 의견에도 잘 맞춰주는 경향이 있다. 가정을 지키는 힘도 강하기에, 결혼 후 아이를 낳게 되면 본인의 커리어를 쌓기보다 전업주부로 전향하는 경우도 많다. 좋고 나쁨의 가치는 사람과 시대에 따라 얼마든지 다를 수 있기 때문에, 옛날처럼 유독 정관에만 높은 가치를 매길 이유는 없다.

세 번째로 일지가 뜻하는 바는 직업이다. 보다 구체적으로는 사회적으로 일간이 수행하는 업무나 퍼포먼스, 사회적 활동 영역을 뜻한다. 과거에는 가문이나 신분적 환경을 벗어날 수 없다 보니, 일지보다 월지를 더욱 중요하게 여겼다. 능력이 아무리 뛰어나도 천민으로 태어나면 천민으로 삶을 마감해야 했다. 하지만, 자기의 능력을 마음껏 발휘하며 살 수 있는 현대사회에서 일지는 일간인 내가 발딛고 사는 현실이자 사회적 활동 영역으로서 더욱 중요한 역할을 하게 된다.

정리하면, 일지를 통해 건강과 수명, 배우자, 직업적인 부분을 알 수 있다. 여기서는 이 정도만 알아두고, 실제 이를 어떻게 해석해야 하는지는 추후에 살펴보기로 하자.

생지와 역마: 계절을 시작하는 기운

寅申巳亥

인목, 신금, 사화, 해수는 봄, 여름, 가을, 겨울의 계절을 시작하는 간지로, 활동성이 강해 생지(生支)라 한다. 일지에 인신사해의 간지가 있으면, 어느 정도 역마의 기운이 있다고 보면 된다. 역마라고 하여 무턱대고 고향을 떠나 산다거나, 해외로 이동하는 것을 의미하진 않는다. 집에만 있는 걸 싫어하여 정기적으로 운동하는 걸 좋아한다거나, 일을 하더라도 분주하게 몸을 움직일 일이 많다는 정도로 해석하면 된다. 또한 안정적이기보다 다양한 경험을 바라며, 기존의 질서에서 벗어나 새로운 변화를 추구하는 성향이 있다.

여기에서 재미있는 것은 인목, 신금, 사화가 권력의 속성을 갖고 있다는 것이다. 인목은 학문적인 설득력을 근거로 한 정치나 대중 선동의 기운이 있다. 리더십을 발휘하여 사람들을 감동시키고, 호감도를 높여 내 편으로 끌어들이려는 욕망이 있다. 신금[申]의 한자는 하늘에서 번개가 내리꽂히는 모습으로 미디어적인 권력을 나타낸다. TV나 유튜브, SNS 등 매체를 가리지 않고, 말과 글을 바탕으로 한 커뮤니케이션과 관련된 욕망을 뜻한다. 사화는 행정이나 사법 권력과 관련된 욕망을 담고 있다. 고위직 공무원이나 사법시험에 합격한 판검사를 떠올리면 된다.

① 왜 인사신이 모이면 형이 성립될까?

인목, 사화, 신금은 계절을 여는 간지로, 모두 강한 에너지를 바깥으로 펼치려는 힘으로 가득차 있다. 자수, 오화, 묘목, 유금은 각 계절을 대표하는, 각 계절의 에너지가 가장 순수하고 깨끗하게 모인 간지들이다.

잠깐 사극을 볼 때 왕이 행차하는 장면을 떠올려보자. 자오묘유가 왕지로서, 가마를 탄 왕이라 한다면 그 앞에서 북을 둥둥 휘두르면서 "훠이- 물렀거라, 임금님 납신다-" 외치며 후다닥 뛰어가는 신하는 생지로 볼 수 있다. 생지가 각 계절을 시작하는 글자다 보니 가마에 탄 왕인 왕지보다 더 분주하고 더 활발하고 에너지가 넘칠 수밖에 없다. 쉽게 말하면 생지는 조직의 행동대장격이다.

② 각 계절의 행동대장 살피기

인묘진 동방 목국의 행동대장은 인목이다. 미리 발로 뛰면서 봄이 시작되게 만드는 간지다.

사오미 남방 화국의 행동대장은 사화다. 미리 발로 뛰면서 여름이 시작되게 만드는 간지다.

신유술 서방 금국의 행동대장은 신금이다. 미리 발로 뛰면서 가을이 시작되게 만드는 간지다.

• 표시된 월은 모두 양력이다.

비유가 좀 그렇지만, 원래 영화에서 보면 마피아든, 삼합회든, 야쿠자든 조직의 보스(왕지)는 거의 가려져 있다. 실제 조직 내에서 사업을 하면 누가 수고롭게 현장을 돌아다니며 궂은 일을 처리할까? 정답은 인사신이다. 인사신 세 간지는 왕이 되기 위해(다음 계절을 예비하기 위해) 권력을 추구하는 속성이 있다. 참고로, 전쟁이 나도 왕은 싸우지 않는다. 그래서 왕지가 인사신과 달리 가만히 있어 활동성이 약한 것이다. 전쟁이 날 때 장군으로서 전쟁을 수행하거나, 조직에서 행동대장의 역할을 하는 것은 인사신, 이 세 간지들이다.

각 계절을 예비하는, 개성이 엄청나게 강한 간지들이 모이면 어떻게 될까? 이는 비유하면 삼합회와 마피아들이 한판 붙는데, 야쿠자까지 합세하여 전쟁을 벌이는 것과 같다. 인사신 삼형은 가장 겁이 없으면서 힘이 넘치는 파끼리 모여 힘을 겨루는 격이다.

인신충이나 묘유충처럼 1 대 1 충이 아닌, 누가 아군인지 적군인지 도저히 구분조차 안 가는 1 대 1 대 1의 싸움은 상상만 해도 어디로 튈지 알 수가 없다. 예측이 어려울 뿐이지, 이를 부정적으로만 바라볼 필요는 없다. 잘만 한다면 축술미 삼형과 달리 인사신 삼형은 정말 특별한 힘을 발휘할 수 있기 때문이다. 어떤 경우에 인사신 삼형이 성립되는지, 삼형의 기운을 어떻게 활용할 수 있는지는 심화편에서 살펴보도록 하자.

③ 왜 해수는 삼형에서 제외된 걸까?

해수 역시 인목, 사화, 신금처럼 역마의 기운을 가지고 있지만, 권력에 대한 욕망은 없다고 본다. 오행으로 보면 목은 직진하고 성장하는 기운, 화는 발산하고 확산하는 기운, 금은 수렴하고 결속하는 기운이다. 수는 저장하고 응축하는 기운으로, 목이 시기적으로 초년이라면 수는 노인이다. 수 오행은 감정이나 기분을 잘 드러내지 않기 때문에, 권력에 대한 욕망이 있어도 이를 잘 숨길 줄 안다. 그래서 수 오행이 지혜를 상징하게 된 것인지도 모르겠다.

인사신은 철없는 A중학교, B중학교, C중학교 일진들이 누가 가장 센 주먹을 가졌는지 결판을 내자고 모인 형국이다. '후퇴 없는 무조건적인 돌격'만이 이들의 모토다. 이들이 자웅(?)을 겨룰 때, 조용히 뒷짐을 지고 "저 철없는 것들…"이라며 혀를 차는 게 해수다. 자신이 저 싸움에 끼면 다칠 거라는 걸 아는 지혜로운 해수는, 그저 물이 흐르듯 멀리서 싸움판을 차분히 응시할 뿐이다.

하지만 수 기운이 상상력과 권모술수를 함께 의미하듯 인사신 간지들이 싸우다 서로 나자빠졌을 때 본인이 이들을 쉽게 제치고 우두머리로 등극할 수 있다는 속마음을 품고 있을 수도 있다. 수 기운은 음흉함과 망상의 속성을 함께 갖고 있기 때문이다. 이를 이해하면 축술미 삼형에서 진토가 빠진 이유도 쉽게 설명할 수 있다(진토는 신자진 삼합을 마무리하는, 수의 고지다. 이론적인 사항은 뒤이어 발간될 심화편에서 더 자세히 살펴보기로 하자).

참고로, 만약 지지에 인사신해가 모두 갖추어져 있다면 이는 사맹격 사주로 인사신을 뛰어넘는 어마어마한 힘이 있다고 해석한다. 해수가 인사신을 제치고 새로운 왕으로 등극하기 위해, 가만히 있는 인목, 사화, 신금을 서로 이간질하고 부추겨 이들 삼형의 기운을 더욱 활활 불타오르게 하는 것으로 바라보면 이해가 쉬울 듯하다.

왕지와 도화: 계절의 절정

子	午	卯	酉

자수, 오화, 묘목, 유금은 봄, 여름, 가을, 겨울의 계절을 대표하는 간지로, 각 계절의 기운이 절정에 다다른 때를 나타낸다. 내적으로 계절의 기운이 가득하고 충만한 상태라 왕지(旺支)라 한다. 계절의 기운이 가장 강하기에, 왕지는 다른 지지와 삼합이나 반합을 해도 자신의 특성을 잃지 않고 그대로 유지한다.

사실 자오묘유의 지장간을 보면 정기가 모두 음간으로 되어 있다. 양간인 생지들이 발산과 확장의 힘을 통해 새로운 계절을 시작했다면, 이를 응축하고 수렴하며 계절의 기운을 가장 강하게 모아두는 역할은 음간들이 한다고 본 것이다.

계절의 기운이 강하게 수렴된 왕지는 그 자체로 도화의 기운을 갖고 있다. 도화는 잘 생기거나 예쁘게 생겼다는 뜻이 아니라, 타인에게 주목받는 힘이 있다는 뜻이다. 원심력과 구심력 중에 도화는 구심력에 해당하는 기운이다. 대체적으로 도화는 연예나 외모, 섹슈얼리티와는 관계없이, 현대사회에서는 자신의 역량을 타인에게 돋보이게 하는 힘으로 작용한다. 특히 월지에 도화가 있는 경우 조직 내에서 같은 일을 하더라도 윗사람에게 쉽게 인정받는 경향이 있다.

고지와 화개: 계절을 맺는 기운

| 辰 | 戌 | 丑 | 未 |

진토, 술토, 축토, 미토는 봄, 여름, 가을, 겨울의 끝자락을 나타내는 간지로, 각 계절의 기운을 갈무리하는 역할을 한다. 계절의 기운을 창고에 담아둔다는 의미에서 진술축미를 고지(庫支)라고도 한다. 한자로는 '창고 고(庫)'자를 쓰지만 계절의 기운을 담아둔다는 의미에서 사람이 죽을 때 들어가는 관처럼 해석할 때도 있다. 이를 십이운성의 기운으로 입묘, 즉 '묘지에 들었다'라고 표현하는데 어감은 부정적이지만 이는 기운이 얼마나 강하고 약한지를 나타내는 용어일 뿐이니 오해하면 안 된다.

화개는 꽃가마라는 뜻이면서, 고독한 명예를 상징한다. 겉으로는 만인의 칭송을 받고 명예로운 자리에도 올랐지만, 유명 연예인이 남들의 시선 때문에 개인의 자유를 온전히 누릴 수 없듯 남몰래 안고 있는 고독과 쓸쓸함의 기운을 의미하기도 한다. 특히 일지와 시지에 있는 화개가 공망을 만나면 수도를 통한 영성이나 큰 종교인이 될 수도 있음을 암시한다. 화개는 창의성을 의미하기도 하는데 이 기운을 잘 쓰면 깊은 공부를 통해 대학자가 될 수도 있다. 고독함과 쓸쓸함을 상징하기에, 앞에 나서는 일인자보다 대권 후보 뒤에 있는 책사나 비선실세처럼 참모나 비서와 어울리는 힘이 되기도 한다.

과거에는 화개의 힘을 꺼렸지만, 현대사회에서는 특수한 분야에서 자기만의 잠재력을 통해 독자적인 길을 개척하는 힘으로 작용하는 경우가 많다.

각 지지의 지장간 살피기

寅	卯	辰	巳	午	未	申	酉	戌	亥	子	丑
戊丙甲	甲乙	乙癸戊	戊庚丙	丙己丁	丁乙己	戊壬庚	庚辛	辛丁戊	戊甲壬	壬癸	癸申己

지장간은 무조건 외우기보다, 일정한 규칙 속에서 흐름을 살피는 것이 중요하다. 이번에는 지장간의 초기(여기), 중기, 정기(본기)를 세로로 표기한 후, 지장간이 어떻게 배열되는지 살펴보자.

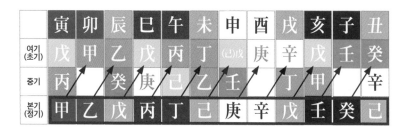

그러면 대략 아래와 같은 규칙을 발견할 수 있다.

첫째, 대체로 이전 지지의 정기가 다음 지지의 초기가 된다.

둘째, 생지(인목, 사화, 신금, 해수)의 중기는 모두 다음 계절의 양간으로 구성된다.

셋째, 왕지(묘목, 오화, 유금, 자수)의 지지는 모두 각 계절을 구성하는 천간으로만 이루어져 있는데, 정기는 모두 음간이다.

넷째, 고지(진토, 미토, 술토, 축토)의 중기는 이전 계절의 음간으로 구성된다.

다섯째, 하나의 계절을 마무리하고 다음 계절을 여는 간지는 모두 고지이다. 토 오행은 중재와 중용을 상징하는데, 계절적으로는 환절기 또는 간절기의 역할을 담당한다.

생지, 왕지, 고지에 따른 특성

이번에는 일지에 생지, 왕지, 고지가 왔을 때의 특성을 살펴보자.

생지인 인목은 무병갑, 신금은 무임경, 사화는 무경병, 해수는 무갑임으로 모두 지장간 초기에 무토를 품고 있다. 무토는 넓긴 하지만, 아직 개간이 되지 않은 황량한 땅이라 아직 현실적인 가치가 얼마나 될지는 알 수 없다. 확실한 건 이들 생지가 모두 계절을 시작하는 운동성이 강한 기운인 만큼, 일단 넓게라도 땅을 펼쳐 놓고 본다는 것이다. 안정성이나 정착성은 가장 떨어지지만, 땅이 넓은 만큼 잠재력이 높다고도 볼 수 있다. 다만, 아직 가치가 확인되지 않은 약속어음처럼 휴지가 될 수도 있고 엄청난 돈이 될 수도 있다.

왕지인 자수는 임계, 오화는 병정, 묘목은 갑을, 유금은 경신으로 혼잡의 기운이 있다. 천간의 해당 오행들이 똘똘 뭉친 만큼 구심력은 강하지만, 지지에 있는 간지들은 천간만큼 기운이 깨끗하지 못하다. 원수였던 오나라 사람과 월나라 사람이 한 배에 타고 있다가 배가 침몰하게 되면, 그 순간에도 서로의 발목을 잡고 늘어질 수도 있고 아니면 힘을 합쳐 난관을 극복할 수도 있다. 엄청난 가능성을 만들어낼 수 있지만, 잘못하면 몰락하는 상황이 펼쳐질 수도 있다는 뜻이다.

진술축미 사고지를 이해하면 명리학의 절반을 뗀 것과 같다는 말이 있다. 그만큼 고지가 생지와 왕지보다 구조적으로 훨씬 복잡하다는 뜻이다. 어찌 보면 생지는 초기가 무토로 겹치기라도 하고, 왕지는 무식하지만 단순한 느낌이 있다. 고지는 초기와 중기의 구성을 살피면 살필수록 왜 복잡한 기운인지 이해할 수 있게 된다.

예를 들면 진토는 지장간이 을계무로 이루어져 있다. 봄에 속하는 진토는 초기인 을목으로 시작된다. 하지만 중기에는 전 계절 겨울의 기운인 계수가 들어 있다. 진토가 봄의 끝자락에 위치하는 만큼 가장 마지막에 움직이는 힘인데, 그 이전 계절의 기운을 중기에 지니고 있다는 걸 어떻게 봐야 할까?

토의 기운은 이전 계절의 기운을 갈무리하고, 다음 계절로 넘어가는 환절기 또는 간절기의 역할을 한다. 즉, 진술축미는 다음 계절로 넘어가는 기운인데, 그 이전 계절의 기운도 품고 있기에 복잡하기가 이를 데 없는 것이다. 진술축미는 사계절의 힘이 마무리되는 자리에 있지만, 다른 시각으로는 새로운 기운으로 넘어가는 자리에 있기도 하다. 앞의 기운이 약해지면서 새로운 기운이 움트는, 극적인 변화의 가능성을 품고 있는 글자들이다. 극적인 변화 가능성 때문에, 진술축미를 일종의 IC, 인터체인지라 할 수 있다.

토는 중용을 상징한다. 어느 쪽으로도 치우치지 않고, 가운데에서 다른 오행을 중재하는 기운이 바로 토의 기운이다. 어느 쪽으로도 치우치지 않는다는 이야기는 토 오행이 어느 정도 고정된 기운이라는 뜻이다. 진술축미가 창고를 뜻하는 고지로 분류되는 이유가 여기에 있다.

진술축미가 복잡한 또 다른 이유는 열 길 물속은 알아도 한 길 사람속은 모른다는 속담처럼, 창고 안에서 무슨 일이 일어날지 알 수 없기 때문이다. 참고로 축술미를 삼형살, 진술축미를 사형살이라 하는데 원국과 대세운을 합쳐 사형살이 성립될 때는 동서남북 사방 창고를 내 걸로 만들어 엄청난 성취를 이루어낼 수도 있고, 정반대로 동서남북 사방 창고를 다 도둑맞을 수도 있다고 해석한다. 원래 창고 안에 중요한 것들을 넣어두었다 하더라도, 막상 문을 열어 그것이 정말로 있는지 꺼내기 전까지는 알 수 없는 법이다.

지장간을 보는 새로운 관점

	寅	卯	辰	巳	午	未	申	酉	戌	亥	子	丑
20% 여기(초기)			乙			丁			辛			癸
30% 중기	丙		癸	庚		乙	壬		丁	甲		辛
50% 본기(정기)	甲	乙	戊	丙	丁	己	庚	辛	戊	壬	癸	己

위 표는 대만의 명리학자 진춘익의 자료를 가져온 것이다. 인사신해 생지의 지장간에는 모두 초기가 빠져 있으며, 묘오유자 왕지의 지장간에는 모두 해당 계절의 양간이 빠져 있다. 게다가 오화에는 중기인 기토가 없다. 이 표를 가져온 이유는, 학자마다 지장간에 대한 관점이 다르다는 점을 설명하기 위해서다.

처음 이 표를 보고 조금 반가운 마음이 들었는데, 그 이유는 오랜 임상 시 생지인 인신사해 지장간의 초기인 무토는 알려진 것보다 그 힘이 약하고, 나머지 지장간들의 중기는 생각보다 힘이 더 강하다는 것을 여러 번 확인했기 때문이었다.

진춘익의 경우 나아가 오화 안에 기토가 없다고 여기는데, 예를 들면 병오일주가 천간에 기토를 만나면 기토 상관의 힘은 정말 강하게 드러나기 때문에 나는 이 같은 관점에는 동의하지 않는다. 인신사해 생지의 초기 무토의 힘은 (심지어 천간에 무토가 뜨더라도) 잘 드러나지 않으며, 중기는 알려진 것보다 조금 더 힘이 강하다고 봐야 한다는 것이 나의 생각이다.

기존의 지장간 이론에서는 날짜별로 지장간의 비중을 반영한다.

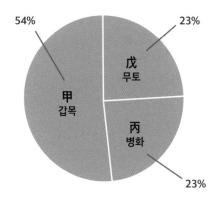

인목의 구성요소

54%

23% 戊 무토

甲 갑목

丙 병화

23%

寅
戊丙甲

예를 들면 인목의 경우 지장간이 무토, 병화, 갑목인데 날짜로 보자면 30일 중에 7일(1일~7일)은 戊[무토], 7일(8일~14일)은 丙[병화], 16일(15일~30일)은 甲[갑목]에 해당한다. 인월의 기간은 2월 4~5일(입춘)에서부터 우수를 지나 3월 5~6일(경칩)까지인데, 초창기 7일은 무토가, 이후 7일은 병화가, 나머지 후반 16일은 갑목의 힘이 더 강하다고 해석하는 식이다.

특히 월지가 인목인 경우 겨울에서 막 봄으로 넘어오는 시기에 해당하기 때문에, 2월 4일에서 11일 사이에 태어난 사람들은 목의 기운과 함께 지장간에는 없는 수의 기운 또한 20퍼센트 정도는 있는 것으로 해석해야 한다는 주장도 있다. 이런 주장이 나오게 된 배경 역시 인목 초기의 무토가 힘이 약하기 때문이라고 생각한다(후술하겠지만 생지 중에서 초기 무토의 힘이 가장 강한 것은 역설적이게도 인목이다). 나는 해당 기간에 태어난 인월 사주의 경우, 시간이 해자축 시간일 때는 인목이 수를 설기하는 힘이 조금 약하다고 보는 입장이다.

덧붙여 해자축월의 해자축시에 태어난 사람이나, 사오미월의 사오미시에 태어난 사람의 경우 전체적인 명식의 구조에 따라 수의 기운이나 화의 기운이 얼마나 있는지를 꼼꼼하게 살펴야 한다. 예를 들면 해자축월에 태어난 축시 사주의 경우 추운 겨울 새벽의 기운이라, 축토를 수의 기운이 강한 토의 기운으로 해석한다. 사오미월에 태어난 미시의 경우 역시 토가 바탕이지만, 화의 기운이 강한 토의 기운으로 해석해야 한다.

토는 중용을 상징하는 만큼, 토의 기운이 강할 때는 움직이지 않고 자신의 기운을 지킨다. 하지만 원국의 특정 기운이 세력을 이루어 강해지게 되면, 강한 기운에 순응하는 모습을 보인다.

지지의 속성 확장하기

子	자	쥐	대설~소한	12월 7, 8일 ~1월 5, 6일	밤 11:30 ~ 새벽 1:30
丑	축	소	소한~입춘	1월 5, 6일 ~2월 4, 5일	새벽 1:30 ~ 3:30
寅	인	호랑이	입춘~경칩	경칩 2월 4, 5일 ~3월 5, 6일	새벽 3:30 ~ 5:30
卯	묘	토끼	경칩~청명	3월 5, 6일 ~4월 4, 5일	새벽 5:30 ~ 7:30
辰	진	용	청명~입하	4월 4, 5일 ~5월 5, 6일	오전 7:30 ~ 9:30
巳	사	뱀	입하~망종	5월 5, 6일 ~6월 5, 6일	오전 9:30 ~ 11:30
午	오	말	망종~소서	6월 5, 6일 ~7월 7, 8일	오전 11:30 ~ 13:30
未	미	양	소서~입추	7월 7, 8일 ~8월 7, 8일	오후 13:30 ~ 15:30
申	신	원숭이	입주~배로	8월 7, 8일 ~9월 7, 8일	오후 15:30 ~ 17:30
酉	유	닭	백로~한로	9월 7, 8일 ~10월 8, 9일	오후 17:30 ~ 19:30
戌	술	개	한로~입동	10월 8, 9일 ~1월7, 8일	밤 19:30 ~ 21:30
亥	해	돼지	임동~대설	11월 7, 8일 ~12월 7, 8일	밤 21:30 ~ 23:30

위 표처럼 지지에는 각각 시간, 계절, 동물의 의미가 배속되어 있다. 천간은 물상, 지지는 동물에 비유하여 사주를 단식으로 해석하거나, 계절의 시기를 끌어들여 너무 큰 의미를 부여하는 것은 옳지 않다.

예를 들면 명리를 도구로 상담을 하는 사람이라면 "당신은 뜨거운 여름에 태어난 나무인데, 나무가 물이 부족해 말라 비틀어졌다."라거나 "당신은 새벽에 태어난 붉은 말인데, 어떻게 캄캄한 겨울에 말이 밤을 자유롭게 달려 나갈 수 있겠느냐?" 같은 말로 사주를 단식화하며 잘 모르는 사람을 현혹해서는 절대 안될 일이다.

명리학계에는 '형'이나 '살'이라고 하여 꺼리는 기운이 있다. 특히 원진살, 상형 같은 불리한 기운의 원리를 살피기보다, 이를 절대화해 잘 모르는 사람들에게 공포를 조장하고 그들을 겁박하는 악습이 있다. 예를 들면 진해 원진은 용이 자신의 못생긴 돼지코를 싫어한다거나, 돼지의 지저분한 코를 싫어하니 용띠와 돼지띠의 궁합은 볼 필요도 없이 안 좋다고 말하는 식이다. 나아가 묘신 원진을 두고 원숭이가 토끼의 빨간 눈을 보면 기분이 나빠지니 서로 원수가 된다고 말하는데, 이런 놀라운 상상력에 감탄 못할 여지가 없는 것도 아니지만, 이런 식의 설명은 명리학을 빈곤하고 황폐한 술수로 만들 뿐이다.

도식화하면 물상이나 비유에만 갇힐 우려가 있는데도 불구하고 지지에 배속된 의미를 공부하는 이유는 간단하다. 천간을 물상에 대입하며 그러했던 것처럼 합리적인 선에서 사고를 확장하고, 명식을 보다 폭넓게 해석하기 위해서다.

해당 지지에 배속된 시간, 계절, 동물 등의 속성과 함께 병존이 될 때의 특성까지 간략하게나마 지지의 특성에 대해 살펴보도록 하자.

子 [자수] 생각, 아이디어, 생명

자수는 수의 기운이 강한 왕지이다. 수는 생명, 생식능력, 성적 매력 등을 상징하기도 하는데, 동물 중에서는 생명력이 강하며 새끼를 가장 많이 낳는 생쥐가 자수에 해당한다. 사주에 자수의 기운이 강할 경우 밤에 쥐가 돌아다니는 것처럼, 밤에 일하는 직업에 종사하는 경우가 많다고도 해석한다. 자자병존은 수의 기운이 강해지는 만큼, 역시 인기를 기반으로 하거나, 약사나 의사 등 사람의 생명과 관련된 직업을 가질 때 유리하다.

丑 [축토] 성실, 고집, 축적, 보수

축토는 동물로 소를 의미한다. 농경사회 때는 소를 이용해서 농사를 지었던 만큼, 소는 가장 소중한 자산이자 재산을 축적할 수 있게 도와주는 동물이기도 했다. 그래서 축토는 성실하게 일하며 재산을 축적하는 능력이 뛰어나다고 말한다.

축축병존의 경우 꼼꼼하고 섬세한 일에 강점을 보인다. 회계나 총무, 설계 관련 일을 하거나, 오차를 계산해야 하는 직업에 적합하다. 이 부분은 축토의 중기인 신금의 작용력이 강해졌기 때문으로 보인다. 다만, 누군가에게 간섭이나 통제 받는 걸 극도로 싫어하는 경향이 있다.

참고로 축토를 일지에 둔 을축일주의 경우 '철의 창고'라고 비유하며 재물을 축적하는 능력이 비상하다고 본다(물론 저런 성향을 만들어내는 데에는 지장간과 십성, 십이운성의 구성도 중요한 요소가 된다).

寅 [인목] (정치) 권력, 활동성, 명예, 자존심, 추진력

인목은 동물로 호랑이에 해당한다. 인사신해 중 역마에 해당하는 인목은 권력을 추구하는 속성이 있다. 인목이 생지에 해당하는 만큼, 늘 어슬렁거리는 호랑이가 먹이가 나타나면 잽싸게 낚아채는 것처럼 활동성이 강하다고 보면 된다. 인목은 인사신해 중에서 일을 새로 벌이길 가장 좋아한다.

참고로 인목은《적천수》에서 수탕기호라 일컫듯, 수의 기운을 가장 잘 다스리는 간지이다. 원국에 수의 기운이 아무리 많아도, 인목 하나면 강한 수의 기운을 설기시킬 수 있다. 이 때문인지, 수의 기운이 많은 사람의 경우 인목의 기운이 필요하다 하여 집에 호랑이 그림을 걸어두기도 했다.

인인병존은 정치 또는 공직 등 명예와 관련된 분야나 활동적이고 적극적인 직업에 종사하는 것이 좋다.

[묘목] 생동감, 분주함, 온순함, 개성

묘목은 동물로 토끼에 해당한다. 온순하지만 분주하고, 번식력 또한 왕성하다. 인목이 주관이 강하다면, 묘목은 개성이 강하다고 해석한다. 인목만큼 활동 범위가 넓지는 않지만, 따뜻한 봄날 들판을 걷다 분주하게 뛰어노는 토끼를 발견할 때처럼 자연스레 눈이 간다고 보면 된다(묘목은 왕지로, 도화의 기운이 있다). 묘묘병존의 경우 다리와 관련된 사고가 많아, 하체 건강에 주의를 기울이는 것이 좋다.

[진토] (비현실적) 권력, 공상, 상상력, 희망, 잠재력, 미래지향적

진토는 동물로 용에 해당한다. 용은 현실에는 존재하지 않는 권력의 동물이다. 진토는 인, 사, 신, 진 중 권력에 대한 욕망을 담은 글자 중 하나로, 최강의 동물인 용답게 내가 왕이라고 생각하는 데서 오는 망상이나 황당무계함을 드러낼 때가 있다. 진진병존은 피부질환에 약한 편이라, 유아기 아토피 등에 주의해야 한다. 성인이 되어서도 규칙적인 식습관과 함께 평상시 몸을 청결히 돌보는 것이 중요하다.

[사화] (행정) 권력, 활동성, 용의주도함, 책임감

사화는 동물로 뱀에 해당한다. 지지에서 양이 극단에 이른 기운이라 하여 육양지처라고도 한다. 뱀은 양기가 얼마나 강한지, 심지어 몸에 다리가 없어도 움직이는 동물이다. 사화 역시 생지인 만큼 활동성이 강한데, 발산의 속성을 가진 화 오행의 생지라는 점이 특징이다. 특히 원국이 사사병존을 이룰 경우, 한자리에 가만히 있지 못하고 활발히 움직여야 직성이 풀리는 경우가 많다. 내 딸의 원국도 사사병존이 형성되어 있는데, 어렸을 때 (약간 과장을 보태면) 저러다 쓰러지는 게 아닌가 싶을 만큼 다른 또래들에 비해 정신없이 뛰어 놀았다.

午 [오화] 극단적 활동성, 개점 휴업, 독립적

오화는 동물로 말에 해당한다. 활동성이 강하긴 한데, 사화와 달리 조금 극단적이랄까? 오시는 시간으로 치면 점심 시간인 11시 30분에서 13시 30분에 해당한다. 열심히 일하다 힘들다고 내려놓은후, 드러누워 쉬는 듯한 휴업의 느낌이 있다. 일지가 오화면서 양기가강한 병오일주의 경우 엄청난 추진력을 보이지만, 일을 몰아쳐서 하다 어이없이 감기몸살에 걸리는 일이 잦다. 마치 말이 들판에서 본인이 지쳐가는 줄도 모르고 마음껏 뛰어놀다가 갑자기 픽 쓰러지는 격이다. 참고로 오오병존일 경우, 남들에게 주목을 받는 힘이 강하기 때문에 인기를 기반으로 하는 직업을 가질 시 유리하다.

未 [미토] 신실함, 신념, 종교성, 예민함, 참을성, 끈기

미토는 동물로 양에 해당한다. 양은 성질이 순하지만, 화가나면 뿔로 들이받기도 한다. 양이 화를 내는 경우는 아주 드문데, 억압적인 현실을 도저히 못 견딜 때만 돌발적으로 행동한다고 볼 수 있다. 미토 역시 토 특유의 성향처럼, 현실의 억압과 고통을 견뎌내는 참을성과 끈기가 대단히 강하다. 미미병존의 경우 삶에 간난신고가 많다고해석한다. 내면의 억압을 풀기 위해 약물을 찾다가 중독될 위험도 높으나, 종교, 영성의 힘으로 풀어낼 시 크게 두각을 보인다. 참고로 해자축월의 축시는 수 기운이 아주 강한 토로 보고, 사오미월의 미시 역시뜨거운 시간대인 만큼 단순한 토가 아닌, 화 기운이 아주 강한 토로 해석해야 한다.

申 [신금] (방송) 권력, 잔꾀, 다재다능, 마무리, 미적 감각

신금은 원숭이에 해당한다. 나무를 타고 여기저기 돌아다니는 원숭이처럼 활동성이 강하다. 원숭이처럼 다재다능하고, 잔꾀가많거나 기술이 뛰어나다고 해석하기도 한다. 신금은 지장간이 무토,

임수, 경금으로 되어 있는데, 경금에서 임수로 금생수가 되는 구조다. 지장간에서 금백수청이 되는 격이라는 뜻이다. 미적 감각이 뛰어나고, 화가나 조각가처럼 손을 세심하게 다루는 직업 종사자 중에 신금이 많다. 신신병존 시 역시 활동성이 강하다 보니, 하체가 약하거나 하체와 관련된 사고가 잦은 편이다. 금과 관련된 하체 사고를 예전에는 낙마로 해석했는데, 요즘에는 교통사고로 보면 된다.

酉 [유금] 꼼꼼함, 완벽함, 분별력, 집중력

유금은 동물로 닭에 해당한다. 유금은 지장간이 경금, 신금으로 이루어져 있는 만큼 금의 기운이 아주 강하다. 닭이 모이를 쪼거나 다른 닭을 공격하는 모습에서도 날카롭고 집요한 유금의 기운이 연상된다. 유금은 놀라운 집중력을 바탕으로 보석 세공을 하거나 사실주의 그림을 그릴 때처럼 섬세하고 정교한 기술에 강점을 가지고 있다. 유능한 침술사나 집도의에게서도 유금이 많이 발견된다. 참고로 유금이 도구적으로 쇠를 다루는 직업과도 어울리다 보니, 유유병존이 될 때 쇠를 다루거나 나아가 사람의 생명을 다루는 직업에 유리하다고 본다. 유금이 왕지라 도화의 속성도 있는 만큼, 역시 인기를 바탕으로 한 직업에도 어울린다.

戌 [술토] 마무리, 휴식, 가공, 기술, 영성

술토는 동물로 개에 해당한다. 내가 어렸을 적 키우던 개는 목줄이 따로 없었는데, 매일 온 동네를 쏘다닌 후 해가 져서야 집에 돌아와 몸을 뉘었다. 술토는 가만히 있는 걸 견디기 힘들어하는데, 그렇다고 해서 이동 범위가 넓은 것은 아니다.

술토는 오후 7시 30분부터 밤 9시 30분으로, 퇴근하는 시간이다. 절기로는 가을 들판의 수확이 끝난 시기를 의미하듯, 하루 단위로는 집에 돌아와 휴식을 취하며 그날의 활동을 마무리하는 시간이라 할 수 있다. 1년간의 활동, 또는 하루의 활동을 마무리하는 술토에는 정리,

전환, 재배치의 기운이 있다. 개는 호기심이 많아 무엇이든 물어뜯어 훼손하는 경향이 있는데, 이를 산업적인 역량으로 확장시키면 분해, 해체, 조립, 수리, 재배치, 가공의 의미로도 해석할 수 있다. 술토에는 건축, 기술, 엔지니어링 등 공업과 관련된 직업 종사자가 많다.

술술병존의 경우 정기인 무토의 기운이 강해지는 만큼 광역역마의 특성을 보인다. 해외 유학, 해외 영업 등에는 강점을 보이는데, 한자리에 오래 머물거나 좁은 공간에서 일할 때는 재능을 발휘하지 못한다.

亥 [해수] 식복, 감성적, 직관력, 기획력, 풍족함

해수는 동물로 돼지를 의미한다. 무엇이든 잘 주워담는 돼지처럼, 해수는 식복이 많고 음식을 좋아한다. 또한 절기적으로는 추수가 끝난 이후의 시기라, 베풀고 나누어 먹는 것도 즐긴다. 가히 십성으로는 식신의 기운이라 할 수 있다.

양수인 해수는 총명하고 머리 회전이 빠른데, 지장간 안에 갑목 식신을 두고 있어 예술성 또는 상상력을 바탕으로 한 직업이나 기획과 관련된 영역에서 강점을 보인다. 원래 예술은 먹을 게 풍부한 곳에서 싹을 틔우는데, 추수가 끝난 이후의 풍족함을 나타내는 해수와 먹는 힘이 강한 돼지의 상징을 함께 떠올리면 되겠다. 혼자만의 공간에서 공상에 빠지는 경우도 많고, 영화, 문학, 사진 등 예술 쪽에서도 비주류적 감수성에 심취하는 경우가 있어 4차원적으로 보이기도 한다. 수가 소리와도 관련된 기운이라 목소리로 감동을 주는 가수나, 음악·정치 분야에서도 해수를 가진 사람이 많다.

해수 역시 생지라 역마의 기운이 있다. 해수의 정기인 임수는 바다의 의미가 있어, 해수의 기운이 강할 경우 유학이나 이민 등으로 해외와 인연이 있다고 본다. 해해병존의 경우 사람의 생명을 다루거나, 이동, 활동이 잦은 직업이 좋다.

지장간의 흐름 살펴보기

일정한 규칙을 띠는 왕지를 제외하고, 생지와 묘지를 지장간의 흐름을
위주로 자세히 살펴보도록 하자.

인목: 무토[戊], 병화[丙], 갑목[甲]

정기인 갑목이 중기인 병화를 생하고, 병화는 다시 초기 무토를 생
한다. 즉, 목생화, 화생토의 흐름 속에서 초기 무토에 힘이 집중된다.
이는 지지 인목 위에 무토가 오게 되면, 그 무토는 비교적 강하게 뿌
리내릴 수 있다는 뜻이다. 인목은 지지 중에서 축토와 더불어, 지장
간의 흐름이 가장 빠르고 순일하게 이어지는 간지다.

진토: 을목[乙], 계수[癸], 무토[戊]

토는 수를 극한다. 하지만, 정기 무토는 중기 계수를 극하지 않고 서
로 합하려 한다. 무토와의 합으로 인해 묶여 있는 상태이긴 하지만,
중기인 계수가 결국 무토로부터 극은 당하지 않아 수 기운을 거의 온
전히 보전하고 있다. 따라서 진토의 중기 계수는 생각보다 힘이 강하
다고 보아야 한다. 진토와 가까운 자리에 계수나 을목이 오면, 계수나
을목 모두 진토에 강하게 뿌리내릴 수 있다. 아울러 계수는 을목을 생
하고 있는데, 그 을목은 또 멀리 떨어져 있지만 무토를 극하며 무토와
계수의 합을 방해한다. 지장간의 흐름만 보면 정말 복잡한 양상이다.
진토는 지지 중에서 정기가 중기와 합하는 유일한 간지다.

사화: 무토[戊], 경금[庚], 병화[丙]

병화는 경금을 극하는데, 무토는 경금을 생하고 있다. 병화는 멀리 떨어져 있긴 하지만, 무토를 생하기도 한다. 즉, 지장간의 흐름만 보면 역시 복잡한 양상이다. 정리하면 병화가 경금을 극하고 무토를 생하느라, 병화의 힘은 생각보다 강하지 않다. 사화는 지지 중에서 유일하게 정기가 중기를 극하는 간지라, 생지 중에서 가장 복잡하다.

오화: 병화[丙], 기토[己], 정화[丁]

정화가 기토를 생한다. 병화 역시 기토를 생하기 때문에 기토의 힘이 생각보다 강하다. 오화가 지지에 있을 때 가까운 자리의 천간에 기토가 오게 되면, 그 기토는 오중 기토에 강하게 뿌리내릴 수 있다는 뜻이다. 오화는 중기의 힘이 다른 지지에 비해 가장 강한 간지다.

미토: 정화[丁], 을목[乙], 기토[己]

을목이 기토를 극한다. 또한 동시에 정화를 생하기 때문에 을목의 힘은 중기이면서도 생각보다 강하지 않다. 기토는 멀리 떨어져 있긴 하지만 정화의 생을 받고 있다. 미토를 정화의 뜨거운 열기를 품은 조열한 토라고 하는데, 을목과 기토는 각각 습목과 습토임을 참고해

야 한다. 사주에 수 기운이 너무 강할 경우, 미토는 제방(堤防)의 역할
을 하는 데 한계가 있다.

신금: 무토[戊], 임수[壬], 경금[庚]

경금이 중기 임수를 생하면서, 경금이 맑게 빛난다. 단 무토는 임수
를 극하고, 경금을 생하느라 힘이 약한 편이다. 신금과 가까운 자리
의 천간에 임수나 경금이 오게 되면, 임수나 경금 모두 신금에 강하
게 뿌리내릴 수 있다.

술토: 신금[辛], 정화[丁], 무토[戊]

신금은 자신을 극하는 정화를 매우 불편해한다. 이미 완성된 금이라
할 수 있는 신금의 입장에서, 정화는 자신을 녹이는 뜨거운 불일 뿐
이다. 게다가 조토불생금* 이라는 말처럼, 신금은 조토인 무토의 생
조도 반기지 않는다. 신금은 매우 약하고, 정화 역시 신금을 극하며
무토를 생하느라 중기임에도 힘이 빠진 상태다.

---

* 《적천수》에서는 '토윤즉생(土潤卽生) 토건즉취(土乾卽脆)'라는 말로 경금(庚)을 설명한다. 토라고 해서 모두 금을 생
하지는 않는다는 뜻이다. 이는 경금이 아니라 금 오행 전체에 해당하는 말로, 윤습한 기토·진토·축토는 금을 생하지
만 화기로 조열한 무토·미토·술토는 오히려 금을 무르게 한다고 볼 수 있다. 조토불생금(燥土不生金)은 메말라 조열
한 토는 금을 생하기 어려움을 강조한 것이다. 하지만 사주를 해석할 때 조토라고 하여 금을 전혀 생조하지 못한다
고 보기보다, 금의 입장에서 토의 생조를 반기지 않는다고 보는 것이 옳다.

해수: 무토[戊], 갑목[甲], 임수[壬]

임수가 갑목을 생하기 때문에, 갑목의 힘이 강한 편이다. 갑목은 무토를 극해, 무토는 힘이 약한 편이다. 무토는 갑목에게 극을 당하기 때문에, 임수를 강하게 극하기 힘들다. 해수와 가까운 자리의 천간에 임수나 갑목이 오게 되면, 임수나 갑목 모두 해수에 강하게 뿌리내릴 수 있다.

축토: 계수[癸], 신금[辛], 기토[己]

기토가 신금을 생하고, 신금은 다시 계수를 생한다. 즉, 토생금, 금생수의 흐름 속에서 초기 계수에 힘이 집중된다. 지지 축토 위에 계수나 신금이 오게 되면, 계수든 신금이든 비교적 축토에 강하게 뿌리내릴 수 있다는 뜻이다. 오행 금은 수를 만나면 맑게 씻긴다. 신금은 습토의 생조를 반기며, 계수 덕분에 신금 또한 깨끗이 씻기며 맑게 빛난다. 축토는 인목과 더불어, 지지 중에서 지장간의 흐름이 가장 빠르고 순일하게 이어지는 간지다.

왜 왕지인 오화에만 지장간이 하나 더 들어 있을까?

왕지인 자오묘유 중 여름의 기운인 오화에만 다른 계절의 기운인 기토가 들어 있다. 오화에만 지장간이 하나 더 들어 있는 데는 크게 세 가지 관점이 있다.

① 중재의 역할을 하는 기토

여름의 계절에 속해 있는 오화는 발산과 확장의 힘이 강하다. 양기가 가장 강하기 때문에, 병화와 정화의 뜨거운 기운을 중재해줄 기토가 그 사이에 들어가게 되었다고 보는 입장이 있다. 그런데 왜 무토 대신 기토가 들어가게 된 걸까? 당연하지만, 기토가 무토에 비해 응축하고 수렴하려는 힘이 더 강하기 때문이다. 음양의 층위를 다양하게 나누면, 천간 중 '갑을병정무'는 양으로 나눌 수 있고 '기경신임계'는 음으로 나눌 수 있다. 천간 무토에서 사방으로 흩어졌던 양기는 기토에서 음기로 변하며 수축하기 시작한다. 만물의 기운을 중간에서 이어주는 토 오행 중 음기가 배속된 간지는 기토이다.

② 물상으로 보는 기토

병화는 물상으로 빛이고, 정화는 열이다. 병화라고 하는 태양의 복사열을 기토가 흡수해서, 정화의 열로 변환시킨다고 보는 관점이 있다.

③ 화토동법으로 보는 기토

명리학에는 인간의 생로병사에 비유해 간지의 힘을 살피는 12운성 개념이 있다. 여기에서도 모든 생명이 화에서 비롯되었다고 보는 화토동법(연해자평)과 수에서 비롯되었다고 보는 수토동법(명리정종)으로 입장이 나뉜다. 화토동법을 기준으로 화와 토의 기운은 함께 움직이기에 병화와 정화 사이에는 기토가 있는 게 당연하다고 보는 관점이 있다.

명리영역 기출문제

1. 각 지지별로 성격 유형을 분류할 때, 가장 거리가 먼 것을 고르면? (난이도 하)
   ① 자수: 지략형
   ② 축토: 은둔형
   ③ 인목: 안정형
   ④ 묘목: 모험형
   ⑤ 진토: 창의형

2. 각 지지별로 할 수 있는 말과 가장 거리가 먼 것을 고르면? (난이도 하)
   ① 오화: "난 빨리 지쳐서 문제지만, 늘 열정이 넘쳐!"
   ② 미토: "난 안정을 추구하지!"
   ③ 유금: "난 정확하고 분석적이야!"
   ④ 축토: "난 꾸준하니까 괜찮아!"
   ⑤ 자수: "난 늘 모험을 즐겨!"

3. 남이 보는 지지의 모습 중 가장 거리가 먼 것은? (난이도 중)
   ① 자수: "꾀돌이네, 꾀돌이야."
   ② 축토: "보기보다 고집 있네."
   ③ 유금: "왜 이리 깐깐해?"
   ④ 인목: "또 급발진했잖아?"
   ⑤ 사화: "욕심이 전혀 없네."

4. 아래 보기는 무토가 일간인 일주를 적어둔 것이다. 일간 무토가 일지에 가장 강하게 뿌리내린 일주부터 가장 약하게 뿌리내린 일주를 순서대로 나열한 것은? (난이도 상)

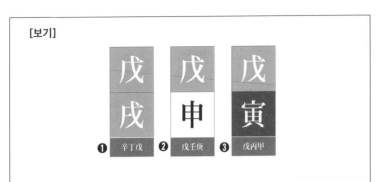

① ❶-❷-❸

② ❷-❶-❸

③ ❸-❷-❶

④ ❸-❶-❷

⑤ ❶-❸-❷

5. 다음 중 수 기운이 많은 사주에 대한 설명으로 가장 옳지 않은 것은?(단, 이 문제에서 말하는 사주는 수 전왕은 아니며, 합과 충의 작용 역시 고려하지 않기로 한다.)(난이도 상)

① 영미: "수 기운이 너무 많은 원국이라면 당연히 수를 생해주는 금이나 수의 기운은 좋지 않겠지?"

② 소담: "균형을 맞추고자 한다면, 수가 많은 사주는 당연히 화나 토, 목의 기운이 필요할 것 같아."

③ 아롱: "만약 토의 기운으로 수의 기운을 눌러준다고 하면, 이왕 이면 지지에서는 가을의 간지인 술토보다 뜨거운 여름의 간지인 미토가 더 낫지 않을까?"

④ 소원: "왕자희설(旺者喜洩), 즉 왕한 기운은 설기당하는 것을 반 긴다고 하잖아. 이왕 사주에 수가 많다면 수의 기운을 자연스럽 게 설기시켜주는 인목 같은 간지가 큰 힘을 발휘하겠지?"

⑤ 예원: "맞아. 《적천수》에 '왕자충쇠쇠자발(旺者沖衰, 衰者拔), 쇠신 충왕왕신발(衰神沖旺, 旺神發)', 즉 왕한 자가 쇠약한 자를 충하면 쇠약한 자는 아예 뽑혀 나가고, 쇠약한 자가 왕한 자를 충하면

왕한 자의 화를 돋워 미쳐 날뛰게 한다잖아? 마치 산불이 났는데 물 한 바가지를 끼얹으면 불이 더 크게 일어나듯이, 수가 많은 사주라면 어설프게 토로 극하기보단 그냥 자연스럽게 목의 기운으로 빼주는 게 더 좋을 것 같아."

풀이노트

1. 정답은 ③번으로, 봄의 생지인 인목은 안정지향적이기보다 모험을 즐기고, 명예지향적이며, 리더형에 어울리는 간지라 할 수 있다. ①번의 자수는 지혜를 상징하는 수의 왕지로 지략가에 어울린다. ②번 축토는 수의 기운이 강한 습토인 데다 만물이 활동을 멈추는 겨울의 간지로 은둔형에 가깝다. ④번 묘목은 봄의 왕지로 생동감이 넘치고 역시 모험성이 강한데, 분주하게 여기저기를 뛰어다니는 토끼의 활동력을 떠올리면 되겠다(일지를 묘목으로 둔 일주들이 하체 사고가 가장 빈번한 편이다). ⑤번 진토는 수의 기운이 가득한 습토로, 물상으로 보면 봄에 물이 찰랑찰랑 넘치는 논이라 할 수 있다. 모가 자로 잰 듯 일렬로 심긴 논은 그 자체로 미래의 여러 가능성을 떠올릴 수 있는 아름다운 풍경이 된다. 또한 진토는 물상으로는 용을 상징한다. 현실에는 존재하지 않는 상상속의 동물일 뿐이지만, 이는 창의성을 상징하는 진토의 속성을 표현하는 데 적절한 비유가 되기도 한다. 다만 진토는 현실감각이 부족하기도 한데, 이런 상상의 힘은 지나치면 망상이나 공상이 될 우려도 있다.

2. 정답은 ⑤번으로, 자수는 수의 기운이 강하기 때문에 바깥으로 자신을 잘 드러내려 하지 않는다. 바깥이 아닌 안으로 수렴하려는 수의 성향상, 자수는 모험을 즐기기보다 오히려 그 반대에 가깝다. 오행 수는 지혜를 상징하기에, 자수는 "난 아이디어가 넘쳐." 같은 말을 하는 게 더 어울린다.

①번 오화는 개점휴업의 느낌으로, 늘 열정이 넘치고 활동적이지만 쉽게 지친다는 단점이 있다. ②번 미토는 화의 기운이 강한 조토이다. 얼핏 토처럼 보이지 않지만, 참을성과 끈기가 강해 안정을 추구하는 경향이 있다. 다만 섬세하고 예민하기도 하여, 환경을 바꾸지 못하고 끝까지 버티는 데서 오는 스트레스로 인해 신경성 두통에 시달리는 경우도 많다. ③번 유금은 금의 속성이 강해 분석적이며, 꼼꼼하고, 정확성을 지켜야 하는 일에 강점을 보인다.

④번 축토는 수의 기운이 강한 겨울의 토이자, 물상으로는 소를 상징하는 간지이다. 축토는 근면성실하며 끈기가 강해 장기전에 강하다. 참고로 축토가 병존하면, 일을 시작하기 전 일어날 수 있는 경우의 수를 다 파악하고 꼼꼼히 준비하는 경향이 있다. 디테일에 강하고 집중력이 뛰어나지만 속도가 느리기 때문에, 통제하에서 일하기보다 지휘체계에서 벗어나 조금 여유로운 환경에서 일하는 것이 중요하다.

3. 정답은 ⑤번으로, 사화는 천간에 있는 병화를 주성분으로 하여, 경금과 무토의 성향을 함께 가진 간지이다. 양기가 크기 때문에 활동적이고 정열적인 성격으로, 물러서지 않는 맹렬한 에너지를 자랑한다. 사화는 행정권력에 대한 욕망과 관련이 크다. 자신의 노력을 통해 조금씩 승진과 출세를 향해 나아가는 힘이 있다.

①번 자수는 수의 속성이 강한 만큼, 아이디어가 풍부하고 사고가 유연하다. ②번 축토는 소가 물상인 간지로, 성실하며 은근한 고집이 있다. ③번 유금은 금의 왕지로 꼼꼼하고 완벽주의적 성향이 강하다. ④번 인목은 생지에 해당하는데다 지장간에서 목생화, 화생토로 오행의 흐름이 순일하게 이어지기 때문에 활동성이 매우 **빠르고** 강하다.

4. 지장간은 초기보다 중기가, 그리고 중기보다 정기의 힘이 강하다. 천간이 무토일 경우, 지지의 정기가 무토인 간지를 만나면

천간 무토가 가장 강하게 뿌리를 내릴 수 있다. 위의 ①, ②, ③ 번 보기 중 무토의 힘이 가장 강한 일주는 무술일주이다.

무신과 무인 중에서 어떤 일주가 더 천간 무토의 힘이 강할까? 신금과 인목 지장간의 흐름을 보자. 신금은 지장간이 무토·임수·경금으로, 경금이 임수를 생하지만, 무토는 임수를 극하거나, 경금을 생하고 있다. 인목은 무토·병화·갑목으로 이루어져 있는데, 갑목은 병화를 생하고, 병화는 무토를 생하니, 무토가 초기이지만 힘이 결코 약하지 않은 모양새다. 정리하면 신금이나 인목 모두 무토가 초기를 이루고 있지만, 신금보다 인목의 무토가 조금 더 힘이 강함을 알 수 있다.

무인일주와 무신일주 중 무토가 조금 더 강하게 뿌리내리고 있는 일주는 무인일주다. 따라서 정답은 ⑤번이 된다.

5. 정답은 ③번으로, 나머지 ①, ②, ④, ⑤번은 옳은 설명이다. 미토와 술토의 지장간을 비교해보자. 미토는 정화·을목·기토, 술토는 신금·정화·무토로 이루어져 있다. 정기의 힘이 가장 강하다고 가정했을 때 당연히 범위가 넓은 땅이면서 조토인 무토가 습토인 기토보다 수를 제어하는 힘이 더 강하다고 할 수 있다.

참고로, 미토는 일반적으로 조토로 분류되긴 하지만, 지장간을 이루고 있는 을목과 기토가 습목과 습토이다. 수의 기운이 강한 사주에서 미토는 쉽게 조토로써 작용하지 못한다.

관계 속에서 나를 지켜내는 지혜,
십성(十星)

命理武器

3
장

인간과 사회를 해석하는 도구, 십성

일간을 중심으로 하여 절대적 개념이었던 오행을 상대적 개념으로 확장한 게 십성이다. 오행이 우주적 영역이라면, 십성은 주체의 성향과 사고, 행동의 패턴, 적성이나 인간관계 등이 어떻게 발현되는지를 입체적으로 풀어낸 것으로, 인간과 사회의 영역이라 할 수 있다. 오행과 음양의 개념에 따라 십성은 비견, 겁재, 식신, 상관, 편재, 정재, 편관, 정관, 편인, 정인 이렇게 열 가지로 나뉜다.

명리학은 십성이라는 도구 덕분에 봉건시대를 넘어 현대에까지 학문으로서 살아남게 되었다. 십성을 통해 명리학은 현실적 삶에 구체적으로 개입하여 주체의 관계를 규명하고, 사회적 의미를 살피는 가운데 인간이 안고 있는 여러 문제를 구체적으로 해결할 수 있게 되었다.

십성은 육신(六神), 육친(六親), 십신(十神) 등 다양한 용어로 혼동되어 쓰인다. 《삼명통회》나 《연해자평》 등 고전에서 이들을 한 번에 한 개의 용어로 묶어 지칭한 적이 없었기 때문이다. 육친은 부모, 형제, 자녀 등 가족관계가 중요했던 봉건시대에 십성을 가족이나 인척관계에 비유한 표현이다. 육신은 식신, 상관, 정재, 정관, 편관, 정인을, 십신은 한자의 뜻 그대로 열 개의 신을 뜻하는 용어다. 모두 같은 의미를 담고 있어 어떤 용어를 사용하든 큰 상관은 없다. 하지만 혼동을 막기 위해 본문에서는 가급적 십성으로 표기하되 아버지, 어머니, 형제 등 친족관계를 나타낼 때는 육친으로 표기했다. 참고로, 십성(十星)의 '星'은 동양학에서 보통 기운을 나타내는 의미가 있다.

십성의 상생상극 표

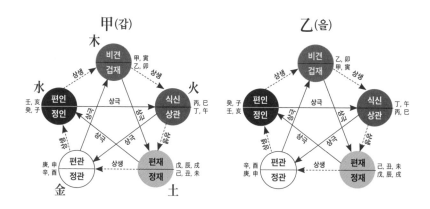

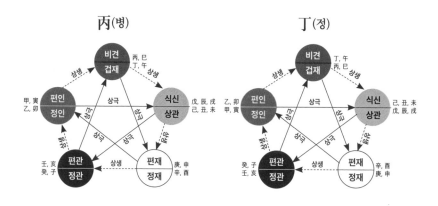

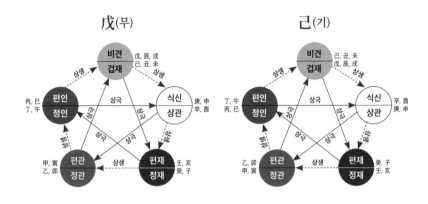

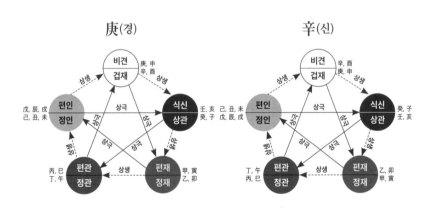

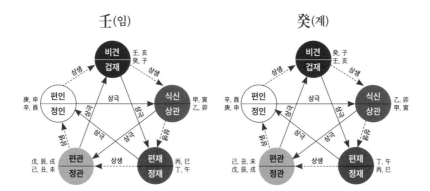

壬(임)   癸(계)

십성의 가치와 서열

봉건시대에 쓰인 고전들 대다수가 십성에 따라 위계질서를 부여하고 있다. 책마다 다르지만 대체적으로 겁재와 양인·상관·편관·편인은 흉신으로, 식신·정재·정관·정인은 길신으로 분류한다. 비견과 편재는 중립적인 개념으로 바라봤다.

나머지 십성은 전부 음양이 같으냐 다르냐에 따라 정O, 편O이라는 이름이 붙는데 왜 겁재와 상관은 이름이 따로 있을까? 겁재나 상관이라는 용어는 뜻만 보아도 부정적인 느낌이 강하다. 신분제 사회에서는 입신양명의 길이 오로지 관성에만 있었기 때문에, 특히 정관을 극하는 상관을 부정적으로 여겼다. 게다가 제도와 질서에 순응해야 사회질서가 유지되는 체제 내에서, 안정적인 재물을 뜻하는 정재를 극하고 질서를 전복하는 힘을 갖춘 겁재는 당연히 억눌러야 할 십성이 되었다.

사실 뜯어놓고 보면 삐딱하다는 뜻의 '편(偏)'이라는 용어도 바를 '정(正)' 자에 비하면 부정적인 의미가 크다. 예를 들면 편인의 경우 특수분야에서의 능력을 상징하는데, 이런 편인이나 삐딱한 관을 뜻하는 편관을 갖출 경우 특히 여성에게는 끼가 많고 정조가 없다는 편견을 덧씌웠다. 간단히 말해, 끼가 많아 일부종사가 어렵다고 본 것이다. 게다가 편인은 먹고 사는 게 중요했던 시대에 최고의 길신으로 여겨졌던 식신을 극하니, 말 그대로 밥그릇을 엎지르는 (편인도식 ; 偏印倒食) 십성이라 하여 더욱 부정적으로 보았다.

명리를 해석할 때 주의해야 할 것은, 시대에 따라 사회질서는 물론, 인간 삶의 양상 또한 달라지기 때문에 고전의 틀에 사로잡혀 이들을 길신이나 흉신으로만 해석해선 결코 안 된다는 점이다. 음양오행에 우열이 없듯, 음양오행에 기반하여 만들어진 십성에도 가치나 서열이 매겨질 수는 없는 일이다.

후술하겠지만, 개인의 개성을 마음껏 드러내면서 살아갈 수 있는 요즘에는 과거에 흉신으로 바라봤던 겁재나 상관 같은 십성들이 쓰기에 따라 오히려 큰 장점을 가질 수 있다. 이 같은 관점에서 십성에 대한 개념을 다시 한 번 정리해보자.

비겁: 자아의 강한 확장

비견(比肩)
● 일간과 음양오행이 같음
● **육친**: 형제, 자매, 친구, 동료
● **키워드**: 자유, 독립심, 자신감, 주체성
● **장점**: 추진력, 리더십, 공감능력, 안정성, 지속성, 비굴하지 않음, 굳세지만 무모하지 않음, 꿋꿋하게 소신을 지킴, 융합과 협동 정신, 자기 영역 확보, 도전과 성취
● **단점**: 독단성, 고집, 재물의 소모, 관심과 칭찬에 지나치게 민감, 왕자병, 공주병

겁재(劫財)
● 일간과 오행은 같지만 음양이 다름
● **육친**: 형제, 자매, 친구, 동료와 경쟁코드, 적
● **키워드**: 고집, 투쟁심, 호승심(반드시 이기려는 마음), 지배욕, 투기성, 허무, 질서 전복, 단판승부
● **장점**: 추진력, 리더십, 경쟁에서의 큰 성취, 전문성(독자적인 기술 확보), 내기에 강함, 자기 주도적인 경쟁력, 인적자원 활용
● **단점**: 독단성, 고집, 질투, 재물의 지나친 낭비, 지나친 욕심으로 인한 주변과의 불화, 적을 만듦, 허무주의

비겁은 비견과 겁재의 줄임말이다. 비겁은 곧 나의 기운인데, 이를 사회적으로 확장하면 비겁이 많다는 것은 나와 같은 사람들이 많다는 뜻이 된다. 즉, 동료나 친구, 경쟁자, 동업자 등이 주변에 많이 포진해 있다는 뜻으로 볼 수 있다. 육친으로는 형제, 자매를 의미한다.

어릴 적 동네 친구들과 싸움을 할 때 형제는 든든한 내 편이 되어주지만, 부모님이 죽음을 앞두고 유산을 물려주려 할 때는 어쩔 수 없이 그 재산을 함께 나누어야 하는 관계가 된다. 어려울 땐 서로 돕고 힘이 되지만, 형제 중 한 명이 공부를 잘하면 잘하지 못하는 다른 형제 한 명이 어쩔 수 없이 눈치를 보게 되듯 경쟁하게 된다. 즉, 비겁이 있다는 말은 형제, 자매, 친구, 동료를 포함하여 내 주변 사람들과 어쩔 수 없이 협력하고 경쟁하는 관계 속에서 부대끼며 살아갈 일이 많다고 해석하면 된다.

비겁이 강하면 나의 기운이 강해지기에, 일간의 자아와 주체성 또한 똑같이 강해진다. 비겁은 자유나 독립심, 자신감을 나타내며, 누군가 자기를 규정하거나 남에게 통제받는 것을 싫어함을 의미한다. 타인과의 관계에서 본인을 내세우고 싶어 하기에 칭찬에 무척 약하고, 주변에서 아무도 자기를 알아주지 않으면 무척 힘들어한다. 비겁은 '내가 하는 일이 곧 나'를 모토로 하는 만큼 형태를 규정할 수 없는 유일무이한 힘이기도 하다.

자신의 힘이 강하기에 남과 다른 차별점을 만들어내고, 이를 개성이나 자존감으로 연결시키기도 한다. 비겁이 긍정적으로 쓰일 경우 주체적이고 독립적인 삶을 살지만, 부정적으로 쓰일 경우 오만과 독선으로 발현된다. 자기만 옳다고 내세우고, 다른 사람들의 의견에는 귀를 닫는 것이다.

적을 만들어 주변과 갈등을 빚기도 하지만, 나만의 경쟁력을 바탕으로 한 협업을 통해 내가 속한 조직을 성장시키고 큰 성취를 이루어내기도 한다. 명리학에서 긍정성과 부정성은 동전의 양면과 같이 공존하는 힘이다. 비겁은 주변에 포진한 경쟁자들로부터 내 것을 빼앗기기도 하지만, 빼앗기지 않기 위해 나만의 독자적인 영역과 특별한 기술을 확보하여 그들을 인적자원으로 활용하는 것도 가능하다.

비겁은 주변 사람들을 내가 활용할 수 있는 내 편이라 여겨 베푸는 데도 인색하지 않다. 이런 성격은 친한 지인이 돈을 필요로 하는 등의 상황에서 잘 드러난다. 본인도 돈이 없는 상황에서 은행 대출을 받아서라도 빌려주려 하기 때문에 쉽게 보증을 서주는 일도 많다. 장사를 할 때도 남는 것 생각하지 않고 손님들에게 계속해서 퍼주기 때문에, 마이너스가 나는 줄도 모를 수 있다. 비겁이 재성을 극한다고도 볼 수 있는데, 비겁의 기운이 강하다면 무엇을 하든 돈 관리나 계산을 꼼꼼하게 해야 한다.

겁재는 일간과 음양이 다른 기운이라 겉으로 볼 때와 실제 그 사람의 안은 완전히 다른 경우가 있다. 캐릭터로 표현하자면 비견은 지킬박사, 겁재는 지킬 박사와 한 몸이지만 정반대의 성격인 하이드에 비유할 수 있다. 본인도 본인의 모습에 깜짝 놀랄 정도로 의외의 모습을 보인다. 부정적으로 발현될 경우 밖에서는 더 없이 젠틀하고 상냥한 사람이지만, 가족에게는 쉽게 욱하여 폭력적인 행동을 하거나 강압적이고 무서운 폭군처럼 굴 수 있다.

겁재는 속성상 핵융합과 닮았다. 서로 다른 음양의 기운이 하나로 뭉쳐 있어, 어디로 튈지 예측할 수 없다. 동생이 밖에서 맞고 오면 당장 나가 괴롭힌 애들을 때려주던 형이 있다고 하자. 어느 날 또 동생이 누군가에게 맞고 왔다고 하소연하니, 갑자기 눈에 쌍불을 켜고 "넌 왜 맨날 그렇게 맞고만 다니냐!"며 동생 머리를 세게 쥐어박는다. 언제 나에게 유리하고 불리한지 예측할 수 없는 극단의 기운이 바로 겁재라는 뜻이다.

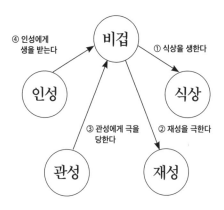

비겁의 입장에서 바라본 십성 관계도

명리학에서 모든 십성은 다른 십성과 어떻게 관계 맺고 있는지를 떠올려야 한다. ①비겁은 식상을 생하고 ②재성을 극하며 ③관성에게 극을 당하고 ④인성에게 생을 받는다. 비겁이 강하다는 것은 재성을 강하게 극한다는 뜻이자, 관성의 극에 강하게 대항한다는 뜻이 된다. 모든 동양철학이 마찬가지겠지만, 명리학을 공부할 때 역시 반드시 한 요소만 살필 게 아니라, 그 요소가 전체 속에서 다른 요소들과 어떻게 관계를 맺고 있는지를 잘 살펴야 한다.

① 비겁은 재성을 극한다

남자에게 있어 재성을 육친으로는 아내나 아버지로 해석하는데, 비겁이 강하면 부인이나 아버지와 사이가 안 좋을 수 있다. 가정 내에서도 본인의 개인 성향을 앞세우고, 통제받지 않으려는 마인드가 강하기 때문이다.

　나와 어깨를 견주는 사이인 비견보다 당연히 음양이 다른 겁재가 훨씬 과감하며 공격적인 편이다. 게다가 몸에 지닌 재물을 뜻하는 정재를 극하기 때문에 안정성이 떨어지며, 고집스럽고 욱하는 기질로도 나타난다.

　겁재가 강하면 '내가 마음만 먹으면 그까짓 돈은 얼마든지 벌 수 있다'고 생각하기 쉽다. 재성을 극하기 때문인데, 돈을 만만하게 보다 보니 별 고민 없이 보증을 서주는 등 한 방에 무리한 리스크를 질 때도 있다. 겁재가 강한 사람이 습관적으로 내기를 즐긴다면, 당연히 자제하는 것이 좋다. 겁재는 이길 수만 있다면 수단과 방법을 가리지 않아, 자칫 위험한 힘으로 발현될 수 있기 때문이다.

　비견과 겁재가 다른 점은, 겁재가 경쟁에 더 특화되어 있다는 것이다. 극단성이 강하긴 하지만, 요즘 같은 무한 경쟁사회에서 겁재는 생존을 위한 가장 강력한 무기가 되기도 한다. 성공을 향한 겁재의 열망과 집념, 강한 투쟁심은 사업을 말아먹게도 하지만, 크게 성공하는 힘이 되기도 한다.

　비견이 가장 많이 하는 말은 "내가 알아서 할게."이다. 비견은 남에게 지배받지 않고, 자기 룰을 자기가 정하여 행동하려 한다. 겁재는 여기에 더해, 지배받지 않으려는 것을 넘어 상대를 지배하고 판을 본인의 주도하에 끌고 가려 한다. 겁재에게는 기존의 것들을 전복시켜 새로운 질서를 창조하고자 하는 강한 욕망이 있다.

　참고로, 일간의 힘을 강하게 키워주기는 하나 안정성이 떨어지는 겁재는 봉건시대 때 흉신으로 여겨졌다. 심지어 고전인 《연해자평》에서는 이를 반영하듯 겁재를 다른 말로 역인(逆刃)이라 칭한다. 통치자나 자기 나라, 민족을 상대로 반란을 일으킨 사람을 역적이라 한다. 모두 배신을 뜻하는 '역'이라는 글자가 붙어 있다. 겁재는 눈앞의 이익(재성) 앞에서 쉽게 무너진다는 뜻이다. 참고로, 비견도 강해지면 역시 겁재적 특성들을 보인다.

　정재를 극한다는 뜻에서 알 수 있듯 겁재는 투기성이 강하다. 짧은 시간에 큰 돈을 벌기도 하고 큰 돈을 잃기도 하는 만큼 특히 겁재가 강한 사람은 타이밍과 상황을 잘 살펴야 한다. 강한 추진력과 실패를 두려워하지 않는 정신력으로 무슨 일을 하든 극단을 오가기 때문에, 겁재의 내면에는 늘 허무함이 자리잡고 있다. 겁재가 가진 극강의 힘은 새로운 질서를 창조하는 힘이자, 자기 자신을 쉽게 무너뜨리는 힘이 되기도 한다. 이는 신강한 사람이 겁재운을 강하게 만났을 때 실패를 겪으면 자살을 하는 배경이 되기도 한다.

② 다른 위치에 있는 비겁 들여다보기

시	일	월	연
	일간 (주체)	비견	겁재
	편재		

일간의 힘을 상징하는 비겁은, 다른 십성과 달리 독자적으로 움직이려 한다. 만약 위 예시처럼 일지가 편재인 명식의 천간에 비겁이 있다고 할 때, 연간의 겁재와 월간의 비견도 마치 일간처럼 각자가 재성을 바라보고 극하려 한다는 이야기다.

명리학에는 비겁쟁재, 군비쟁재라 하여, 비겁이나 겁재가 무리를 이루면(강하면) 내 재물을 빼앗긴다는 용어가 있다. 내가 내 재물을 유흥이나 쓸데없는 소비, 도박에 탕진하기도 하지만, 보통은 나의 경쟁자가 내 재물을 빼앗아가는 탈재 현상이 생긴다고 본다.

이런 현상이 생기는 이유는 명식에 있는 비겁이 하나의 기운임과 동시에, 독특하게도 서로가 분리되어 개체로서 각각 따로 움직이려 하기 때문이다. 양인합살은 살면서 불시에 닥친 위기를 양인인 겁재가 대신 해결해준다는 뜻인데, 이 역시 비겁이 독자적으로 움직이기 때문에 가능한 현상 중 하나이다.

비겁보다는 겁재가 지킬 앤 하이드처럼 양면적인 속성이 강하다. 때문에 군비쟁재보다 군겁쟁재의 현상이 더욱 폭발적이다. 비겁을 육친으로 볼 때 배우자의 정부(情夫, 情婦)로도 해석한다. 겁재의 속성이 강한 사람이 애인인 A를 놔두고 B와 바람을 피우다 걸렸을 때 무릎 꿇고 빌기는커녕 "니도 좋고 쟈도 좋은데 내가 우짜면 좋노!?"라며 항변할 수도 있다. 그만큼 비겁보다 겁재가 더 양면적이다 보니 '내 마음 나도 몰라요' 같은 느낌이 크다.

사실 군비쟁재, 군겁쟁재의 사주는 재물과는 거리가 멀다고 여겨지겠지만 실제로는 정반대다. 실제 부자들의 사주는 모두 겁재의 기운이 강하다는 특징이 있다. 군겁쟁재의 사주를 어떻게 활용할 수 있을지에 대해서는 곧이어 출간될 심화편에서 다루기로 하자.

③ 비겁은 관성에게 극을 당한다

비겁이 세력을 이루면 관성의 극에 강하게 대항하기 때문에, 규칙적이며 절제하는 삶이 어려울 수 있다. 본인의 강한 힘을 믿고 미루고 미루다 한꺼번에 일을 처리하거나, 무계획적으로 살다 밤낮이 뒤바뀌기도 한다. 따라서 건강을 지키고자 한다면 비겁이 강한 사람은 규칙적인 삶을 유지하고, 운동을 통해 강한 힘을 다스려줘야 한다. 참고로, 비겁이 강한 사람이 아무 일도 하지 않고 집에만 있을 경우 집안의 재앙이 되기 쉽다. 비겁이 강할 경우 식상으로 이를 설기해줘야 한다는 뜻이다.

④ 비겁은 인성에게 생을 받는다

비겁이 인성에게 생을 받는다는 것은, 달리 말하면 인성이 있을 때 비겁의 힘 또한 강해진다는 뜻이다. 인성은 도장, 학문, 자격증, 인내심, 통찰력을 나타내며, 육친으로는 어머니를 의미한다. 때문에 인성의 기운이 약하거나 없으면, 어머니와의 인연이 박함을 암시하기도 한다.

비겁이 약하면 주체성이 약하고, 주변 환경에 흔들릴 소지가 크다. 만약 회사라면 동료들 사이에서 치이면서 자기 의견을 뚜렷하게 주장하지 못할 수 있다. 꾸준히 매진하여 대학원에서 박사를 받고 전문가로 인정받거나, 관련 자격증을 취득한 후 전문직에서 일한다면 아무래도 주변환경에 흔들리기보다 본인의 자립 기반을 스스로 마련하기 쉬워질 것이다. 인성이 비겁을 생한다는 것은 인성의 이런 기운을 통해, 세상을 살아가는 데 도움이 될 수 있는 뒷배를 든든하게 확보한다는 뜻이다.

인성을 육친으로 어머니라 보았을 때, 어머니가 일간인 나를 생하는 상황을 어떻게 이해하면 좋을까? 어릴 적 동네에서 함께 놀던 친구들에게 괴롭힘을 당하거나 학교에서 부당한 일을 당했을 때 나 대신 엄마가 나서서 이를 해결해주는 상황과 같다고 보면 된다.

연예인 아오이 소라의 명식

여,
극신강

시주	일주	월주	연주
비견	본원	비견	비견
癸	癸	癸	癸
亥	卯	亥	亥
겁재	식신	겁재	겁재
戊甲壬	甲乙	戊甲壬	戊甲壬

99	89	79	69	59	49	39	29	19	9
비견	겁재	편인	정인	편관	정관	편재	정재	식신	상관
癸	壬	辛	庚	己	戊	丁	丙	乙	甲
酉	申	未	午	巳	辰	卯	寅	丑	子
편인	정인	편관	편재	정재	정관	식신	상관	편관	비견
병	사	묘	절	태	양	장생	목욕	관대	건록

비견도 많이 모이면 겁재적 성향을 보이는 만큼, 겁재적 성향이 무척이나 강함을 알 수 있다. 겁재는 기존의 질서를 허물고 새로운 질서를 창조하고 싶어 하는 전복적 힘이다.

아오이 소라는 AV배우로서 업계 톱의 자리에 올랐지만, 거기에 안주하지 않고, AV배우 출신으로서는 세계 최초로 공중파 및 영화계에 진출하며 새로운 성공공식을 썼다.

게다가 수 기운이 많아, 남보다 본인의 섹슈얼한 매력을 어필하는 데 유리한 사주다. 화 재성은 방송과 미디어를 뜻하는데, 결국 본인 사주의 장점을 용신인 화 재성의 영역에서 잘 풀어냈다고 볼 수 있다.

철학자 엥겔스의 명식

남,
신약

시주	일주	월주	연주
		◉	
식신	본원	겁재	편재
戊	丙	丁	庚
戌	午	亥	辰
식신	겁재	편관	식신
⋏*	⋏◉	◉◉	*
辛丁戊	丙己丁	戊甲壬	乙癸戊

93	83	73	63	53	43	33	23	13	3
겁재	비견	정인	편인	정관	편관	정재	편재	상관	식신
丁	丙	乙	甲	癸	壬	辛	庚	己	戊
酉	申	未	午	巳	辰	卯	寅	丑	子
정재	편재	상관	겁재	비견	식신	정인	편인	상관	정관
사	병	쇠	제왕	건록	관대	목욕	장생	양	태

마르크스의 절친한 지적 동지로서 사회주의를 완성한, 독일의 철학자이자 경제학자였던 프리드리히 엥겔스의 명식이다. 엥겔스는 독일에서 부유한 방직 공장주의 아들로 태어났다. 자본가 집안에서 태어났지만 엥겔스는 자신 가문의 공장 노동자 아이들과 스스럼없이 어울려 놀았고, 마르크스를 만난 후에는 열성적인 그의 동지이자 후원자가 된다.

친구인 마르크스가 하녀와 불륜을 피우다 아내에게 걸려 가정이 파탄날 지경에 이르렀던 적이 있었다. 그런 마르크스를 비호하느라, 자신이 그 하녀와 관계를 가졌다고 거짓을 꾸미고 친구의 누명을 고스란히 뒤집어 쓰기까지 한 적도 있다. 겁재가 아니고서는, 통상적으로 저지르기 힘든 일이다.

자신의 출신 계급을 뛰어넘어, 평생을 자본가인 동시에 공산주의자로 살았던 엥겔스의 사주는 겁재가 가진 양면적인 힘을 잘 보여준다.

식상: 삶을 풍요롭게 하는 힘

식신(食神)
● 일간이 생하는 기운으로 일간과 음양이 같음
● **육친**: 자녀, 아랫사람
● **키워드**: 연구, 궁리, 표현, 의식주, 생식, 교육, 육성,
● **장점**: 상상력, 여유, 낙천성, 표현력, 친화력,
● **단점**: 무사태평, 게으름, 유시무종, 유흥

상관(傷官)
● 일간이 생하는 기운으로 일간과 음양이 다름
● **육친**: 자녀, 아랫사람
● **키워드**: 총명함, 다재다능, 개혁, 논쟁, 화술,
● **장점**: 응용력, 적극성, 창조력, 혁명성
● **단점**: 탈진, 반항, 구설수

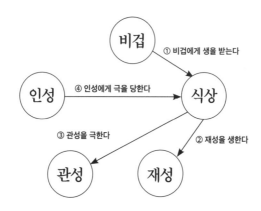

식상의 입장에서 바라본 십성 관계도

　식상은 식신과 상관의 줄임말이다. 식신(食)은 먹는다는 뜻으로 식복과 의식주를 나타낸다. 동양학에서는 길한 것은 신(神)으로, 흉하고 꺼리는 것은 살(殺)이라고 표현하는데, 식신은 글자 그대로 먹을 복을 나타내니 먹고사는 게 중요했던 과거에는 최고의 길신으로 여겼다. 먹는 것과 관련되어 있는 만큼, 식신은 맛을 느끼는 감각과도 밀접하게 연결된다. 따라서 밥을 맛있게 먹지 못하고 편식만 하는 아이는 식신의 기운이 약할 가능성이 높다.

① 식상은 비겁에게 생을 받는다

고서에서는 식상을 아생자(我生者), 즉 비겁인 내가 생하는 자라고 불렀다. 여성에게 식상은 내가 낳는 것이니 육친으로는 자식이 되고, 남성에게 식상은 회사로 치면 부하 직원 또는 손아랫 사람이 된다.

식신은 비겁인 나로부터 자연스럽게 흐르는 기운이다. 내가 하는 말이나 행동, 나아가 감각이나 감정, 생각을 글이나 그림, 악기 등으로 표현하는 것도 모두 식신에 해당된다. 식복을 상징하는 식신의 태도는 삶을 느긋하고 여유롭게 대하는 것이다. 식신의 안정과 풍요, 여유로움은 놀이와 기획력, 예술성, 창의력, 상상력의 원천이 되지만, 지나칠 경우 나태하고 게을러질 위험이 있다.

식신은 비겁인 나를 바깥으로 확장하는 기운이라 자연히 세상 바깥을 향한 호기심이 강하고 새로운 것들에 대해서도 거부감이 없다. 궁금해했던 것들을 알아내기 위해 몸을 움직이니 탐구 능력과 연구심, 궁리의 키워드와도 연결된다.

일간인 여성이 낳는 것이니 식상은 육친으로는 자식이 되기도 하면서, 여성이 자식을 낳는 데 관련된 신체 기관, 나아가 성적 표현과 매력을 뜻하기도 한다. 즉 식상은 아이를 낳고 기르고 가르치는 양육의 힘이자, 교육의 힘이다. 쉬운 이해를 돕기 위해 일간을 여성으로 비유했지만, 남녀 모두에게 식상은 생식과 배설의 힘으로 작용한다. 참고로, 원국에서 식상의 기운이 약할 경우 자녀를 낳는 데 어려움을 겪을 소지가 있다.

② 식상은 관성을 극한다

식신은 삶에서 여유로움을 추구한다고 했는데, 어떻게 연구와 궁리라는 키워드로 연결될 수 있는 걸까? '식상은 관성을 극한다'는 관점에서 식상을 바라보자. 관성은 이미 주어진 규칙, 법, 사회적 관습이나 환경을 뜻한다. 이런 관성을 극하는 식상은 사물이나 현상을 있는 그대로 받아들이지 않고 나를 자유롭고 새롭게 표현하는 힘으로 삼는다.

상관에 대해서는 후술하겠지만, 식신은 외부에서 강압적으로 시키는 것에는 관심이 없는 대신, 본인이 관심 있어 하는 분야에는 집중하며 지적 탐구의 즐거움을 느낀다. 이 때문에 요리나 공예, 글쓰기, 작곡 같은 취미 영역에 몰두할 경우 놀라운 성과를 낸다.

여유를 추구하는 식신과 달리, 상관은 날카롭고 민첩하며 예리한 기운이다. 상관은 관을 상하게 한다는 뜻처럼, 관성을 바라보고 정면으로 대응하려 한다. 기존의 질서, 체계, 시스템, 틀을 깨려고 하는데, 식신에 비해 안정성은 떨어지는 대신 민첩하고 능동적이다. 또한 전체를 한 번에 파악하는 능력이 있어, 오케스트라의 지휘자들에게도 상관이 많은 편이다.

정관을 극하니 상관의 힘은 반항성과 혁명성으로도 연결되는데, 지나칠 경우 제도나 시스템을 벗어나 탈법적인 영역으로까지 이어질 위험이 있다. 하지만 잘 쓰일 경우 관성으로 표상되는 권위와 질서에 대한 반발심과 정의감을 바탕으로 약자를 돌보고, 시민단체에서 일하며 세상을 더 나은 쪽으로 바꿔 나가기도 한다. 즉, 상관은 시시비비를 가려 부정부패를 고발하고, 부조리함을 타파하며, 개혁을 이끌어내는 힘이다. 상관이 가진 이런 도전적인 능동성은 위기와 위험에 대한 대처 능력과도 연결된다.

상관은 총명함이 키워드인데, 상관을 두고 '천 가지 재주를 갖고 있다'고 말하기도 한다. 스티브 잡스가 기존에 존재했던 TV, MP3 플레이어, PC, 계산기 등을 해체하여 아이폰을 만들었듯, 상관에는 평범함과 익숙한 틀을 벗어나 남과 다른 독창적인 것을 만들어내는 힘이 있다. 기존의 것을 거부하다 보니 개성이 강하고, 식신보다 더 자유롭다.

식신과 상관 모두 표현력이 강한데, 다른 점이 있다면 상관이 언변에 더 능하다는 것이다. 식신이 같은 것을 조금 더 시적이고 낙관적이며 탐미적으로 표현한다면, 상관은 분석적이고 비판적이며 비평적으로 말한다. 상관은 늘 타인의 시선을 의식한다. 언론이나 방송, 강의에 최적화된 기운이 상관이며, 자기만의 표현을 통해 남들과 차별점을 만들며 주목을 받기도 한다. 상관의 힘이 긍정적으로 쓰일 때는 비평가적인 자질로 나타나지만, 부정적으로 쓰이면 독설로 인한 구설수에 휩

싸일 수도 있다.

상관이 강하면 아무래도 규율과 규정이 엄격하고 틀에 박힌 조직과는 인연이 멀다. 이 때문에 직장생활을 하더라도 자율성이 보장되고, 상관의 여러 장점을 잘 살릴 수 있는 영업, 마케팅, 홍보, 연구개발 부서에서 일하는 것이 좋다.

육친으로 보면 여성에게 관성은 남자에 해당한다. 일간이 관성에 극을 당한다는 것은 다른 말로 하면 일간이 관성에게 제어당한다는 뜻이다. 136쪽 도표의 3번처럼 식상은 관성을 극하고 제어하는데, 여기서 관성을 제어하는 식상은 여성의 섹슈얼리티로 해석할 수 있다.

③ 식상은 인성에게 극을 당한다

인성은 멈추는 힘이자, 인내와 끈기의 아이콘이다. 식상이 나로부터 만들어지는 기운이라는 의미에서 활동적이라면, 인성은 이런 식상을 극하니 정적인 기운이 될 수밖에 없다. 특히 식신은 가족이나 좁은 범위의 커뮤니티, 소규모 공동체를 뜻하는데 친한 지인들과 어울리며 수다를 떨고, 함께 맛있는 음식을 나누어 먹는 것에서 큰 즐거움을 얻는다. 밖에 나가 지인들과 놀고 싶어 하는 식신은 공부를 뜻하는 인성의 기운을 설기시키니 강제로 해야만 하는 학습과는 거리가 멀며 참을성도 떨어진다.

④ 식상은 재성을 생한다

식상이 재성을 생하는 것을 식상생재라 한다. 재성을 재물이라고 보면, 식상은 재물을 만들어내는 수단이자 활동이 된다. 식신을 제조라고 하면 상관은 유통이다. 식신이 새로운 무언가를 만들어낸다면, 상관은 기존의 것을 비틀고 응용하여 부가가치를 높여서 판다. 식신이 A를 만들어냈다면, 상관은 그 A를 가져다 예쁘게 포장하여 A'로 만든 후, 새로운 상품인 것처럼 꾸며 비싸게 판다. 요리사로 치면 식신은 일반 요리를, 상관은 퓨전 요리를 만들어내는 식이다.

식신이 입력 대비 출력이 같다면, 상관은 입력 대비 출력이 더 높다. 따라서 식신이 재성을 생하는 것보다, 일반적으로는 상관이 재성을 생할 때 더 큰 부가가치를 창출할 수 있다. 상관이 예측 가능하고 고정적인 재물인 정재를 생할 때보다, 일확천금을 뜻하는 편재를 생할 때 큰 부를 이룰 수 있는 힘이 있다고 본다. 고서에서는 일반적으로 겁재에서 상관으로, 상관에서 편재로 이어지는 흐름을 큰 부의 기운이라 하지만, 꼭 그렇지만도 않다.

방송인 유재석의 명식

남,
극신약

시주	일주	월주	연주
	●		
정재	본원	상관	정관
庚	丁	戊	壬
戌	丑	申	子
상관	식신	정재	편관
	●	▲	▲●
辛丁戊	癸辛己	戊壬庚	壬癸

98	88	78	68	58	48	38	28	18	8
상관	비견	겁재	편인	정인	편관	정관	편재	정재	식신
戊	丁	丙	乙	甲	癸	壬	辛	庚	己
午	巳	辰	卯	寅	丑	子	亥	戌	酉
비견	겁재	상관	편인	정인	식신	편관	정관	상관	편재
건록	제왕	쇠	병	사	묘	절	태	양	장생

141

대한민국의 대표 방송인인 유재석의 명식이다. 월지나 시지에 있는 간지가 월간과 시간에 투출하면, 일간이 가장 잘 쓸 수 있는 도구가 된다. 식상이 가진 표현의 힘은 순발력과 재치 있는 입담, 편안한 방송 진행 능력으로 나타나, 그를 명실상부 국민MC의 자리에 오르게 했다.

정재가 강한 경우 돈에 인색하면 자칫 옹졸해 보일 수 있는데, 유재석은 통 크게 기부하는 것은 물론 후배들을 잘 챙겨주는 세심함으로 널리 알려져 있다. 그는 방송에서 꿈이나 목표에 대한 질문을 받았을 때 그런 것 없이 그저 하루하루 열심히 살 뿐이라고 거리낌 없이 말한 바 있다. 검소하면서도 철저한 자기 관리, 성실함, 세금을 원 단위로 맞춰서 납부할 정도의 꼼꼼함은 그의 명식이 가진 정재의 힘이다.

명리영역 기출문제

1. 다음 중 가장 겁재의 힘이 강하다고 보기 힘든 사람을 고르면?
   (난이도 하)

   ① 행정직 공무원으로 사회에 첫 발을 내딛은 후 30년이 지나 마침내 정년퇴직한 '킴 카레야스키 씨'

   ② 일본에서 AV배우로 정점을 찍은 후 AV배우로서는 세계 최초로 공중파 및 영화계에도 진출하여 연예인으로 활동한 '아오이 소라 상'

   ③ 어릴 적부터 각종 무술을 연마한 후 나보다 강한 상대를 찾아 도장 깨기를 하고 다니는 '바다 하리 씨'

   ④ 나만의 독창적이고 특별한 기술을 통해 국제기능대회에서 금메달을 수상한 '나뚝딱 씨'

   ⑤ 프로페셔널함을 인정받고 프리랜서로서 본인이 하고 싶을 때만 일하며 자유롭게 살아가고 있는 '나자유 씨'

2. 다음 중 각 십성에 대한 특징으로 잘못 서술된 것은? (난이도 중)
   ① 비겁은 독립적인 만큼 조직 안에 있더라도 자유롭게 활동하는 의사, 변호사, 미용업, 기자, PD, 운동선수 같은 직업이 어울린다.

   ② 비겁이 약할 경우 주체성과 경쟁력이 부족해 종속적인 삶을 살게 될 가능성이 높다.

   ③ 상관은 고정관념을 깨는 창의력이 장점이지만, 임기응변이 약해 변화에 능동적으로 대처하기 어렵다.

   ④ 식상이 약하면 다소 표현력이 부족하고, 머릿속에 생각했던 것들이 행동으로 잘 이어지지 않는다.

   ⑤ 식신은 키우고 돌보는 힘이 강해 교육, 농사, 양식, 목축업에도 유리하다.

3. 다음 중 각 십성이 할 말로 적절하지 않은 것은? (난이도 하)

① 비견: "내가 알아서 한다니까요! 좀 냅두세요, 제발!"

② 겁재: "야, 이걸 내가 못하겠냐? 적어도 너보다는 내가 잘하지!"

③ 식상: "왜 이리 서두르세요? 급할 거 없잖아요."

④ 식신: "아, 현기증 난단 말이에요! 빨리 라면 끓여주세요."

⑤ 상관: "A에게는 괜찮다고 하고, B에게는 안 된다고 했다는데, 자꾸 오락가락하는 게 무슨 규정인가요?"

4. 다음 중 일간이 일간 식상을 활용하여, 관성의 극에 대항하는 상황으로 알맞지 않은 것은? (난이도 중)

① 남편이 아내에게 폭언할 때, 자식이 이를 제지하는 경우

② 부장님이 말도 안 되는 걸 꼬투리 잡아 혼내려 할 때 논리정연한 말로 따져 상황을 무마시킨 경우

③ 연말정산을 꼼꼼히 챙겨 그간 많이 냈던 세금을 오히려 돌려받은 경우

④ 일찍 일어나야 했는데 너무도 잠이 와서, 고민하다 그냥 늦잠을 자게 된 경우

⑤ 도로에서 신호위반을 하다 단속 경찰을 만났을 때, 한번만 봐달라고 사정하여 결국 저렴한 딱지를 끊게 된 경우

5. 다음 중 상관을 잘 활용한 경우에 해당하지 않는 것은? (난이도 하)

① 기관 내 비리를 고발하여 잘못된 것을 바로잡고, 시민단체로부터 희망의 호루라기상을 받게 된 경우

② 인권 변호사로서 돈 없고 백 없는 사람을 변론하여 억울함을 해소해준 경우

③ 요리사로서 지역 특산품을 활용한 요리를 통해 지자체 홍보에 공을 세운 경우

④ 국가 권위와 질서에 반항하기 위해 어둠의 조직을 결성하여 시민들에게 주먹을 휘두른 경우

⑤ 폐지 줍는 할머니가 끌던 리어카가 내가 타는 고급 외제차와 부

딪혔는데, 괜찮다 다독이며 차량 수리비를 받지 않고 그냥 돌려보낸 경우

풀이노트

1. 정답은 ①번이다. 겁재는 구속받지 않으려는 성정으로 인해 틀에 박힌 직장생활을 힘들어한다. 직업 변동 없이 공무원으로서 정년퇴직한 킴 카레야스키 씨는 겁재나 상관은 약한 대신 관성이 발달했을 확률이 높다.
   독창적이고 특별한 기술을 통해 프로페셔널한 나만의 영역을 만들어내고, 지기 싫어하는 강한 기질로 자신을 끊임없이 연마해 나가는 ⑤번의 사례 역시 겁재의 힘이다.

2. 축구선수에 비유할 때 식신이 수비수라면, 상관은 공격수에 가깝다. 상관은 기존에 주어진 틀(관성)에 정면 대항하는 힘이라 창의적이고, 임기응변도 강해 변화에 능동적으로 대처할 수 있다. 따라서 정답은 ③번이다.

3. 여유를 추구하고 삶을 느긋하게 대하는 식신과 달리 식상은 능동적이고 적극적이다. 정답인 ③번은 식상이 아닌 식신의 성격이다.

4. 위 보기마다 무엇이 일간, 식상, 관성인지를 대입해보자.
   ①번 →남편(관성)이 아내(일간)에게 폭언할 때, 자식(식상)이 이를 제지하는 경우
   ②번 →부장(관성)님이 말도 안 되는 걸 꼬투리 잡아 날 혼내려 할 때 논리정연한 말로 따져(식상) 상황을 무마시킨 경우
   ③번 →연말 정산(관성)을 꼼꼼히 챙겨(식상) 그간 많이 냈던 세금을 오히려 돌려받은 경우

⑤번 →도로에서 신호위반을 하다 단속 경찰을 만났을 때(관성), 한번만 봐달라고 사정하여(식상) 결국 저렴한 딱지를 끊게 된 경우

위 문제의 정답은 ④번이다.

5. 정답은 ④번이다. 상관에게는 정관으로 표상되는 기존의 권위와 질서에 대한 반항심이 있다. 시시비비를 가리고 잘못된 것을 바로잡으려는 힘이 있어 조직에서 내부고발자가 되는 것도 상관이다. 온갖 어려움을 뚫고 대기업의 비리를 추적하는 정의감 가득한 기자나, 조직에 반하는 일임에도 잘못된 전횡에 대해 양심선언을 하는 검사를 떠올려볼 수도 있다. 재미있는 점은 기존의 행정질서를 거부한다는 측면 때문인지, 조직 폭력배에게도 상관이 많다는 것이다. 정답인 ④번은 상관을 잘 활용하기는커녕, 사주를 들이대지 않더라도 그냥 망한 인생을 요약해 놓았음을 알 수 있다.

참고로 상관은 측은지심으로 인해, 강자에겐 강하지만 약자에겐 무척 약하다. ⑤번의 경우 상관의 측은지심이 잘 드러나는 예이다.

재성: 자원을 활용하는 능력

편재(偏財)
● 일간이 극하는 기운으로 일간과 음양이 같음
● 육친: 아버지, (남자의 경우) 정부, 애인
● 키워드: 내 것이 아닌 재물, 비정기적 수입, 기부, 봉사, 투기, 모험, 유흥성, 과정 중시, 지도(공간지각능력), 네트워크
● 장점: 수완, 인맥 활용, 폭 넓은 시야, 기획 능력, 유머감각
● 단점: 일확천금에 대한 욕망, 한탕주의, 분주함, 안정성 상실

정재(正財)
● 일간이 극하는 기운으로 일간과 음양이 다름
● 육친: 아버지, (여성의 경우)시어머니
● 키워드: 예측가능, 안정, 근검절약, 고정 무대, 월급
● 장점: 계획성, 꼼꼼함, 치밀함, 현실감각, 설계 능력
● 단점: 인색함, 집착, 통제와 간섭

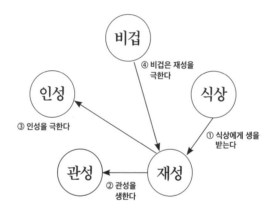

재성의 입장에서 바라본 십성 관계도

① 일간은 재성을 극한다

재성은 편재와 정재로 나뉘며, 글자 그대로 재물의 기운을 뜻한다. 십성에서 일간이 극하는 대상이 재성인데, 여기서 극한다는 건 '누른다', '다스린다', '통제한다', '관리한다', '취한다', '얻는다' 등으로 해석할 수 있다. 즉 재성은 현실적으로 내가 얻기 위해 노력하고 소유하는 것이니 돈이나 물질이 되는 것이다.

정재는 안정적이고 고정적인 재물을, 편재는 내가 소유하지 않은 부정기적인 재물을 뜻한다. 정재는 쉬운 말로 하면 상대적으로 수입은 적지만 예측이 가능한 월급이다. 반면 편재는 투자나 사업 소득을 떠올리면 된다. 내 것은 아니지만 내가 활용할 수 있는 공공재나 투자금, 대출금, 타인에게 빌린 돈도 편재다. 정재가 안정성을 추구한다면, 편재는 대범하고 통이 커서 안정성은 떨어진다. 위험을 감수하는 투기, 우연이나 횡재에 기댄 불규칙한 수입도 편재에 속한다.

재성에는 숫자의 의미가 있다. 정재의 안정성은 숫자를 다룰 때 치밀하고 정확한 성향으로 드러난다. 즉, 정재는 인풋과 아웃풋이 맞아떨어져야 안심이 되는데 디테일에 강하고 꼼꼼해서 회계와 관련된 직업으로도 연결된다. 같은 물건을 팔더라도 정재가 물건 한 개를 팔고 거기에 매겼던 값을 그때그때 받아내는 식으로 소규모 장사를 한다면, 편재는 물건을 여러 개 묶은 후 "10퍼센트 세일!", "20퍼센트 할인!"을 외치며 도매급으로 팔아 넘긴다.

정재가 나무를 본다면, 편재는 숲을 본다. 정재는 관리 영역이 작은 대신 일을 하더라도 계획적이고 정확하게 처리하는 반면, 편재는 전체의 판세를 한 번에 내다보며 관리 영역을 넓혀 나간다. 즉, 정재는 시간과 편재는 공간과 관련이 있다. 정재가 기존의 것들을 안정적으로 설계하는 힘이라면, 편재는 늘 새로운 일을 구상하는 기획의 힘이다. 편재는 공간활용 능력이 높기 때문에 편재의 머릿속엔 늘 입체적인 도안이나 큰 지도가 들어 있다고 보면 된다. 사물을 유형별로 분류하거나 정리하고, 적재적소에 배치하는 능력도 뛰어난 편이다. 당연히 편재가 활동범위가 넓고, 볼륨이 크다.

정재는 치밀하고 꼼꼼한 성향으로 일과 결과에 중점을 둔다. 매사 딱 맞아떨어져야 안심이 되는데 이것 저것 따지는 게 많다 보니, 지나치면 관계에 인색해질 수 있다. 식당에서 밥을 먹은 후 인원수에 맞춰 계산하거나, 지인에게 본인이 전에 샀던 것과 같은 가격의 밥을 얻어먹어야 직성이 풀리는 게 정재다.

편재가 발달되면 낙천성, 풍류성, 유흥성이 강해져 본인이 좋아하는 일에는 기분 좋게 돈을 쓴다. 주변에 베푸는 것도 좋아하는데 정작 본인은 크게 돈을 쓰고도 잊어버리고 통도 커서 인기가 많다. 편재는 많이 쓰기 위해 많이 벌고 싶어 한다. 힘들게 번 돈도 기분 내키는 대로 쓰고 남들과도 잘 나눈다. 편재에는 봉사나 기부의 의미도 있다. 재화 뿐 아니라, 많은 사람과 공적인 정보나 지식을 나누는 데도 전혀 인색하지 않다.

편재는 정재와 달리 일보다는 사람을 중시하며, 결과보다 과정이 재미있는지를 따진다. 이렇게 즐거움을 추구한다는 이야기는 다른 말로 하면, 하고 싶은 게 많다는 뜻이다. 결국 이는 다양한 취미로 드러나는데, 일간이 극하는 게 재성이다 보니 특히 재미와 즐거움을 좇는 편재가 인간의 욕망과 관련되어 있다고 보면 된다.

편재는 유머감각이 뛰어나고 사교성이 좋아 대인관계도 무척 넓은 편이다. 기분파에 즉흥적인 편재는 추진력이 정말 좋은데, 이는 관계에 있어서 시원시원한 성격으로 드러난다. 정재는 꼼꼼한 편이라 즉흥적일 수가 없고, 따지는 게 많아 일의 속도가 느린 편이다.

육친으로는 남자 입장에서 재성을 여자로 해석한다. 특히 남자 사주에 재성이 강하면 이성에 일찍 눈을 뜨는 등 이성에 대한 관심이 지나치거나, 이성으로 인한 문제가 빈번해질 수도 있다. 단순히 이성과의 인연이 많다는 것을 넘어, 아내의 활동성이 왕성하다거나, 처가의 영향력이 클 수 있다는 뜻으로도 확장할 수 있다.

여자 입장에서, 관성이 남편이니 관성을 생하는 재성은 시어머니가 된다. 여자 사주에서 재가 강하면 고부갈등이 생길 수도 있음을 암시하는데, 다른 의미에서 재성이 발달되어 있으면 일간의 활동성도 강하다는 뜻이니 아무래도 시어머니와의 관계 설정에 있어 일간의 영향력이 클 수밖에 없을 것이다. 현대에 와서 가족관계도 다양해진 만큼 육친을 절대적으로 해석할 수는 없지만, 육친으로 사주를 살필 때는 그 의미와 해석의 폭을 최대한 넓혀야 한다는 의미이다.

참고로, 육친으로는 일간이 극하는 재성을 남녀 모두 아버지로 본다. 일간을 생해주는 인성을 어머니로 보는 건 쉽게 이해하겠는데, 왜 명리학에서는 일간이 극하는 재성을 아버지로 본 걸까? 그리고 남자일 경우 일간이 극하는 재성을 왜 여자로 본 걸까? 이 개념을 잘 이해해야 나머지 십성들의 관계를 제대로 파악할 수 있으므로 잠깐 옆길로 새서 육친이 형성된 철학적 배경을 살펴보자.

② 육친관계 들여다보기

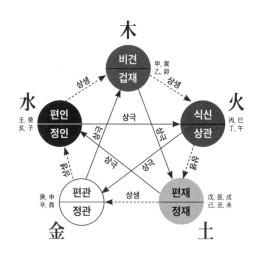

일간이 갑목일 때의 십성 관계도

일간을 생해주는 유일한 인성(자녀와 어머니의 관계)

인간은 태어나려면 오롯이 10개월을 어머니 뱃속에서 자라야 한다. 태어나면 누가 어머니인지는 알 수 있지만, 생물학적으로 아버지가 누구인지는 알 수 없다. 재미있는 것은 미토콘드리아의 유전자는 오로지 어머니의 가계로만 이어지기 때문에, 조상의 원류를 유추할 때도 모계 조상만 추적이 가능하다는 것이다. 생물학적인 관점에서 남성은 자손을 만드는 씨앗의 반쪽만 부여하고, 생명의 탄생은 온전히 여성에게 주어진 격이 됐다.

여기에서 우선 생각해야 하는 점은, 일간은 오로지 인성에 의해서만 생을 받는다는 것이다. 이는 곧 인성이 비겁을 낳는다는 뜻이자, 어머니가 자식인 나를 낳았다는 의미가 된다. 비겁은 나의 세력이 되어주긴 하지만, 나를 생해주지는 못한다. 일간이 생하는 식상, 일간이 극하는 재성, 일간을 극하는 관성은 모두 일간의 힘을 빼앗아간다. 명리학에서는 유일하게 인성만이 일간을 생하는데, 여기에는 부모 중 나를 생하는 존재를 모친으로 바라본 철학적 관점이 존재한다. 그리고 명리학에서는 인성이 나를 생해주는 것을 1차적인 관계로, 어머니로부터 태어난 내가(일간이) 재성을 극하는 것은 2차적 관계로 봤다.

인성을 극하는 재성(아버지와 어머니의 관계)

명리학에서는 남녀를 서로 극하는 존재로 본다. 천간합인 갑기합, 을경합, 병신합, 정임합, 무계합을 보면, 모두 음양이 다르고 극하는 관계인 천간들이 합한다는 것을 알 수 있다. 극한다는 것은 일간인 내가 소유하고 관리하며 통제한다는 뜻이다. 현대에 와서는 새롭게 정립해야 할 개념이지만, 과거 여성은 남성이 취하고 관리해야 할 대상이자 일종의 소유물처럼 여겨졌다. 즉, 일간이 남성일 때 일간이 극하는 재성을 여성으로 본다는 건 안타깝게도 명리학이 만들어진 봉건시대 때의 남존여비 사상이 투영된 것일 수도 있다는 이야기다. 정재는 안정적인 재물, 편재는 부정기적인 재물을 뜻하는 만큼, 이를 육친관계에 대입하면 남자에게 정재는 부인이, 편재는 첩이나 애인이 된다.

일간이 갑목일 때의 십성 관계도를 보자(150쪽). 목 일간은 토 재성을 극하는데, 재성은 육친으로 남녀 모두에게 아버지에 해당한다. 그리고 목 일간을 생해주는 수 인성은 남녀 모두에게 어머니에 해당한다. 여기서 토 재성은 수 인성을 극한다. 어머니에 해당하는 인성을 극하는 것은 재성이니, 자연스레 재성이 아버지를 뜻하게 된 것도 있다.

일간이 극하는 재성(아들과 아버지의 관계1)

일간이 재성을 극한다는 것은 다른 말로 아들이 아버지를 극한다는 뜻이다. 명리학이 정립되던 시기에 가정의 생계를 책임지는 사람은 주로 아버지였다. 아버지가 사회활동을 하면서 벌어온 재화 또한 내가 취하고 쓴다고 본 것이다.

왕위 다툼이나 권력 투쟁의 관점에서 이를 풀어보자. 수많은 역사가 시사하듯, 왕조사회에서 왕과 아들은 왕위 계승을 두고 대립해왔다. 재성이 돈이나 물질을 뜻할 때, 일간은 이런 재물을 움켜쥐기 위해 자신의 힘을 써야만 한다. 우리에게도 승자독식의 구조에서 비겁들끼리,

즉 왕자들끼리 경쟁을 벌이다 최후에 살아남은 한 사람이 아버지를 내쫓고 왕권을 차지한 역사가 있다.

극한다는 것은 어떤 주체인 A가 다른 주체인 C를 관리하고 통제하려 할 때, C가 그런 A에 대항한다는 뜻도 된다. 십성에서 중요한 것은 힘의 균형과 흐름이다. 이 때문에 A에서 B로의 흐름, B에서 C로의 흐름은 물론, 나머지 D, E의 관계까지도 살펴야 한다. 각 요소끼리 힘의 크기가 비슷해야 원국 내에서 균형이 이루어지고 항상성이 유지된다.

참고로 원국에서 재성의 힘이 미약할 때 아버지가 일찍 돌아가시거나, 관계에 불화가 생기는 등 아버지와의 인연이 박하다고 해석하기도 한다. 하지만, 과거와는 달리 가족관계가 다양해졌기 때문에 육친을 곧이곧대로 해석할 수는 없다.

관성이 극하는 일간(아들과 아버지의 관계 2)

일간이 극하는 것은 재성(아버지)이지만, 반대로 아버지(일간)의 입장에서 관성은 자녀가 된다. 아버지가 자식을 부양하기 위해 한 번쯤 쉬고 싶은 마음을 꾹 참고 매일 규칙적으로 일터에 나가 일하는 모습에서 일간과 관성의 관계를 떠올려볼 수 있다. 여기에서 관성은 지켜야 할 규칙이나 사회적 관습, 나를 제어하는 일종의 틀로 해석된다.

다른 의미에서 관성은 도덕이나 윤리 규범, 준법 정신, 명예 등을 의미하기도 하는데, 관성이 무너지면 일간이 쌓아놓은 사회적 지위나 명예 등이 큰 타격을 입는다. 일간이 관성의 극에 무너진다는 관점에서 예시를 들자면, 아버지가 쌓아놓은 사회적 지위나 명예를 아들이 학교폭력이나 마약복용 등 사회적 물의를 일으켜 실추시키는 경우를 떠올리면 된다. 대기업의 오너가 자식에게 기업의 지배권을 비롯한 각종 재산을 물려주기 위해 온갖 탈법을 저지르는 상황도 비슷한 예이다.

육친관계 확장하기

일간이 여성일 경우 재성이 시어머니가 되는 이유는 무엇일까? 일간이 남성일 경우 재성은 여성이 되지만, 반대로 일간이 여성일 경우 남편은 관성이 된다. 즉 재성이 관성을 낳으니, 자연스레 재성은 내 남편을 낳은 사람, 즉 시어머니가 되는 것이다. 일간이 남성일 경우 재성을 여자로 해석하니, 내 아내를 낳은 어머니, 즉 장모는 식상으로 본다. 원래 음양을 제대로 따질 경우 내 아내인 정재와 음양이 같은 상관을 장모로 해석한다. 고서에서는 가족 관계를 이보다 더 확장하여 육친을 해석하지만, 가족관계가 다양해진 현대에 와서 육친을 너무 세세하게 나눌 필요는 없다. 십성은 인간과 사회의 영역으로까지 명리학을 확장시킨 개념이라, 이해의 차원에서 이 정도까지만 살펴보기로 하자.

③ 식상은 재성을 생한다

식상이 재성을 생하는 것을 식상생재라고 한다. 생재가 된다는 건, 일간인 내가 식상이라는 도구를 사용하거나, 손발을 움직여 벌어들이는 재화활동을 의미한다. 식상이 과정이라면, 재성은 목표나 결과가 된다.

식상은 의식주이면서, 행동하고, 표현하며, 사람들과 어울리는 힘인데, 이것의 결과가 재성이라는 것을 어떻게 봐야 할까? 사람들과 함께 놀면서 즐거운 시간을 보냈을 때나, 원하던 목표를 달성했을 때 사람은 누구나 즐거움을 느낀다. 자연스럽게 재성은 식상의 행동과 표현의 결과가 되면서, 유흥, 풍류, 즐거움이라는 코드가 따라붙게 되는 것이다. 식상에는 식욕이나 성욕 같은 1차적 욕망의 뜻도 담겨 있는데, 이게 재성으로 이어지니 재성은 식상의 욕망을 해소하는 유흥이나 오락적 행위도 된다.

식상을 내가 수행하는 일로 보면 재성은 식상이 활동하는 무대나 일터로 해석할 수 있다. 가수로 비유하자면 정재는 가수가 정기적으로 노래하는 지역의 무대가 되고, 편재는 '전국노래자랑'의 무대처럼 여러 지역에 퍼져 있는 비정기적인 무대가 된다. 회사원이 정재적으로 일한다면 한 사무실에서 따박따박 월급을 받고 일하는 모습을, 편재적으로 일을 한다면 영업사원이 전국을 돌아다니며 자기 실적에 따라 인센티브를 받고 일하는 모습을 떠올리면 된다.

식상은 가족이나 소규모의 커뮤니티 등 가까운 사람들과 어울리는 친교적 기운이다. 재성은 이런 식상을 거쳐 더 넓게 확장된 기운이니 얕지만 더 넓은 사회적 관계를 맺는 힘이 강하다. 물론, 재성이 뜻하는 재화를 인맥과 같은 의미로 해석할 수도 있다. 현대사회에서는 노하우(know-how)가 아니라 노후(know-who), 즉 내가 누구를 알고, 그 사람들과 어떻게 관계 맺고 있는지, 그래서 그 사람들을 얼마나 잘 활용할 수 있는지가 더 중요한 성공의 조건이 됐다. 인맥이 힘이 되는 세상에서 관계인식 능력이 강한 재성의 인맥은 곧 재화가 된다. 재성의 넓고 얕은 관계를 상징적으로 보여주는 게 바로 페이스북, 블로그, 유튜브 같은 소셜 미디어다.

참고로, 원국에 재성은 있는데 식상이 없다면 어떻게 해석해야 할까? 이건 일반적인 방식이 아닌, 특수한 방식으로 돈을 번다는 뜻으로 뛰어난 능력을 가진 것으로 해석할 수 있다.

④ 재성은 관성을 생한다

재성이 관성을 생하는 것을 재생관이라고 한다. 관성은 나의 기운인 일간을 극하니, 회사, 조직, 사업장, 직업 등 나를 규제하고 통제하는 환경이 된다. 관성을 회사에서 내게 주어진 업무나 관리 능력으로 볼 수도 있다. 정재가 관성을 생한다는 건 일터에서 꼼꼼하고 철두철미하게 일을 수행하며 입지를 다져 나간다는 뜻이다.

반면, 일보다는 사람 중심인 편재는 어떻게 입지를 다져나갈까? 편재가 관성을 생하면 여러 사람들과 관계를 맺고, 가끔 그들에게 돈도 쓰면서 서서히 인정받는 느낌이 강하다. 눈치 빠르게 사내 정치에 끼어들어 라인을 잘 타고, 수완 좋은 사람으로 평판을 다져가면서 승진하는 그림이다. 재간이 넘치는 편재는 언제나 유연하고, 즉흥적이며, 민첩하게 움직일 줄 안다. 불안정적인 재물, 일확천금, 현실적인 능력 등을 뜻하는 편재가 자칫 욕심을 부리면 권모술수, 모사, 사기로 이어질 수도 있다.

⑤ 재성은 인성을 극한다

재성은 현실에서 일간이 추구하는 재화, 즐거움, 유흥, 인간 관계 등을 뜻한다. 즉, 재성은 유형적이거나 물질적인 형이하학, 인간의 욕망과 관련이 깊다. 인성은 공부, 학문, 문서, 꾸준함, 지속력, 인내력 등을 뜻한다. 현실세계를 뜻하는 재성이 인성을 극한다는 것은, 반대로 인성이 눈에 보이지 않는 세계나 존재에 대한 근원적인 성찰과 연관되어 있다는 의미이다.

재성은 활동적인 반면, 인성은 정적이다. 재성이 인성을 극하는 것을 재극인이라고 하는데 재성이 강하면 인성의 기운이 강하게 통제받으니 엉덩이를 붙이고 공부하거나 배운 것을 꾸준히 익히는 힘이 약할 수밖에 없다. 재성의 강한 기운이 인성의 기운을 무너트리는 것을 탐재괴인(貪財壞印)이라 한다. 직역하면 재물을 탐하면 학문이 무너진다는 뜻이다. 사주에 재성이 강하고, 인성이 없거나 약하다고 해서 무조건 탐재괴인이 되는 사주라 여겨선 안 된다. 탐재괴인은 현상에 대한 결과를 말하는 것일 뿐이다.

재성이 뜻하는 현실적인 욕망, 친구들과 어울려 노는 즐거움, 유흥, 돈 등을 공부에 방해가 되는 요소라 하여, 예로부터 재성을 학마(學魔)라고 불렀다. 하지만 이는 동양의 고전만을 꾸준히 익혀야 했던 과거의 이야기다. 학습은 배우고 익힌다는 뜻인데, 굳이 이야기하면 인성은 습(習), 즉 익히는 공부에 가까워 고시공부 등을 할 때 장점이 극대화된다. 십성별로 공부하는 방법이 따로 있으니, 재성이 강하고 인성이 약하다고 하여 공부를 못할까 봐 지레 걱정할 필요는 없다.

인성은 도덕, 윤리, 인내심이기도 하다. 육친으로 봤을 때 인성을 어머니에 비유하면, 유흥비 마련을 위해 부모를 상대로 범죄를 저지르는 행위 역시 일종의 탐재괴인으로 볼 수 있다. 목적이나 결과를 빨리 이루기 위한 재성의 기운이 도덕이나 윤리를 뜻하는 인성을 무너트린 것이다.

일반인 영업사원의 명식

남, 중화

시주	일주	월주	연주
편재	본원	편재	비견
己	乙	己	乙
卯	亥	丑	丑
비견	정인	편재	편재
甲乙	戊甲壬	癸辛己	癸辛己

98	88	78	68	58	48	38	28	18	8
편재	정관	편관	정인	편인	겁재	비견	상관	식신	정재
己	庚	辛	壬	癸	甲	乙	丙	丁	戊
卯	辰	巳	午	未	申	酉	戌	亥	子
비견	정재	상관	식신	편재	정관	편관	정재	정인	편인
건록	관대	목욕	장생	양	태	절	묘	사	병

편재가 월주에 간여지동으로 되어 있고 시간에도 투출한, 편재가 무척 강한 지인의 명식이다. 주변 사람들에게도 자주 베풀며 활동적인 성격으로, 인간관계의 총량 또한 다른 사람들보다 월등히 크고 넓다.

사주에 넘치는 기운은 부정적으로 발현될 여지가 크지만, 과다한 건 쓰면서 덜어내는 방식으로 직업적인 활용이 가능하다. 본 명식의 주체는 사회생활을 시작할 때 대기업에서 영업직으로 일하며 높은 실적을 올렸고, 이직한 회사에서는 본인의 실적에 따라 인센티브를 받는 방식으로 일을 시작했다. 이직 후 주변 인맥의 도움과 적극적이고 활동적인 성격에 힘입어 한 달 만에 소속 지역에서 계약 실적 1위를 달성했다.

참고로 편재를 활용하여 일할 때는 큰 돈이 오고 가는 금융업도 좋겠지만, 사람을 많이 만날수록 유리한 분야에서 실적에 따라 인센티브를 받는 방식으로 일하는 것이 훨씬 유리하다.

명리영역 기출문제

1. 다음 중 정재의 특징으로 알맞지 않은 것은? (난이도 하)

① 돈을 나를 빛내고 만족시키는 수단으로 여긴다.

② 삶의 안정성을 추구하며, 투자를 하더라도 장기적이고 안정적인 방식을 선호한다.

③ 조심성이 많아 모험을 하거나 위험을 무릅쓰는 것을 싫어한다.

④ 돈을 벌고 쓰는 데 있어 일관적이며, 자기만의 뚜렷한 철학이 있다.

⑤ 남에게 재물을 과시하지 않으며, 소위 겉보다는 실속이 있는 알부자가 많다.

2. 다음 중 편재의 특징으로 알맞지 않은 것은? (난이도 중)

① 결과보다 과정을 중시하며, 일할 때 재미나 즐거움을 따진다.

② 직관력과 통찰력이 뛰어나며, 본인이 가진 지식을 실생활에 민첩하게 활용할 줄 안다.

③ 시간뿐 아니라 공간에 대한 감각이 좋아, 모든 것을 빈틈없이 통제하고 관리하려 한다.

④ 허세가 있어 돈이 없어도 폼 나게 살고 싶어 하며, 친구들과 어울리거나 여행 다니는 것을 좋아한다.

⑤ 즉흥적으로 즐거움을 좇다 보니 항상 분주하고, 몸을 소모하는 경우가 많다.

3. 다음 중 재성이 인성을 무너트리는 탐재괴인의 사례로 알맞지 않은 것은? (난이도 하)

① 돈 욕심에 눈이 멀어 동업하는 친구를 속이고 사문서를 위조한 경우

② 친구들과 어울려 놀면서도 학교 성적은 꾸준히 상위권으로 유지한 경우

③ 공직자로서 뇌물을 수수하다가 발각되어 관직에서 물러나게 된 경우

158

④ 자식의 학교 문제를 해결하기 위해 위장전입한 경우

⑤ 검찰이 실적이 올리기 위해, 사건을 조작하여 아무 죄도 없는 시민을 간첩으로 둔갑시킨 경우

4. **다음 중 각 십성에 해당하는 사람이 할 수 있는 말로 알맞지 않은 것은?** (난이도 하)

① 정재: "조금 전 내가 밥을 샀으니, 카페에 가면 친구가 커피를 사겠지?"

② 편재: "사람은 역시 인맥이 넓어야 해!"

③ 정재: "아들아, 무조건 안정적으로 따박따박 월급 나오는 직업이 최고다."

④ 편재: "저는 지금 당장 돈이 없어도 괜찮아요! 돈이야 벌려면 금방 벌 수 있는 거잖아요."

⑤ 정재: "이따 친구들 만나면 저번에 주식 산 거 세 배나 올랐다고 자랑해야지!"

5. **다음 중 식상이 재성을 생하는 상황으로 알맞지 않은 것은?** (난이도 중)

① 회사에서 내가 싫어하는 사람과도 함께 밥을 먹으면서 업무 이야기를 나누는 경우

② 친구에게 소개팅을 주선해달라고 한 후 새로 만나게 된 이성과 데이트를 하는 경우

③ 발목 부상으로 재활을 위해 조금씩 산책을 하다 달리기를 할 수 있게 된 경우

④ 동아리를 결성하여 음악을 하던 친구가 〈쇼미더머니〉 경연에 나간 경우

⑤ 정부 정책에 항의하기 위해 인터넷 기사에 댓글만 달다가 촛불을 들고 거리에 나가 평화시위를 한 경우

풀이 노트

1. 정답은 ①번이다. 정재는 돈을 나의 삶을 유지해줄 필수불가결한 재원으로 여긴다. 반면 편재는 돈을 보유하려고 하기보다 쓰기 위해 버는 편이며, 영원한 내 것은 없다고 여겨 기분 내키는 대로 돈을 쓴다. 따라서 정재보다는 돈에 집착하지 않는다. 돈을 나를 빛내고 만족시켜줄 수단으로 여기는 것은 정재가 아닌 편재다.

2. 정답은 ③번이다. 정재는 시간에 대한 감각이, 편재는 공간에 대한 감각이 뛰어나다. 정재는 모든 일을 시간에 맞춰 꼼꼼하고 빈틈없이 처리한다. 이 때문에 통제와 관리, 행정업무에 능하며 치밀하게 계획하고 분석하는 설계지능이 우수한 편이다.

3. 정답은 ②번이다. 탐재괴인은 확장시켜 해석하면 도덕, 윤리, 법, 질서 등을 무시하고 재성이 뜻하는 재물과 즐거움 등의 현실적 욕망을 추구하다가 삶의 안정성이나 지속성이 무너짐을 뜻한다. 친구들과 어울려 노는 것도 재성을 추구하는 것으로 볼 수 있는데, 학문과 공부 등을 뜻하는 인성의 기운도 올바르게 사용하여 성적을 상위권으로 유지했으니 ②번은 탐재괴인의 사례로 보기 어렵다.

4. 정답은 ⑤번이다. 편재는 돈이 없어도 폼 나게 살고 싶어 하기에 과장이나 허세의 코드와도 쉽게 연결된다. 최근 소유하게 된 가치 있는 물건을 자랑하거나, 성공한 투자에 대해 널리 알리고 싶어 하는 것이다. 하지만 정재는 내가 소유하고 있는 것들을 남에게 빼앗기거나 금방 소모하지 않을까 하는 불안한 마음에, 웬만해선 남에게 과시하지 않는다. 그래서 정재 중에는 경제적인 여유가 넘치면서도 돈을 꼼꼼히 쓰고 자신의 부를 드러내지 않는 등 알부자가 많다.

5. 정답은 ③번이다. 식상은 가족주의나 가까운 사람과의 소규모 모임 등 친교적 의미가 강하다. 식상생재를 한다는 것은 식상의 1차적 관계를 사회적으로 더 넓혀간다는 뜻이다. ①번은 어른으로서 누구나 재화활동을 위해 일하며, 사회적 존재로서 싫어하는 사람들과도 교류하는 모습을 예시로 든 것이다. 친구 단위의 가까운 친교 모임을 확장하여 이전에는 알지 못했던 새로운 사람과 관계를 맺는 ②번이나, ④번은 기존의 식상에서 더 넓은 재성의 세상으로 나아가는 상황이며, ⑤번의 예시는 식상생재의 또 다른 상황을 나타낸다.

관성: 제도와 질서를 대하는 태도

<table>
<tr><td>

편관(偏官)

- 일간을 극하는 기운으로 일간과 음양이 같음
- **육친:** (남자의 경우) 자녀
- **키워드:** 체면, 자존심, 폼, 배짱, 권모술수, (불시에 닥친) 중압감, (명령에) 복종, 봉사, 헌신
- **장점:** 매력, 명예, 품위, 카리스마, 브랜드, 자기세력, 우두머리, 리더십, 간판, (임시직) 감투, 수상(受賞), 당선, 솔직함, 유쾌함, 명랑함, 화려함, 과감함, 용맹함, 의리
- **단점:** 삶의 불안정성, 실속 없음, 지나친 자신감, 과시욕, 허세, 명예욕, 돌연사, 스트레스, 질병, 사고, 독선, 강압성, 폭력성

</td><td>

정관(正官)

- 일간을 극하는 기운으로 일간과 음양이 다름
- **육친:** (여성의 경우) 남편
- **키워드:** 제도, 규칙, 윤리, 준법정신, 법, 질서, 시스템, 회사, 직장, 조직, 상사, 가두리, (명령에) 순응
- **장점:** (안정적) 자기 통제, 안정성, 지속성, 예측 가능성(순응성), 합리성, 공평무사, 규칙적, 건강, 승진, 좋은 평가, 시험에 강함, 공공의 영역에 특화되어 있음, 객관성이 강함
- **단점:** 고정적, 변화 없음, 재미없음, 속을 알 수 없음, 융통성 없음(원리원칙)

</td></tr>
</table>

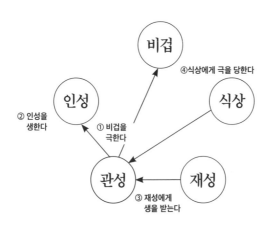

관성의 입장에서 바라본 십성 관계도

① 관성은 비겁을 극한다

관성은 편관과 정관의 줄임말이다. 관성은 일간의 활동을 제어하고 통제하는 역할을 하는데, 편관이나 정관 모두 법, 제도·윤리·정의·규칙 등 일간의 입장에서 지키고 따라야 하는 질서나 법칙 등을 의미한

다. 사회 제도적 관습을 넘어 회사·직장·조직·가게(손님)가 될 수도 있고, 책임감이나 약속, 의무감 등으로 해석되기도 한다.

관성을 비유하면 목장에서의 울타리나, 양식장에서의 가두리로 보면 된다. 일간이 자유롭게 돌아다니고 싶더라도, 그렇게 하지 못하도록 제어하는 일종의 시스템이나 제한된 틀이다. 일간의 입장에서는 답답하지만, 잘 따르기만 하면 삶의 안정성을 보장받을 수 있다. 목장의 울타리는 맹수들이 그 안의 가축들을 해치지 못하게 하는 역할을 해준다. 다른 관점에서, 관성은 일간을 사회 구성원으로서 다른 사람들과 섞이며 존재할 수 있게 해주는 사회적 시선이나 최소한의 안전 장치라고도 할 수 있다.

고서에서는 관성을 아극자(我尅者), 즉 '비겁을 극하는 자'라고 불렀다. 직장이라는 틀 안에서 관성은 일간을 제어하고 일간에게 지시를 내리는 상사가 된다. 또는 회사의 내규나 업무 매뉴얼로 해석할 수도 있다. 관성이 강하면, 비겁이 상징하는 주체성의 기운은 약해질 수밖에 없다. 조직 안에서 자기를 내세우기보다, 개인이 손해를 보더라도 조직의 안위를 최우선 순위로 내세우며 조직의 규율에 순응한다. 관성이 강한 사람에게 조직은 자신이 살아가는 이유이자, 삶의 근거가 된다. 그리고 사사로운 개인의 의견보다 대의 명분이나 공공의 가치를 더 중요하게 여긴다.

정관은 일간과 음양이 다르니, 규칙적이고 안정적이다. 체계가 잘 잡힌 조직이나 회사, 관청, 공공기관에 해당한다. 안정성이 높다는 것은 장점이 되기도 하지만, 업무나 환경의 변화 가능성이 적고 운신의 폭이 좁다는 점은 단점이 될 수도 있다. 사람들이 흔히 떠올리는 교사, 행정직 공무원, 대학, 군경이 딱 정관의 느낌이다. 규칙적이고 안정적인 힘은 아이러니하게도 건강을 지키는 배경이 되기도 한다. 정관이 강한 사람은 일어나고 잠자는 시간은 물론, 출퇴근 시간도 항상 일정하다.

이에 반해 편관은 불안정하며, 가변적이다. 정관이 가두리가 반듯한 네모난 양식장이라고 한다면, 편관은 가두리가 전체적으로 삐뚤빼뚤하고 모가 나 있는 양식장이다. 자유롭게 돌아다니려는 물고기 입장에서는 편관적인 환경이 훨씬 예측이 어렵다. 관성의 법, 제도, 질서가 편관이 되면, 이런 규정 장치들이 상황에 맞추어 변용된다. 관성답게 체계는 잘 잡혀 있지만, 편관은 유동적이라 정관에 비해 개인이 운신할 수 있는 폭도 넓다. 이 때문에 편관이 강한 사람은 혼자 일하거나, 규모가 작거나 프로젝트 단위로 움직이는 민간 조직에 어울린다.

여행에 비유하면, 비겁은 비행기와 숙소 예약은 물론 여행지에서의 동선도 스스로 짠다. 정관은 패키지 여행 상품을 통해 정해진 일정과 루트를 시간 안에 소화하는 것에 가깝다. 패키지 상품을 이용하더라도 편관은 비행기와 숙소만 예약을 맡기는 에어텔 형태로 여행을 떠난 후, 대략적인 루트 안에서 비교적 능동적으로 여행을 다녀오는 느낌이다.

같은 관이라 해도 편관은 예측 불가능한 유동적인 힘으로, 에너지가 폭발적이라 잘못 쓰이면 위험할 수 있다. 정확히 말하면 과감하고 무모한 면이 강한 건데, 잘 쓰이면 배짱이 좋고 카리스마 있게 보이지만 잘못하면 곤경에 처하거나 노력해도 얻는 게 없다. 요약하면, 공연히 안 해도 되는 짓을 해서 일을 만든다. 지역갈등을 극복하기 위해 당선이 쉬운 지역구를 마다하고, 일부러 험지에 출마하다가 번번히 고배를 마시는 국회의원이 여기에 해당한다. 설화의 사례이긴 하지만, 굳이 미천한 바보였던 온달을 온갖 고생 끝에 장군으로 만들어낸 평강공주의 사례 역시 편관으로 볼 수 있다.

편관은 대의명분만 있다면, 자기는 얼마든지 희생해도 좋다고 생각한다. 그래서 용감하며, 때로는 저돌적이기까지 하다. 개혁적이며, 영웅심과 호승심도 넘친다. 단재 신채호는 일제 치하에서 절대로 고개를 숙이거나 허리를 굽히지 않겠다는 의미에서, 매번 꼿꼿이 서서 세수를 했다는 일화를 남겼다. 국사 연구와 교육 주체적 역사관을 확립하는 데 앞장섰지만, 국권회복을 위해서라면 모든 수단과 방법을 가리지 않았던 신채호 선생이나, 전쟁 중 목숨 바쳐 나라를 구한 이순신 장군, 조국의 독립을 넘어 아시아의 평화를 위해 군인으로서 이토 히로부미를 저격한 안중근 의사 역시 편관이 강한 인물로 해석할 수 있다. 편관의 그릇이 큰 이유는 공익을 위해서라면 어떤 고난 앞에서도 자기를 희생할 수 있다는 마음을 갖추고 있기 때문이다. 나라를 구하겠다고 전쟁에 자원하는 군인이나, 불길 속으로 뛰어드는 소방관도 여기에 해당한다.

편관은 살이라는 관점에서 호랑이 위에 올라탄 것으로 해석한다. 그만큼 큰 위압감을 느끼지만, 이를 다스릴 수만 있다면 큰 힘과 담력을 갖춰 어떤 고난 앞에서도 의연함을 보인다. 안 의사는 의거 당시 무려 7~10미터 거리에서 권총 여섯 발을 모두 명중시켰다고 한다. 불행하게도 이토 히로부미의 얼굴을 알지 못했기에 이토라고 생각한 자 두 명에게 각각 네 발과 세 발을 쏠 수밖에 없었다. 놀라운 건, 안중근 의사가 총알이 한 발 남았는 데도 불구하고 자신에게 쏘지 않고, 거사 직후 "대한국 만세"를 외친 뒤 조용히 총을 땅에 내려놓았다는 것이다. 이후 그는 의연하게 일본 순사들에게 체포당했다. 게다가 안 의사는 목숨을 구걸했다는 인상을 주지 않기 위해 사형 선고를 받고도 항소하지 않았다.

남자에게 관성은 육친으로 치면 자식에 해당한다. 재성이 아내인데, 재성이 낳는 것이 관성이니 자연스럽게 관성을 자식으로 해석하는 것이다. 집안의 가장으로서 자식을 부양하기 위해 매일 규칙적으로 일터에 나가는 아버지의 모습에서 일간과 관성의 관계를 그려볼 수 있다. 참고로 관성은 남성에게 조직을 의미하기에, 남자 사주에 관성운이 들어오는 것을 취업, 직장 합격, 승진 등으로 해석하기도 한다.

여성에게 관성은 남성(남편)에 해당한다. 여자를 통제하고 제어하는 존재를 남성으로 보는 시각에는, 봉건시대 때 남성이 훨씬 우위에 있었던 시대적 관점이 그대로 반영되어 있다. 가부장제 사회에서 여성이 소속되어야 할 곳을 가정(남편)으로 바라본 것이다. 남자의 힘을 빼가는 존재는 자식이고, 여자의 힘을 빼가는 존재는 남성이라는 뜻이기도 하다. 정부의 행정기관이나 회사 내 고위직 여성의 비율이 특히 적은 남성 중심 사회에서, 여성은 남성을 벽(관성)으로 느낄 수 있다.

② 왜 편관을 칠살이라 하는 걸까?

편관을 칠살이라 부르는 이유는 비견부터 순서대로 십성을 나열하면 비견, 겁재, 식신, 상관, 편재, 정재, 편관 순이기 때문이다. 일곱 번째 살이라 하여, 칠살(七殺)이라고도 부르는 것이다. 살은 흉한 기운을 뜻하는데, 살면서 불시에 닥친 억압, 중압감, 스트레스, 질병 등이 여기에 해당된다. 십성 중에서 살이라는 이름이 붙은 건 오로지 편관뿐이다. 무관의 기운과 가까우니, 폭력 조직으로도 해석한다. 관성은 삶의 압박이 되지만, 이를 극복하면 타인에게 인정받고 더 높은 자리에 올라갈 수 있어 명예와도 연결된다.

정관은 조직의 규율을 준수하고 절차와 방식을 따르며 차근차근 위로 올라가는 반면, 편관은 불시에 닥친 강한 압박을 극복해서라도 한 번에 높은 곳으로 올라가려 한다. 그래서 정관의 승진은 예측이 가능한 그림이지만, 편관의 승진은 갑자기 큰 조직의 장이 되거나, 남들은 꿈꾸기도 어려운 국회의원에 당선되는 등 위기와 혼란이 가중되는 가운데 큰 자리에 오르는 힘으로 작용한다.

과거에 정관은 길신으로 여겼다. 자기 통제력이 강한 만큼 안정적으로 공부하여 과거에 급제하고, 이후에도 삶을 안정되게 유지할 수 있다고 여겼기 때문이다. 매뉴얼, 규칙, 사회 질서나 규범을 그대로 준수하며, 윗사람의 지시에도 순응하는 성향이 강하다. 그만큼 융통성이 없는 게 단점이지만, 과거 보수적인 봉건시대에는 이 같은 특성은 단점이 아니라 오히려 장점이었다.

이에 반해 편관이 흉신이 된 이유는 편관의 강한 압박감, 사고, 질병 등이 삶을 무너트린다고 보았기 때문이다. 게다가 큰 자리에 올라 남을 지배하려는 편관의 욕망과 배짱이 종국에는 사회질서를 위협한다고도 보았다.

정관은 조선시대로 치면 문관에, 편관은 무관에 해당한다. 확장하면 편관을 군인, 검찰, 경찰 같은 특수직으로도 분류할 수 있다. 마치 강한 칼을 손에 들고 있는 것처럼 에너지가 강한 만큼, 규율은 강하지만 그 안에서 자기 힘을 어느 정도 행사할 수 있는 검·경·사법기관 같은 곳에서 이를 잘 풀어내면 좋다. 정관이나 편관 둘 다 사람들을 통제하고 가두는 힘인데, 정관이 법과 제도를 이용해 예측 가능한 틀로 통제한다면, 편관에는 강제적이고 물리적인 속성이 더해진다.

정관을 낮의 권력, 편관을 밤의 권력으로 보는 관점도 있다. 편관에게는 자신의 매력을 어필하여 타인의 이목을 끄는 힘이 있기 때문이다. 이는 솔직하고도 섹슈얼한 힘과도 연결되는데 강남 학원가를 주름잡는 대치동의 일타강사들을 연상하면 된다. 특히 여성이 편관이 강하면 예쁜 것과 관계없이 매력이 강해진다. 다만, 지나친 자신감과 과시욕으로 주변과의 문제가 생기지 않도록 주의해야 한다. 참고로 편관이 발달하면 명랑하며 쾌활한 성격으로 드러난다.

알아두어야 하는 것은, 나를 가두고 통제하는 힘과의 균형이 무너지면 반드시 삶의 안정성 또한 흔들린다는 점이다. 명예를 뜻하는 편관은 권모술수의 힘과 연결되기도 한다. 편관이 강하면 과감하고 저돌적인 성향이 강해지는데, 자신의 목적과 명예를 달성할 수만 있다면 불법적인 일을 저질러도 양심의 가책을 느끼지 않는다. 자식(관성)이 일류 대학에 들어가면 어깨에 잔뜩 힘이 들어가지만, 자식이 잘못되면 본인의 체면이 손상된다고 느껴 어떻게든 자식의 잘못을 무마하려는 아버지들을 떠올리면 된다.

고등학교 때 학교폭력을 저지른 아들의 미래를 위해 피해자에게 사과하기는커녕 사법적인 지식과 인맥을 동원하다 여론의 도마에 오른이가 있었다. 잘못된 아들을 끝까지 두둔하고 감싸다 여론의 뭇매를 맞고, 결국 고위직에서도 낙마한 한 아버지의 사례는, 편관의 권모술수가 잘못 작동된 사례다.

③ 관성은 식상에게 극을 당한다

식상은 식복, 의식주, 가족주의, 소규모 공동체를 뜻한다. 요약하면 가까운 사람들과 자유롭게 어울리며 일상의 행복과 즐거움을 추구하는 자기표현의 기운이 된다. 이런 식상이 관성을 극한다는 건 무슨 뜻일까? 관성은 일간이 어쩔 수 없이 따라야 할 규칙이나 제도인데, 이런 관성으로부터 오는 스트레스나 중압감을 일상의 즐거움을 통해 이겨 낸다는 뜻이 된다.

직장인이 낮에는 회사에서 중압감에 짓눌리며 힘들게 일하다가도, 퇴근 후엔 실용음악학원에서 신나게 드럼을 연주하며 스트레스를 푸는 모습을 떠올리면 된다. 또는 회사에서의 스트레스를 풀기 위해, 퇴근 후 친구들과 맛있는 음식을 함께 먹고 수다를 떠는 모습도 마찬가지 사례다. 삶에서 갑자기 찾아온 스트레스나 중압감들(편관)을 취미나 여유로움을 추구하는 행위(식신)로 풀어내는 것이다. 이를 명리학에서는 식신제살(食神制殺)이라 한다.

상관을 사용하거나, 식신과 상관을 모두 사용하여 편관의 어려움을 극복한다는 의미의 상관제살, 식상제살이라는 용어도 있다. 식상은 재주나 능력을 뜻하기도 하는데, 남들은 해결하지 못하는 어려운 문제를 자기의 전문성을 통해 해결한다는 의미도 있다.

식상은 관성을 극하기 때문에, 보통 식상이 강한 경우 직장에서의 승진운은 박하다고 해석한다. 조직의 규율과 상명하복의 문화에 적응하고 따르기보다, 나만의 방식으로 일해 나가며 주변을 피곤하게 만들기 때문이다. 특히 상관은 정관을 정면으로 극하는데, 논리정연한 말로 상사의 이런 저런 말에 대응하고, 거침없이 자기 주장을 내세우니 주변과의 관계에서 마찰이 생길 수밖에 없다. 이런 경우 식상이 강해 조직과의 인연이 멀다고 안타까워하기보다, 자율성이 보장되는 회사에서 일하거나 승진과는 관련이 적은 특수직종에 종사하면 좋다.

육친으로 보면 여성에게 관성은 남성이 된다. 식상은 관성을 극하니, 특히 식상이 강하면 조직운뿐 아니라 남편운 또한 박하다고 해석한다. 상사의 부당한 요구에 식상으로 맞서는 것처럼, 식상이 강한 여성은 남편(남성)의 억압을 수용적으로 받아들이지 않고 논리적으로 대응하기 때문에 남편과의 관계가 좋지 않다고 본 것이다. 식상이 발달하면 재주나 끼가 많다고 볼 수도 있다. 결국 식상이 강한 여성은 재주가 뛰어나고 능력이 있으니, 남편이 아내와 자신을 비교했을 때 자존심 상해하고 주눅드는 상황으로도 볼 수 있다.

관성은 남성에게 자식을 의미한다. 식상이 강한 남자의 경우, 자식과의 관계가 좋지 않은 경우가 많다. 아버지가 능력이 뛰어나니, 자식이 기대에 못 미쳐 지나치게 간섭하고 자식의 성장을 방해하는 모습을 떠올리면 되겠다.

여자 입장에서 식상은 자식에 해당한다. 육친으로 보면 자식(식상)이 남편(관성)을 극하는 양상이다. 이는 결혼 후 남편과 사이가 좋다가도, 여성이 자식에게 더 신경을 쓰면서 남편과의 관계가 소홀해지는 상황으로 해석할 수 있다.

④ 관성은 재성에게 생을 받는다

재성이 관성을 생해주는 것을 재생관이라 한다. 재성은 재물, 즐거움, 유흥, 사회적 어울림이라 볼 수 있다. 재성이 관성을 생한다는 말은 관성이 재성의 결과가 된다는 말이기도 하다. 즉, 관성은 재성이 뜻하는 유흥, 소비의 결과나 고지서, 유흥에 대한 책임 등으로 볼 수도 있다.

재생관은 다른 의미에서, 관성이 재성의 기운을 빼간다는 뜻이 되기도 한다. 관이 상징하는 명예나 직위를 얻기 위해, 조합장이나 의원, 또는 군수 선거에 출마한 후 자신이 이제껏 모은 돈을 선거에 지출하는 경우를 떠올리면 되겠다. 관직에 대해 지나치게 욕심을 부리면, 이제껏 쌓아 올린 재물을 전부 지킬 수 없게 될지도 모른다.

⑤ 관성은 인성을 생한다

인성은 문서, 공부, 지속력, 꾸준함, 어머니 등을 의미한다. 관성이 인생을 생하는 것을 관인생이라 하는데, 특히 정관이 정인을 생하는 것은 관인상생이라 한다. 여기서 인성은 관이 뜻하는 절제와, 통제를 지속할 수 있게 하는 힘이 된다. 즉 관인생이 잘된다는 것은 관성의 억압이나 통제에 잘 순응하는 가운데, 자기 수양이나 자기계발 등을 통해 여러 스트레스들을 자기 내면의 힘으로 승화하면서 점점 어른으로 성장해 나간다는 뜻이다. 사주에 관인생이 잘 되어 있는 아이들은 침착하며, 어른들의 말에도 비교적 고분고분한 편이다. 또한 정신력도 강하고, 일찍 철이 드는 경우가 많다.

살인상생은 편관이 인성으로 순화된다는 뜻인데, 보통 나쁘게 여겨졌던 일들이 잘 해결되어 전화위복이 되는 경우를 말한다. 길거리 깡패 출신이었는데 체육관 관장님의 바른 지도하에 올바르게 자기 힘을 사용하여 국가대표로 거듭나거나, 운동선수로서 무도특채로 경찰이 되어 국민들의 안전을 지키는 경우가 살인상생의 예시라 하겠다. 여기에서 인성은 문서로서, 편관의 기운을 공식화하는 의미가 있다.

명리영역 기출문제

1 ~2. 다음은 영화 〈범죄와의 전쟁〉에서 나오는 장면 중 일부이다.

> 상황: 동생 최형배와 함께 폭행죄로 나란히 경찰서까지 강제로
> 끌려가게 된 최익현. 최익현은 수갑을 차고 있었음에도, 강압
> 적인 태도를 보이는 경찰을 향해 냅다 뺨을 후려 갈긴다.
>
> 최익현: (불같이 화를 내며) "느그 서장 어딨어?! 강 서장 대꼬
> 와!!! 니… 내 누군지 아나? 으이?! 내가 이 XX. 느그 서장이
> 랑 임마!! 느그 서장, 남천동 살제? 으어?! 내가 인마 느그 서장
> 이랑 인마! 어저께도! 같이 밥 묵고 으! 싸우나도 같이 가고 으!
> 마, 개이 XX. 마, 다했어! 이 XX들이 말이야… 개XX들."

**1. 결국 최익현이 화려한 언변으로 위기를 모면했다고 보았을 때,
경찰서에서 보인 최익현의 행동을 명리학적으로 가장 잘 설명한
용어를 고르면?** (난이도 중)

① 등라계갑 : 쓰러져가는 담쟁이 넝쿨이 소나무를 휘감은 격으로,
담쟁이 넝쿨 입장에서는 귀인을 만났다는 뜻

② 식상제살 : 자신만의 능력을 통해 불시에 닥친 삶의 난관을 극복
한다는 뜻

③ 재생관 : 재성이 관성을 생한다는 뜻

④ 관인상생 : 관성은 인성을 생한다는 뜻

⑤ 살인상생 : 편관이 인성을 생한다는 뜻

**2. 영화 〈범죄와의 전쟁〉에서 경찰서 유치장에 수감될 뻔한 최형배
는, 조직의 파트너이자 대부로 모시고 있는 최익현의 기지와 인
맥에 힘입어 아무 일 없었다는 듯 무사히 경찰서를 빠져나오게
된다. 최형배의 입장에서, 이런 상황을 명리학적으로 잘 설명한
용어를 고르면?** (난이도 중)

① 양인합살 : 겁재(양인)가 불시에 닥친 위기를 대신 해결해준다는 뜻

② 고진감래 : 고생 끝에 낙이 온다는 뜻

③ 권토중래 : 실패에 굴하지 않고 다시 일어난다는 뜻

④ 기고만장 : 일이 뜻대로 잘 되어 기세가 대단하다는 뜻

⑤ 백골난망 : 죽어도 잊지 못할 만큼 큰 은혜를 입었다는 뜻

3. 다음은 영화 〈범죄와의 전쟁〉에서 쏟아져 나온 명대사들이다. 이 대사 중 편관이 할 수 있는 말로 가장 적절하지 않은 것을 고르면? (난이도 중)

① 최형배: "명분이 없다 아입니꺼, 명분이." (상대 조직을 접수하기 전 명분을 내세우며)

② 김 서방: "일대일로 하면 지가 다 이깁니더. 아, 진짭니더." (누구와 겨루든 주먹으로는 절대 지지 않는다는 걸 강조하며)

③ 최형배: "마, 불 함 붙이봐라." (예전에 자신의 밑에 있던 모 조직의 수장과 기싸움을 하며 담배에 불을 붙여보라고 말하는 상황)

④ 조 검사: "분위기 맞춰줬더니, 어디 검사 어깨에 손을 대고 지랄이야, 이 XXX. 야, 최익현, 너 뭔가 단단히 착각하고 있는 모양인데, 난 니가 깡팬지 아닌지 관심이 없어, 이 XX야. 넌 내가 그냥 깡패라고 하면, 그냥 깡패야." (검사 윗선과 동석한 술자리 도중 화장실에서 만난 검사 어깨에 최익현이 친근감의 표시로 손을 얹었을 때, 검사가 화가 나서 욕하는 상황)

⑤ 최익현: "이 우주의 기운이, 우리 둘을 감싸고 있다 아이가!" (최형배를 감옥에서 빼낸 후 포장마차에서 취중에 작당하기로 합심하며 꺼낸 말)

4. 다음 중 각 십성을 풀이한 사례로 가장 알맞지 않은 것은? (난이도 중)

① 관성이 비겁을 극한다: 회사에서 초고속 승진을 했더니 동기들

과 소원해진 경우

② 식상이 정재를 생한다: 규모는 작더라도 안정감 있는 형태로 가게를 운영하며, 주로 경기를 타지 않는 안정된 품목이나 생필품 등을 판매하는 경우

③ 식상이 편재를 생한다: 소규모로 사업을 시작했더라도 프랜차이즈로 확대하고, 사업을 할 때도 유행을 타는 기획상품이나 사치품, 계절상품 등을 판매하는 경우

④ 재성이 관성을 생한다: 고위공직자로서 미공개 정보를 통해 부동산 투기를 하며 시세차익을 노린 경우

⑤ 식상이 관성을 극한다: 자기만의 전문성을 바탕으로 기존의 교육 시스템을 낱낱이 분석하여, 학생들에게 맞춤형으로 진로나 입시 계획을 컨설팅해주는 교육 업체를 운영하는 경우

5. 다음 중 살인상생이 아닌, 관인상생의 사례를 하나 고른다면? (난이도 중)

① 경찰이 운전 중 신호를 위반한 차량을 발견하고 차를 세웠는데, 운전자가 경제적으로 어려운 상황을 호소하며 진심으로 뉘우치는 자세를 보이자, 마지못해 과태료를 싼 것으로 끊어준 경우

② 강력부 검사가 공권력을 동원해 국내에서 몰래 마약을 밀거래하던 국제 범죄 조직을 일망타진한 경우

③ 킥복싱 챔피언 출신이 길을 가다 술 취한 사람의 시비에 걸려 폭행까지 당했지만, 끝까지 무력을 사용하지 않고 경찰관이 올 때까지 버틴 경우

④ 20년 전 자신이 너무나 배가 고파 빵집에서 몰래 빵을 훔쳤음을 고백하며 사과편지와 함께 그때의 빵 값을 되갚은 경우

⑤ 차량이 폭발하기 직전, 소방관이 용기를 내어 차량으로 뛰어들어가 안에 갇혀 있던 운전자를 구해낸 경우

1. 정답은 ②번이다. 식상은 일간이 만들어내는 기운으로, 몸짓이나 언어와 같은 표현을 의미한다. 해당 지문에서 식상은 일간만의 차별화된 전문성이나 능력 등을 뜻한다. 최익현이 고위층 인사들과 어울리는 사람으로서, 마치 대단한 사람인 양 스스로를 포장(말빨)할 줄 알았던 것도 그만의 차별화된 능력 중 하나였다.

2. 영화 속 최익현은 조직의 사업을 수월하게 만들기 위해 여러 사회 고위층과 광범위한 인맥을 만들고, 이들을 활용하여 여러 불법적인 일을 도모한다. 최형배의 입장에서는 결국 최익현의 인맥과 화려한 언술로 위기를 모면할 수 있었다. 두 사람은 파트너 관점에서 서로 협력하는 관계였으나, 결국 최익현의 욕심으로 인해 갈라서게 된다. 겁재는 도울 때 돕다가도 같은 재물을 탐할 때는 치열하게 경쟁하는 관계로 양면적인 의미가 있다. 양인합살은 힘이 강한 겁재가 불시에 닥친 삶의 위기나 억압적 요소를 대신 해결해준다는 의미를 담고 있으니, 정답은 ①번이 된다.

3. 정답은 ⑤번이다. 편관은 배짱이나 카리스마, 허세, 강압적이고 물리적인 힘을 동반한 용맹하며 과감한 힘 등으로 해석한다. 편관은 자기를 희생하더라도, 공익을 위한다는 대의명분이 있어야 움직인다. 자기 조직의 발전을 위해 상대 조직을 치더라도, 대의명분이 있어야 한다고 말하는 ①번의 모습은 무척 편관스럽다. ②번과 ③번은 편관의 허세나 배짱을 나타낸다. ④번은 자존심 빼면 시체인 편관에게 강압적으로 행사할 수 있는 공권력이 주어졌을 때, 어떻게 말하고 행동할 수 있는지를 잘 보여주는 사례다.

4. 정답은 ④번이다. 고위공직자로서 미공개 정보를 통해 부동산에 투기를 하며 시세차익을 노린 사례는 관직을 통해 재물을 비정

상적으로 축재하는 모습으로 승관발재(升官發財)에 가깝다. 승관발재는 관리가 되면 자연스럽게 재물이 따라 들어온다는 뜻으로, 벼슬이 곧 돈벌이라는 의미에 다름 아니다. 봉건 시대 때는 승관발재를 위해 사회적으로 많은 이들이 벼슬을 열망했다. 하지만 승관발재로 인해 탐관오리들이 넘쳐나고 백성들이 고통에 빠졌음을 잊지 말아야 한다.

①번의 관성이 비겁을 극했다는 이야기는, 다른 말로 관성을 잘 썼다는 의미이다. 꾹 참고 회사 일에 매진하여 승진을 했다는 건, 비겁이 뜻하는 친구나 직장 동료들과의 관계가 멀어짐을 뜻하기도 한다. 동생이 큰 고위직에 올랐는데, 형이 동생의 권위를 빌려 몰래 부정한 일을 벌이려 했다가 결국 발각되어 형제간 사이가 멀어지는 사례도 여기에 해당한다.

5. 정관이 도로를 달리는 운전자가 지켜야 할 신호등이라면, 편관은 불시에 나타나는 단속 경찰에 해당한다. 편관은 군인, 경찰, 또는 사법조직 같은 특수기관에 어울리는데, 모두 체계가 잘 잡혀 있지만 구성원에게 어느 정도 자율권한이 부여된 곳이다. 이런 권한에는 강제적이고 물리적인 속성이 더해진다. ①번은 편관의 사용 권한을 문서(인성)로 공인받고 사용한 사례이다. ③번의 편관은 불시에 닥친 삶의 위기나 난관으로 해석할 수 있다. 강한 힘을 가진 사람이 함부로 무력을 사용하지 않고, 끝까지 인내(인성)하며 상황을 올바르게 마무리했다고 볼 수 있다. ⑤번은 직업적 책임감을 바탕으로 다른 사람의 생명을 지킨 소방관의 사례로, 편관을 인성으로 아름답게 승화한 것이다.

관성은 양심, 책임감, 의무감 또는 사람이라면 누구나 따라야 하는 도덕적 규범, 윤리 준칙 등으로 해석된다. 과거에 잘못한 일에 대한 죄책감을 바탕으로 자신의 잘못을 뉘우친 ④번의 이야기는 엄밀히 보면 살인상생보다 관인상생에 가깝다. 따라서 정답은 ④번이다.

남,
신약

시주	일주	월주	연주
	○	○	
식신	본원	정관	편인
乙	癸	戊	辛
未	丑	戌	丑
편관	편관	정관	편관
**	*		*
丁乙己	庚辛己	辛丁戊	庚辛己

92	82	72	62	52	42	32	22	12	2
정관	편관	정인	편인	겁재	비견	상관	식신	정재	편재
戊	己	庚	辛	壬	癸	甲	乙	丙	丁
子	丑	寅	卯	辰	巳	午	未	申	酉
비견	편관	상관	식신	정관	정재	편재	편관	정인	편인
건록	관대	목욕	장생	양	태	절	묘	사	병

176

이토 히로부미의 명식. 계수가 축토 위에 강력히 뿌리내리고 있다. 계축일주는 일지가 편관이면서도, 계수가 강력히 뿌리내리고 있기 때문에 거의 간여지동급 일주로 해석한다. 이렇게 관성이 혼잡되거나, 관성의 힘이 강하면 설령 사주가 정관으로만 이루어져 있다 하더라도 편관으로 작용하게 된다. 토 편관으로 이루어져 권력에 대한 의지가 아주 강하게 드러나는 사주라 할 수 있다. 우리에게는 철천지 원수이지만, 어릴 적 농민의 자식으로 태어나 결국 일본의 초대 수상까지 오른 입지전적인 인물이었다.

이런 구조의 사주는 수, 목, 금 운이 유리하며 토, 화 운은 절대적으로 불리하다. 52 임진대운 때 진토가 들어옴으로써, 축술미 삼형이 있던 그의 원국은 진술축미 사고를 갖추게 된다. 동서남북 사방에 내 창고를 둘 정도의 막강한 부와 권력을 손에 쥐게 되었다는 뜻이다. 이때 그는 한반도를 무력화하고, 청일전쟁과 러일전쟁을 지나며 일본의 제국주의화에 앞장서게 된다.

편관은 특히 권력과 명예를 통해 나를 드러내는 힘이 되기도 하지만, 내가 통제할 수 없게 될 때는 반대로 내 목을 치는 기운으로 작용한다. 그는 만주 하얼빈에서 독립운동가이자 동양평화주의자였던 안중근 의사로부터 사살당한다. 그가 생을 마감한 날은 토 관성의 기운이 강해지는 기유년 갑술월 기미일(1909년 10월 26일)이었다.

언론인 김어준의 명식

남,
극신약

시주	일주	월주	연주
○	○○	○○	○
편관	본원	정재	비견
甲	戊	癸	戊
寅	申	亥	申
편관	식신	편재	식신
* *	*	●	
戊丙甲	戊壬庚	戊甲壬	戊壬庚

91	81	71	61	51	41	31	21	11	1
정재	편재	상관	식신	겁재	비견	정인	편인	정관	편관
癸	壬	辛	庚	己	戊	丁	丙	乙	甲
酉	申	未	午	巳	辰	卯	寅	丑	子
상관	식신	겁재	정인	편인	비견	정관	편관	겁재	정재
사	병	쇠	제왕	건록	관대	목욕	장생	양	태

178

대한민국의 대안 언론인이자 작가, <딴지일보> 총수인 김어준의 명식이다. 일지 식신 신금은 커뮤니케이션에 대한 지향성이 강하다. 흔히 말하는 언론이나 방송계 쪽에서 잠재력이 큰데, 김어준은 복잡하거나 이해하기 어려운 전문적 지식들이나 각종 이슈들을 대중적 언어로 간결하게 요약해서 시청자에게 전달하는 능력이 뛰어난 편이다. 게다가 먹는 것과 관련된 식신의 기운 때문인지, 그는 유난히 고기를 좋아하고 먹는 걸 중요하게 여긴다.

지지에 깔린 인목, 신금, 해수는 전부 운동성이 강한 역마의 기운으로, 권력에 대한 욕망이 잠재되어 있다. 시주에 강하게 자리 잡은 편관 역시 권력이나 명예와 연관된 기운으로, 편관이 강하면 죽기 아니면 살기 식의 배짱이나 투쟁심이 강하게 드러난다.

참고로, 편관은 자기 기운이 긍정적으로 발현될 때 명랑한 성격으로 드러난다. 그가 창간한 <딴지일보>는 '명랑사회 구현'을 모토로 만들어진 대안 언론이었다. 그의 호탕한 웃음은, 심각한 사안 앞에서도 쾌활하게 받아치는 편관의 태도다.

인성: 여유와 통찰의 힘

편인(偏印)
● 일간을 생하는 기운으로 일간과 음양이 같음 ● **육친**: 어머니, 스승, 멘토, (남자의 경우) 장인, 선배, 직장 상사, 계모 ● **키워드**: (실용적인) 학문, 스킬, 몰두, 도장, 부동산, 독창성 ● **장점**: 자신감, 끼, 독창적인 전문성, 빠른 습득 능력, 창의성, 통찰력, 영성, 직관력 ● **단점**: 탐닉, 중독, 변덕, 불안정성, 의구심, 게으름, 용두사미

정인(正印)
● 일간을 생하는 기운으로 일간과 음양이 다름 ● **육친**: 어머니, 스승, 멘토, 선배, 직장 상사, 친모 ● **키워드**: (전통적인) 학문, 온고지신, 자격증, 문서, 부동산, 학위, 도장, 승진, 결재권, 수용, 덕망, 자비로움, 예의, 품위, 헌신, 배려심 ● **장점**: 준비성, 계획성, 책과 공부를 통한 문제 해결 능력, 뛰어난 정보와 지식 구축 능력, 통찰력, 영성, 인내와 지속, 꾸준함 ● **단점**: 의존성, 고독, 결정장애, 자기 회의

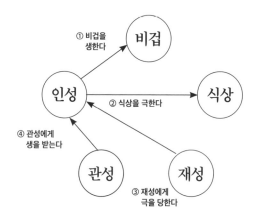

인성의 입장에서 바라본 십성 관계도

① 인성은 비겁을 생한다

사주에서 일간은 식상을 생하거나, 재성을 극하거나, 관성에게 극을 당할 때 모두 힘을 빼앗긴다. 일간이 힘으로 쓸 수 있는 건 사주에서 비겁이 오거나, 인성이 비겁을 생할 때뿐이다. 일간 입장에서 비견이나 겁재는 일간의 세력을 형성해주지만, 진정한 의미에서 지속적으로 일간에게 에너지를 공급해주는 십성은 인성뿐이다. 고서에서는 인성을 일간을 생해준다는 의미에서 생아자(生我者)라고 칭한다.

인성은 일간이 기댈 수 있는 휴식처 또는 안식처다. 일간이 자기 능력을 사용하며(식상) 재화를 획득하고(재성) 직장에서 사람들과 일하면서 스트레스를 받고 피곤함을 느낄 때, 인성은 잠시 하던 일을 멈추고 휴식을 취하는 기운이 된다. 식상의 여행이 새로운 세상을 체험하고, 가까운 지인들과 어울리며 놀기 위한 거라면, 인성의 여행은 한 템포 쉬어가는 차원의 의미가 강하다. 정리하면 지친 삶을 재충전하는 힘이 인성인데, 이처럼 인성은 일간이 지치지 않도록 가장 가까이에서 일간을 쉬게 하면서 힘을 북돋워준다. 인성은 일간이 무얼 하든지 그걸 지속할 수 있게 해주는 근원이 된다.

인성은 육친으로 볼 때 남녀 모두에게 어머니가 된다. 인성이 일간인 나를 생하는 기운이라, 나를 낳아준 어머니로 보는 것이다. 내가 밖에서 무슨 사고를 치더라도 언제나 나를 감싸주고, 사랑으로 길러주는 어머니의 존재 유무는 인생에 큰 영향을 미친다. 사주에서 비겁이 강하면 주체성이 높아져 자존감이나 자신감이 커지는데, 인성이 강하면 일간은 삶에서 쉽게 안정감을 느낀다. 어릴 적 혹시라도 친구들 사이에서나 학교에서 억울한 일을 당하게 되면, 언제든 엄마가 나서서 내 편이 되어줄 거라는 믿음이 자리 잡은 것과 같다.

인성은 일간의 든든한 조력자나 뒷배 역할을 하지만, 부정적으로 쓰이면 일간의 의존성을 지나치게 높여 중요한 타이밍을 놓치게 만든다. 다 성장한 어른이 사회생활을 하지 않고, 부모님의 집에서 기약 없이 얹혀사는 것처럼 의존성이 끊임없이 발목을 잡는다. 물을 많이 주면 식물이 썩듯이, 인성의 기운이 지나친 것도 좋지는 않다. 참고로 유년기에 인성의 기운이 불안정하거나 약하면, 어머니와의 인연이 깊지 않음을 암시한다.

인성은 일간이 주변 상황을 인지하고, 이해하는 힘이 되기도 한다. 인간은 태어나면서부터 어머니의 보살핌 속에서 언어를 배우고, 세상을 조금씩 알아간다. 무언가를 배우고, 내 것으로 흡수하는 인성의 능력은 시간이 조금 걸리더라도 꾸준히 책을 읽거나 공부를 하면서 세상을 이해하고 자기만의 전문 지식을 쌓는 힘으로 드러난다.

참고로, 모성애와 같은 절대적인 사랑의 힘은 타인에 대한 배려심이나 사회적 약자를 향한 따뜻한 시선으로까지 확장된다. 인성이 강하면 사회복지·상담·교육·종교·의료 계통에 종사하는 경우가 많다. 식상도 교육과 연결이 되는데, 식상의 교육이 지식을 전달하는 데 최적화되어 있다면 인성의 교육은 믿고 기다려주면서 상대방이 올바른 인격을 갖추고 스스로 성장해 나갈 수 있도록 헌신하는 쪽에 가깝다.

인성은 학문과 공부를 뜻하기도 한다. 정인은 일간과 음양이 달라 안정적인 반면에, 편인은 음양이 같아 변화 가능성이 높고 불안정하다. 정인은 과거로부터 이어져온 데이터나 현상을 있는 그대로 받아들이지만, 편인은 그 해석에 의구심을 갖고 자의적으로 바라본다. 결국 정인은 보편적인 학문이나 생각을, 편인은 분야가 한정되어 있거나 잘 알려져 있지 않은, 또는 새로 개념화되기 시작한 학문이나 생각을 의미한다.

편인의 학문은 실용적이고 현장에서 활용 가능한 속성이 강하고, 정인의 학문은 과거로부터 꾸준히 축적되어 내려온 전통적인 분야와 관련이 깊다. 수학이나 생물학, 물리학 등 순수학문을 배워 해당 학과의 교수가 된 사람은 정인을 잘 썼다고 볼 수 있다. 편인은 수학이나 생물학을 공부했더라도, 그 지식을 바탕으로 의사나 약사, 바이오 연구원이 되는 식이다. 편인은 예체능이나 건축학 분야, 엔지니어, IT 프로그래머 등 실생활의 영역에서 다양하게 응용 가능한 직업을 가지며, 독립적인 성격을 가진 프로젝트 단위의 일을 하는 게 더 유리하다.

② 인성은 식상을 극한다

식상은 식복과 의식주, 소규모 공동체 또는 친교모임, 나를 표현하고자 하는 욕구 등을 의미한다. 인성이 식상을 극한다는 이야기는, 친구들과 어울리며 놀고 싶어 하는 식상의 욕망, 식상의 활동성을 직접적으로 제어한다는 뜻이다. 인성은 하고 싶은 걸 자제하며, 꾸준히 버티고 인내하는 힘이라 할 수 있다.

식상은 비겁인 나를 바깥으로 확장하는 기운이라 나를 자유롭게 표현하고 싶어 한다. 그리고 세상 바깥을 향한 호기심을 채우기 위해 여기저기로 몸을 움직인다. 인성은 정반대로 제자리에 앉아 엉덩이를 붙이고, 내가 궁금해하는 것의 본질을 파악하기 위해 끊임없이 질문을 던진다. 인성이 뜻하는 통찰의 힘, 성찰의 힘은 학문과 관련된 영역에서 빛을 발한다. 참고로 학습은 무언가를 배우고 익힌다는 뜻인데, 인성은 이 중 반복적으로 익히는 '습'에 가깝다.

식상이 지나치게 강하면 실천하기보다 말이 앞서고, 쓸데없는 말로 상처를 주다 보니 관계에 있어 구설수를 겪을 수 있다. 이럴 때 인성이 식상을 적절하게 제어한다면 신중한 태도를 갖추고, 말하기 전 한 번 더 돌이켜 생각하게 된다. 스스로를 객관화하여 과다한 식상으로 인한 쓸데없는 에너지를 줄이는 것이다.

다만 인성의 힘이 지나치게 강하면 의식주, 삶의 즐거움, 여유, 언어 표현 등을 뜻하는 식상을 제어하니 인간의 본능적인 활동성이 줄어들게 된다. 특히 편인의 경우 한 가지 일에 몰두하는 힘이 강한데 편인이 지나치게 식신을 극할 경우 부정성이 특히 높아진다고 보았다. 밖에서 재화활동을 해야 할 어른이 오타쿠적인 기질을 버리지 못한 채, 방안에만 틀어박혀 한 가지 일에만 탐닉하고 있으니 기본적인 사회관계가 어려워진다고 본 것이다. 이를 편인이 식신의 밥그릇을 엎는다는 의미에서, 편인도식(偏印倒食)이라 한다.

사실 편인도식된 사주는 먹고사는 게 힘들다고 여겨지지만, 편인의 끼와 천재성, 몰두하는 힘을 잘 활용만 한다면 큰 성공을 거둘 수 있다. 실제 한 분야에서 놀라운 성과를 거두는 분들의 사주에는 편인의 기운이 강한 경우가 많다. 편인도식 사주를 어떻게 활용할 수 있을지에 대해서는 추후에 서술하겠다.

③ 인성은 재성에게 극을 당한다

한자 인(印)은 문서에 찍는 도장을 뜻한다. 확장하면 사람들에게 문서를 통해 공적 권위를 인정받을 수 있는 학문, 학위, 공부, 자격증을 의미한다. 이런 인성이 재성에게 극을 당한다는 건 어떤 뜻일까? 재성은 재물, 재화, 유흥, 즐거움, 인간관계 등 현실적인 욕망을 뜻하니, 현실의 즐거움을 좇느라 인성이 뜻하는 공부가 잘되지 않는다는 뜻이다.

만약 인성이 재성의 기운을 강하게 소모시키면 어떻게 될까? 재성은 식상의 언어적 표현, 행동이 만들어낸 결과다. 사람은 성인이 되면 누구나 몸을 움직이면서(식상) 재화활동(재성)을 해야 하는데, 인성이 재성의 기운을 강하게 소모시키면 재성이 뜻하는 일의 결과나 마무리가 부족해질 수 있다.

대학을 졸업하고 사회생활을 해야 하는 사람이, 공부가 좋아서라기보다 단순히 취업을 유보하기 위해 대학원에 진학했다고 가정해보자. 이런 경우 공부할수록 점점 더 가난해지는 상황이 생길 수 있다. 인성은 학문성을 의미하지만, 인성의 기운이 과다한 경우 생각만 많아지고, 부정적으로 발현되면 현재 상황에 안주하면서 여러 현실적 요소를 도외시하게 된다.

재성이 현실과 물질 세계를 뜻하는 형이하학적 요소라면, 인성은 눈에 보이지 않는 세계나 근원적인 성찰과 연관된 형이상학적 요소와 관련이 깊다. 인성의 기운이 강하면 학문성이 강해져 끊임없이 책상에 앉아 존재의 본질에 대해 고민하게 되고, 재성이 추구하는 재화활동과는 점점 멀어지게 되는 것이다.

④ 인성은 관성에게 생을 받는다

관성은 조직, 규범, 규율이나 회사, 직장 등을 의미한다. 장사를 하는 사람이 매일 손님을 맞이해야 한다는 의무감과 책임감에, 새벽잠을 이겨내며 가게로 출근하는 것과 같다. 관성은 그런 의미에서 일종의 스트레스나 억압적 요소를 동반할 수밖에 없다. 인성은 가게 사장이 매일 손님의 컴플레인에 시달리더라도, 관성이 뜻하는 스트레스를 인정하고 받아들이는 수용의 힘으로 작용한다. 어떤 컴플레인에도 잘 대처할 수 있는 요령을 점차 깨우치면서, 가게에서 받는 스트레스를 자기성장의 힘으로 치환하는 것이다. 인성은 내가 하는 일들을 인내하고 꾸준히 지속할 수 있게 해주는 힘이다.

문서에 찍는 도장을 뜻하는 인(印)은 확장하면 결재권을 갖거나, 다른 사람들에게 공적 권위를 인정받을 수 있는 학위, 자격증 취득, 승진 등을 의미하기도 한다. 관성을 인성으로 승화한다는 이야기는, 인성의 힘을 긍정적으로 사용하여 나를 보다 나은 사람으로 업그레이드한다는 의미가 된다. 시험에 번번이 떨어지던 회사원이 매일 야근을 하면서도 공부를 게을리하지 않은 덕분에 마침내 승진 시험에 합격하여 회사에서 인정받는 것과 같다.

십성의 두 가지 흐름: 식상생재 대 관인상생

사주에 비겁, 식상, 재성, 관성, 인성 중 어느 쪽이 발달되어 있는지를 통해, 주체가 펼쳐낼 사회적 관계도를 다양하게 그려볼 수 있다. 십성 중 하나가 없거나 다른 하나가 강하게 발달한 경우 보통 치우친 사주라 하여 불리한 점이 많다고 해석한다. 하지만 특정 십성이 없다고 하여 그 기운을 아예 쓸 수 없는 사주가 아니라, 대운에서의 흐름이나 주체의 노력, 의지에 따라 얼마든지 해당 기운을 생성하며 끌어다 쓸 수도 있기 때문에 섣불리 판단해선 안 된다. 인성이 학문·공부와 관련된 기운이라 하여 인성이 없으면 공부를 못한다거나, 재성이 없으면 돈은 못 벌 거라 생각하는 건 사리에 맞지 않다.

후술하면서 명식을 다루겠지만 종교성을 뜻하는 인성이 지장간에조차 하나도 없는 요한 바오로 2세의 경우 교황의 자리에 올랐고, 인성의 기운이 아주 약한 세계적인 작가 무라카미 하루키는 인성의 기운이 없는 걸 역으로 활용하며 작품을 쓰고 있다(하루키는 작품의 처음과 끝을 치밀하게 구성한 후 꼼꼼하게 자료를 수집하며 글을 쓰는 게 아니라, 본인도 어떻게 전개될지 예상하지 못한 상태에서 자유롭게 글을 쓴다고 한다. 게다가 소설 속에선 남녀 간 정사신과 성애 묘사도 자주 등장하는데, 어떻게 보면 인성이 상징하는 도덕과 윤리의 경계를 자유롭게 오가며 그만의 작품 세계를 끊임없이 확장하고 있다고 볼 수 있겠다).

정리하면 십성은 자동차에 비유할 수 있다. 어떻게든 굴러갈 수 있는 자동차가 있을 때, 십성을 파악한다는 건 그 자동차가 다른 자동차에 비해 차체가 얼마나 큰지, 최대 마력은 얼마인지, 속도는 얼마나 낼 수 있는지, 타이어는 여름용인지 겨울용인지 등을 살피는 것과 같다. 자동차가 어떤 용도로 만들어졌는지를 알아야, 상황과 목적에 맞게 그 자동차를 최적의 효율로 운전할 수 있다. 자갈이 많은 비포장 도로를 주행할 때는 비싼 고급 승용차가 아니라 오프로드용 SUV가 필요한 법이다.

십성에는 식상과 재성, 그리고 관성과 인성이라는 두 가지 큰 흐름이 있다. 식상과 재성은 일간이 주도하는 세계다. 일간이 생하고 극하기 때문이다. 식상과 재성 중 상관과 편재는 모두 일간과 음양이 다른데, 식신

186

과 정재에 비해 불안정하고 유동적이며 예측이 어려운 기운으로 본다.

관성은 일간을 극하고, 인성은 일간을 생한다. 관성과 인성의 영역은 일간이 주도하기보다 일간이 어쩔 수 없이 받아들여야 하는 세계다. 관성과 인성 중 편관과 편인은 정관과 정인에 비해 변화가능성이 높은 불안정한 기운으로 본다. 정리하면 내가 주도하는 영역 중 식상은 나와 음양이 같은 기운을 안정적으로 여긴다. 반대로 내가 주도하는 재성은 물론, 내가 받아들이는 관성과 인성은 나와 음양이 다른 기운을 안정적으로 여긴다.

식상생재와 관인상생이라는 두 가지 십성의 흐름은 전혀 다른 세계에 속해 있다. 우리는 이 두 세계의 흐름과 연결을 통해, 명리학이 전해주는 사람과 인생에 대한 새로운 통찰을 얻을 수 있을 것이다.

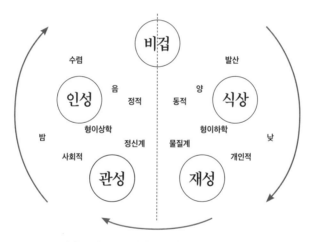

일간을 기준으로 바라보는 십성의 두 가지 흐름

식상생재는 일간이 자기의 기운을 유형적인 것으로 발산하고 표현하는 세계다. 말을 하고, 몸을 움직이며 현실적이고 물질적인 것들을 만들어낸다. 식상이 가족을 포함하여 나와 가장 가까운 사람들과의 관계라고 한다면, 재성은 그것보다는 조금 더 진화한 넓은 관계라 할 수 있다. 식상생재의 활동을 통해 돈을 번다는 건 좋든 싫든 몸을 움직이며 타인과 관계를 맺고, 나와 익숙했던 세계에서 더 넓은 세계를 향해 조금씩 나아간다는 뜻이다.

관인상생은 나의 욕망과 즐거움 등을 내려놓고, 조직이나 회사, 사회의 규범을 수용하며 나를 조금씩 성장시켜 나가는 세계다. 관성의 사회적 관계는 재성과 비교하면, 불편하고 책임이 따른다. 관성의 세계에서 전혀 다른 존재들과의 낯선 관계는 늘 갈등과 충돌을 불러일으킬 수밖에 없다. 관성을 직업·직장·책임·업무·역할이라 할 때, 인성은 자리를 지키며 내게 주어진 사회적 역할과 업무를 꾸준히 지속시켜 나가는 연결고리가 된다.

식상생재와 관인상생을 전혀 다른 리듬이라 할 때, 재생관은 이 전혀 다른 리듬의 축들을 자연스럽게 연결시키는 또 다른 고리가 된다. 일간은 재성을 극하지만, 일간은 관성에게 극을 당한다. 내가 좋아서, 또는 할 수 있기 때문에 주도적으로 행하는 일이 재성의 세계에 속한다면, 관성은 내가 하기 싫어도 어쩔 수 없이 내가 감당해야 할 것들의 세계라는 뜻이다. 십성의 흐름은 인간이 태어나 사회 속에서 수많은 사람과 관계 맺으며 어른으로 성장해가는 과정을 압축적으로 표현해놓은 것과 같다.

식상생재는 발산의 흐름이기에 양적이고 동적이며, 재화와 눈에 보이는 물질을 뜻하는 현실적 영역이 된다. 반대로 관인상생은 수용의 흐름이기에 음적이고 정적이며, 눈에 보이지 않는 형이상학적 세계에 가깝다. 대체로 인간은 낮에 일하며 돈을 벌고, 밤에는 집에서 쉬고 잠을 자며 피로한 몸을 재충전한다. 즉, 식상생재와 관인상생을 양과 음의 흐름으로 바라볼 수도 있다.

시장에서 장사를 하는 상인의 경우를 살펴보자. 상인이 가게에 나가 장사를 하는 행위는 식상이다. 이 식상적 행위를 통해 재화를 벌어들이니 재성은 곧 식상의 결과가 된다. 상인은 어찌됐건 일간이라고 하는 몸을 써서(일간의 에너지를 소진하며) 돈을 벌고 있다. 재성의 결과가 관성으로 이어졌다고 보면, 일간을 극하는 관성은 몸이 느끼는 피곤함이 된다.

관성은 그런 의미에서 일종의 스트레스나 억압적 요소를 동반할 수밖에 없다. 인성은 가게 사장이 매일 손님의 컴플레인에 시달리더라도, 관성이 뜻하는 스트레스를 인정하고 받아들이는 수용의 힘으로 작용한다. 어떤 컴플레인에도 잘 대처할 수 있는 요령을 점차 깨우치면서, 가게에서 받는 스트레스를 자기 성장의 힘으로 치환하는 것이다. 매일 선배들에게 시달리며 늦게까지 야근을 하던 신입사원이, 끊임없는 자기계발을 통해 업무 요령을 터득하여 조금씩 회사에서 요구하는 역량을 갖춘 존재로 성장해 나가는 것도 관을 인으로 승화시킨 관인상생의 예라 할 수 있다.

인성은 내가 하는 일들을 인내하고 꾸준히 지속할 수 있게 해주는 힘이다. 인성은 다른 의미에서 휴식과 여행의 의미가 있는 만큼, 가게 사장이 피곤함을 느꼈을 때(관성의 힘에 강하게 억눌릴 때) 휴가를 내고 재충전을 하는 것과 같다. 내가 생하고, 내가 극하는 식상생재적 활동을 하다 보면 반드시 몸이 소진될 수밖에 없다.

만약 재성에서 관성을 거치지 않고 인성의 단계로 나아가면 어떤 일이 생길까? 일하기 싫다고 무단 결근을 하다가, 회사에서 잘리는 것과 같은 일이 생긴다. 관성은 사회적 시선이며, 싫어도 지켜야 하는 규율이자 어른이라면 누구나 거쳐야 할 통과의례라 할 수 있다. 누구든 관성의 관문에서 인성의 승화를 거치지 않고서는 주체적 존재로서 우뚝 일어설 수 없다.

재성에서 관성으로의 흐름은, 한 존재가 개인적 자아를 내려놓고 비로소 사회적 자아로 새롭게 자기를 인식할 수 있게 됨을 뜻한다. 식상생재가 만들어내는 물질의 세계에 안주하기보다, 사회 구성원으로서 더 넓은 관계를 배우고 나를 성장시키는 재생관의 흐름으로 넘어가야 한다.

일간은 식상을 생하고, 식상은 재성을 생하고, 재성은 관성을 생하고, 관성은 인성을 생하며, 인성은 일간을 생한다. 누구든 이런 흐름을 순차적으로 거치지 않고서는 제대로 성장할 수 없다. 재성으로 관성을 생해야 하는데, 역사적으로 관성으로 재성을 끌어오려는 악습이 팽배한 적이 있다. 역으로 관직을 통해 돈을 벌기 위한 승관발재(升官發財)식 사고가 널리 퍼진 사회의 공동체는 급속도로 무너질 수밖에 없다.

십성 제대로 활용하기

① 십성의 숨은 뜻 파악하기

십성을 공부하는 이유는 주체의 성향과 사고 방식, 행동의 패턴 등이 사회적으로 어떻게 발현될지를 살피기 위해서다. 따라서 명리학을 조금 더 유용하게 활용하고 싶다면, 무엇보다 십성의 의미를 확실하게 이해해야 한다. 비겁은 주체성과 경쟁, 식상은 표현 욕구와 의식주, 재성은 재화와 관계 등의 키워드로도 십성의 개념을 잡을 수 있다. 하지만 십성을 제대로 공부하기 위한 가장 좋은 방법은, 십성의 키워드 중 겹치는 개념을 비교하며 서로 무엇이 다른지 깊이 있게 파악해보는 것이다.

예를 들어, 키워드가 조금씩 겹치는 식상과 인성을 살펴보자. 식상과 인성 모두 자격증을 뜻한다. 식상은 연구와 궁리를, 인성은 학문과 공부를 뜻하기도 한다. 나아가 식상을 두고 예술성이 있다고 하는데, 편인 역시 예술과 관련이 깊다. 이 키워드들을 어떻게 달리 봐야 할까?

식상의 자격증은 내 호기심을 충족시키기 위한, 취미영역에서의 자격증에 가깝다. 반대로 인성의 자격증은 비교적 취득하기 어려운, 취득하는 데 시간이 오래 걸리고 많은 노력을 해야 하는 자격증을 뜻한다. 남들에게 전문가로 인정받을 수 있는 자격증은 식상이 아닌 인성의 자격증이다. 인성은 지속성과 꾸준함을 뜻하는 만큼, 인성의 자격증은 학사 차원이 아니라 대학원에서 취득하는 석박사 학위나 변호사, 회계사, 변리사 같은 전문 직종의 자격증이라 볼 수 있다.

식상은 말을 하고, 몸을 움직이며, 본인을 제약없이 자유롭게 표현하려는 힘이다. 식상은 관성을 극하니 외부에서 강제적으로 시키는 것(관성)에는 관심이 없는 대신, 내가 관심을 두고 궁금해하는 분야에 집중하며 지적 탐구의 희열을 느낀다. 이 때문에 글쓰기나 요리, 음악, 체육 등의 취미나 예체능 활동을 할 경우 엄청난 성과를 낸다.

인성의 예술은 정확히 편인이 가진 예술성을 뜻한다. 편인은 하나에 몰두할 경우 광적인 집요함을 보인다. 식상의 취미가 대중성을 보이기 때문에 같은 취미를 공유하는 사람들과 관계를 맺으면서 함께 즐거움을 느낄 수 있다면, 편인은 예민하여 대인관계의 폭도 좁고, 몰두하는 분야 또한 매우 협소하다. 식상이 A를 몇 개월 배우다 흥미를 잃고 B에 새롭게 흥미를 가진다면, 편인은 A를 A'로, A'를 A"로 치밀하게 파고 들면서 자기만의 세계를 쌓아 나간다. 식상의 예술성은 자기를 세상 바깥으로 표현하며 사람들과 함께 공유할 수 있는 성격임에 반해, 편인의 예술은 세상 바깥을 향하기보단 자기 안으로 향하며 그 사람이 아니고는 결코 표현할 수 없는 놀라운 성과물들을 만들어낸다. 굳이 비교하면, 식상의 예술은 대중적인 예술이지만 편인의 예술은 고독한 천재의 예술에 가깝다.

식신과 인성 모두 게으름이라는 키워드를 가지고 있는데 이 둘을 어떻게 구분해야 할까? 식신은 느긋하며, 삶에서 여유를 추구하려는 성향이 강하다. 그래서 골치 아픈 일들은 떠맡기 싫어하고, 복잡한 일에는 머리를 쓰고 싶어하지 않는다. 식신이 강하면 몸은 바쁜 대신, 생각하기는 귀찮아 하니 머리는 게을러지게 된다.

인성은 몸은 움직이기 싫어하지만, 머릿속에는 식신과 반대로 끊임없이 생각이 일어난다. 왜 그런지 의심하고, 질문하고, 상상하는 등 하나의 현상을 두고도 여러 생각을 하다 보니 몸은 가만히 있는데 머리는 쉼 없이 돌아간다. 따라서 인성은 가만히 앉아서 분석하고 연구하고 이해하는 데 강점이 있다면, 식신은 인성에 비해 깊이 있게 생각하지 않더라도 본인이 몸을 움직이면서 재미있게 즐길 수 있는 자전거 타기, 요리하기, 공예 등 취미성이 강한 활동에 강점이 있다.

인성과 식신 모두 놀고 싶어한다. 조금 더 정확히는 인성 중 편인이 놀고 싶어한다는 것은 아무런 일도 하지 않고 그냥 쉬고 싶다는 뜻이며, 식신이 놀고 싶어한다는 것은 즐겁게 놀고 싶어한다는 뜻이다.

십성의 개념을 제대로 파악하지 못한다면, 자칫 키워드에만 붙잡혀 깊이 있는 통변이 불가능해질 수도 있다. 십성 중 식상은 키워드로 언어 표현, 식복, 의식주, 식욕, 수면욕, 성욕 등을 뜻한다. 명리학에서는 먹는 것과 말하는 것, 그리고 생식과 관련된 것들을 모두 같은 계열로 바라봄을 알 수 있다.

몇 가지만 더 살펴보자. 겁재에는 혁명과 허무의 키워드가 있다. 일간과 음양이 다른 매우 강한 힘인데, 경쟁의 힘이 지나치게 강하다 보니 겁재는 기존의 질서를 뛰어넘어 새로운 질서를 창조하려는 전복적 힘까지 지니게 됐다. 기존 세상을 뒤엎고 새로운 세상을 만들자는 게 바로 혁명의 정신 아니던가.

마블의 영화 <어벤져스: 엔드게임>의 타노스는 핑거스냅으로 본인이 오랫동안 염원했던 대로 전 우주 생명체의 절반을 날려버린다. 이후 타노스는 어느 행성에서 정원을 가꾸면서 허름한 옷차림으로 소박한 시간을 보내는데, 그때 타노스의 얼굴에서 진한 허무함이 느껴졌다. 이 장면을 보며 나는, 겁재가 가진 파괴적인 힘 뒤에는 마치 동전의 양면처럼 극심한 허무함이 자리 잡고 있다는 것을 다시 한번 느꼈다. 이는 동양의 명리학이 주는 놀라운 통찰이기도 하다.

편재는 봉사나 기부를 뜻하기도 한다. 재물이 어쩌다 봉사와 기부의 의미로까지 확장된 걸까? 편재는 몸에 지니고 있지 않은 재물을 말하는데, 이는 내가 가진 재물도 원칙적으로는 내 것이 아니라 사회와 타인의 재물을 잠깐 보관하는 것이라는 뜻이 된다. 옛날의 현자들은 돈은 사회에 베풀기 위해서 가지고 있는 것이라 바라봤다. 편재의 재물을 소유한 자는 재물을 남을 착취하는 도구가 아닌, 남을 위해 베푸는 데 사용할 줄 알아야 한다는 것이다. 실제 편재의 기운을 활성화시키고 싶은 경우, 남을 위해 열심히 봉사하거나 적은 돈이라도 기부를 하면 정말 좋다.

② 십성의 개념 확장하기

여기서 더 나아가 십성을 여러 현상이나 사회적 양상에 다양하게 대입하며 그 의미를 확장해보자.

예를 들어 십성을 자동차에 비유해보자. 비겁을 차체의 크기라 한다면, 식상은 자동차가 앞으로 나아가는 움직임이 된다. 재성은 차가 향해가는 목표 지점, 관성은 자동차의 무게나 트렁크에 실은 짐이 되며, 인성은 차체의 무게를 지탱하면서 차가 굴러갈 수 있게 흔들림을 방지

해주는 충격 흡수장치라 할 수 있다.

또 다른 비유를 들어보자. 비겁은 자동차의 배기량이다. 비겁이 강하면 강할수록 자동차의 배기량이 높아지는 것과 같다. 식상을 자동차가 나아갈 수 있게 해주는 페달로 볼 때 식신은 일반 엑셀, 상관은 터보 엑셀이 된다. 재성은 자동차가 현실적으로 나아갈 수 있게 해주는 동력인 기름이다. 관성 중 편관은 도로에서 불시에 튀어나오는 단속 경찰, 정관은 신호등으로 볼 수 있다. 인성은 자동차가 멈출 수 있게 해주는 제동장치, 즉 브레이크에 해당한다.

이번엔 한 사람이 십성의 순환을 거쳐 성장해가는 과정을 가상의 상황에 비유해보자. 한 가수 지망생(비견)이 평소 연습실에서 노래를 부르다(식상) 경연 프로그램에 참여하기로 결심했다. 지역 예선 무대(재성)에서 높은 성적을 거둔 후 1차, 2차, 3차 오디션을 거쳐 마침내 최종 라운드(관성)에서 쟁쟁한 경쟁자들을 제치고 우승(인성)을 거머쥐게 되었다고 가정해보자. 이후 가수가 긴 무명 생활을 탈출해 프로로 데뷔하여 새롭게 활동하는 모습을 보면서 우리는 십성의 순환을 통해 조금씩 성장해가는 모습을 그릴 수 있다.

이번엔 이 가수가 프로로 데뷔하게 된 이후의 상황을 십성에 대입해보자. 십성 중 식신을 가수가 노래하는 것으로, 상관을 새롭게 리메이크한 곡이나 자신을 대표하는 히트곡을 노래하는 것으로 볼 수 있다. 여기에서 정재는 가수가 고정적으로 출연하는 지역 무대, 편재는 가수가 행사를 다니는 전국 무대. 관성은 무대에서 노래를 부를 때마다 가수가 받게 되는 관객들의 피드백이나 시장의 평가, 또는 다른 가수들과의 경쟁을 뜻한다. 인성은 문서를 나타내니 저작권이나 관객들의 평가를 거친 후 다듬어낸 자작곡이 될 수도 있다.

전쟁 발발을 가정하여 매년 1회씩 민관군이 모두 참여하는 을지훈련을 놓고 보자. 일간은 훈련에 참여하는 민관군으로, 식상은 을지훈련을 실행하는 것으로, 재성은 을지훈련의 목표나 결과로, 관성은 훈련 중 지켜야 할 훈련 절차나 강령으로, 인성은 훈련 후 파악하게 된 미비했던 점들에 관한 보완사항으로 볼 수 있다.

처음에는 십성별로 키워드를 외웠겠지만, 더 깊이 공부하기 위해서는 반드시 십성의 개념을 떠올린 후 자기만의 키워드를 역으로 만들어 내야 한다. 이와 동시에 십성이 가진 상징성이나 개념을 인간 사회의 영역으로까지 자유롭게 확장할 수 있어야 한다. 키워드에만 묶이기보다, 십성의 개념을 얼마나 자유롭게 활용할 수 있는지에 따라 명리의 활용도가 천차만별로 달라지기 때문이다.

③ 십성으로 인물의 행동 유추하기

특정한 십성이 발달하면, 해당 십성의 특성이 주체의 성향으로 강하게 드러날 수밖에 없다. 예를 들면 아래는 십성별 대표적 성향을 나타낸 것이다.

• 비견(比肩): 독립성 • 겁재(劫財): 경쟁성 • 식신(食神): 탐구성 • 상관(傷官): 표현성

• 편재(偏財): 기획성 • 정재(正財): 설계성 • 편관(偏官): 명예성 • 정관(正官): 원칙성 • 편인(偏印): 직관성 • 정인(正印): 학습성

위 성향은 대표적인 성향만 하나씩 적어둔 것으로, 십성마다 어떤 성향이 있는지를 자꾸 확장시킬 수 있어야 한다. 예를 들면 편재의 경우 기획성도 강하지만, 즐거움을 추구하는 유흥성이나 여러 사람들과 어울리려는 관계성도 상당히 강하다. 이 같은 성향을 바탕으로, 사람들이 하는 행동의 이유를 유추해보는 작업은 십성을 이해하는 데 상당한 도움이 된다.

만약 조기축구회가 만들어졌는데 멤버 중에 정재가 발달한 사람이 회비를 관리하는 총무직에, 편재가 발달한 사람이 회장직에 자원했다고 가정해보자. 정재형의 경우 얼마의 회비를 걷었고 모임 때마다 얼마가 지출됐는지가 딱 맞아떨어져야 안심이 되다 보니, 본인이 제일 돈 관리를 잘할 수 있을 것 같아 지원한 건 아닐까? 아니면 회비를 사용할 때마다 본인 카드의 포인트를 쌓을 수 있기 때문에 겸사겸사 총

194

무에 지원한 것일 수도 있다. 동기가 어찌 됐건, 정재가 발달한 사람이 모임의 총무를 한다면, 회비가 더 없이 체계적이고 꼼꼼하게 관리될 것 같다.

편재의 경우 사람 만나는 걸 좋아하다 보니 본인이 회장이 되어 회원들과 더 친밀한 관계를 쌓고 싶고, 또 그렇게 했을 때 즐거움을 느낄 거라 생각하여 회장직에 지원하는 것일 수도 있다. 만약 편관이 발달한 사람이 회장직에 지원한다면, 그는 조기축구회의 대표라는 직위를 마음에 들어하기 때문에 지원하는 게 아닐까?

이번에는 편관과 정관을 비교해보기 위해, 운전 중 단속 경찰에게 걸렸다고 가정해보자. 신호가 바뀌기 직전의 상황에서, 정말 신호위반을 했는지 안 했는지 경찰도 나도 확신할 수 없는 상황이다. 이럴 때 정관이 강한 경찰을 만난다면 점잖게 '신호위반을 하지 않았으니 카메라를 확인하고 싶다'는 식으로 말하면 정관이 강한 경찰은 운전자의 이야기를 들어줄 확률이 높다. 정관은 시스템이나 매뉴얼을 지향하며, 규범에 맞는 일 처리 방식을 선호하기 때문이다. 대신 편관이 강한 경찰을 만난다면 인정에 호소하며 한 번만 봐달라고 애원하는 게 나을 수 있다.

같은 회사원이라도 편관이 "야! 대기업에 입사를 했으면 적어도 임원까지는 해보고 나가야지."라고 말한다면, 정관은 "임원? 웃기지 마. 만년 부장 신세여도 최대한 가늘고 길게 버틸 수만 있다면 감지덕지지."라고 말할 수 있다.

역시 정답은 없기 때문에 이런 식으로 특정 십성이 강한 사람이 어떻게 사고하고 행동할지를 마음껏 상상해보면 십성을 공부할 때 큰 도움이 된다.

조금 더 확장하여, 십성별로 고집스러움이 어떻게 발현될지 떠올려보자. 비겁은 주관이 뚜렷하고, 무슨 일을 하든 자기만의 방식을 중요하게 여긴다. 만약 이런 비겁이 고집을 부린다면 "내가 맞다니까!"라고 억지를 부리지 않을까? 통찰과 사유의 힘이 강한 인성이 고집을 피운다면 "내 생각이 옳아!"라고 말할 것 같다. 식신은 "좋은 게 좋은 거지!"라고 말한다면, 상관은 반항심을 품고 "아닌 건 죽어도 아닌 거야!"라고 강하게 나올지 모른다. 재성의 고집은 본인의 사회적 경험이나 물질적인 부분에 바탕을 두고 있을 것 같다. 관성은 명예, 체면을 중요시하며, 사회적 지위와 자신을 동일시하는 경향이 있다. 만약 이런 관성이 고집을 부린다면 최악의 경우 누군가와 시비가 붙었을 때 "너 내가 누군지 알아?"라는 말을 할 수도 있겠다. 만약 인성과 비겁, 식상이 고집을 피운다면? "내 생각이 맞고, 내가 해봐서 아니까 내 방식대로 하는 게 맞다!"고 우기지 않을까?

명리영역 기출문제

1. **다음 중 각 십성의 특성이 강한 조직의 모습으로 가장 거리가 먼 것은?**(난이도 상)

① 비견: 기존에 없었던 완전히 새로운 형태의 사업으로, 틈새시장을 공략하여 새로운 유행을 만들어내는 조직

② 식상: 가족회사 형태이거나, 소규모 공동체로서 구성원끼리 유대 관계가 깊고 친밀감이 높은 조직

③ 재성: 인간관계가 비교적 수평적이고, 성과에 따라 급여가 달라지는 조직

④ 편재: 종업원들의 돈이 아닌, 고객이 맡긴 큰돈을 대신 투자하거나 관리하는 금융계통의 조직

⑤ 관성: 조직 문화가 엄격하고, 위계와 질서, 계급이 중요시되는 수직적 조직

2. **힘이 강한 관성이 힘이 약한 일간을 강하게 극하는 상황과 가장 어울리지 않는 것은?**(난이도 중)

① 남편의 강압적인 태도와 잔소리 때문에 집에서도 마음 편히 쉬지 못하는 아내

② 오줌이 마렵자, 인적이 드물고 CCTV도 없는 곳임을 확인한 후 노상방뇨를 한 A씨

③ 너무 낮은 성적 때문에 원하는 대학에 들어가지 못할까 봐 지나치게 걱정을 하는 학생

④ 회사가 코로나 때문에 어려워져 연봉이 삭감되자 극한의 공포를 느끼는 직장인

⑤ 장기적인 부동산 하락에 따라 집값이 떨어져 잠을 이루지 못하는 김빌라 씨

3. **다음 등장인물들의 대화를 읽고, 각 인물과 인물별로 두드러지는 십성을 알맞게 짝지은 것은?** (난이도 중)

> **민영:** "늦어서 미안해!"
>
> **소담:** "언니, 7시에 보기로 했는데 지금 3분이나 더 늦었잖아. 7시랑 7시 3분은 엄연히 다른 시간이라고!"
>
> **민영:** "미안, 미안. 오는 길에 차가 좀 막혔어. 나 아직도 백화점 명품 매장에서 알바하잖아."
>
> **소담:** "정말? 언니는 그 일을 대체 몇 년째 하는 거야? 형부가 의사라서 용돈도 한 달에 몇 백씩 준다며? 강남에 있는 언니 집도 몇 십억은 오르지 않았어?"
>
> **민영:** "그래, 내가 돈 걱정은 없지. 근데 돈 버는 게 목적이 아니라서 그런가, 일이 너무 재밌어. 애들 둘 다 미국 유학 간 뒤로, 집에만 있으면 조용해서 혼자 있기 싫거든. 요새 쉬는 시간마다 같이 일하는 동생들하고 VIP 라운지 가서 수다 떠는 게 인생의 낙이다, 야. 커피도 다 내가 사."
>
> **소담:** "난 언니를 정말 이해할 수 없어. 언니 집에서 백화점까지 벤츠 타고 다닐 거잖아. 알바해 봤자 그 돈으로는 오가는 기름값도 안 나올 텐데… 난 언니처럼 전문직 라이선스 있는 사람이 그런 일 하는 게 이해가 안 돼."

① 민영: 편재, 소담: 상관

② 민영: 비겁, 소담: 인성

③ 민영: 정관, 소담: 정재

④ 민영: 식신, 소담: 정재

⑤ 민영: 편관, 소담: 정관

4. 다음 중 보기의 인물이 이어지는 말을 남겼다고 가정했을 때, 말이 뜻하는 바와 각 십성의 특징이 잘못 연결된 것을 고르면? (난이도 중)

① 소크라테스: "악법도 법이다." → 정관

② 박명수: "내일도 할 수 있는 일을 굳이 오늘 할 필요는 없다." →

편재

③ 데카르트: "나는 생각한다, 고로 존재한다." → 정인

④ 정대만: "(농구 시합 중 극도로 지쳤으나 어떻게든 이기고 말겠다는 의지를 다지며) 그래, 난 정대만. 포기를 모르는 남자지." → 겁재

⑤ 김삿갓: "(절간에 들러 하룻밤 쉬어갈 수 있게 해달라고 부탁을 했더니, 김삿갓을 푸대접한 심보 고약한 절의 중이 그에게 망신을 주기 위해 '타' 자로 끝나는 문장을 지어보라고 한 직후) 사면 기둥 벌겋타! 석양 행객 시장타! 네 절 인심 고약타! 지옥 가기 십상타!" → 상관

5. **다음 중 각 십성의 특징이 잘못 연결된 것은?** (난이도 상)

① 비겁: 자존감을 높이기 위해 공부한다. 다만, 사람들이 인정해주고 알아주지 않는다면 공부를 하는 데 어려움이 크다. 간섭과 억압을 싫어하기에, 공부하라고 누가 잔소리를 하면 반발할 가능성이 높다.

② 식상: 자신의 관심사를 채우기 위해 공부한다. 재미만 있다면 누구보다 성실하게 공부한다.

③ 재성: 자신의 재능을 현실과 연결할 수 있는 쪽으로 공부하면 좋다. 공부한 만큼 성적이 나오지 않아도 별로 개의치 않는다. 관계를 중요시하기에 친구 따라 대학에 가거나, 사회적 관계를 확장하기 위해 대학원에 진학할 수도 있다.

④ 관성: 누가 시키거나 지켜보지 않더라도 자기가 해야 한다고 느끼면 열심히 공부한다. 친구들이 공부 잘한다고 인정해주거나, 선생님께 칭찬을 받으면 더 열심히 공부할 가능성이 높다.

⑤ 인성: 시간이 오래 걸리더라도 해당 분야의 전문가가 되기 위해 공부한다. 성과를 내는 데 시간이 오래 걸릴 수도 있다.

풀이 노트

1. 정답은 ①번이다. ①번의 예시는 비견이 아닌 겁재의 사업 형태와 가깝다. 겁재는 창조적 파괴본능을 뜻하며, 기존의 질서를 허물고 새로운 질서를 만들어내는 힘이 강하다. 겁재의 방식으로 사업을 할 경우 기존에 없었던 완전히 새로운 형태의 사업적 형태를 만들어낼 수 있다.

   덧붙이면 비견에 비해 겁재는 경쟁적 코드가 강한데, 남과 경쟁하면서도 동업적 형태를 보이며 함께 파이를 넓혀 나갈 수 있는 프랜차이즈 사업에도 무척 유리하다. 광주의 떡갈비거리에서 장사를 하는 떡갈비 집이나, 춘천 닭갈비거리에서 장사를 하는 닭갈비 집 역시 비겁을 활용한 사업적 형태에 해당한다.

2. 이 문제에서 관성은 삶의 안정성, 삶의 기반, 마음의 안정성 등을 의미한다. 관성의 강한 힘에 짓눌려 마음이 흔들리고 미래를 불안해하는 ③, ④, ⑤번의 예시 모두 관성이 일간을 극하는 사례에 해당한다. 육친으로 보면 여성의 경우 관성이 남성이 되기 때문에 ①번 예시 역시 관성이 일간을 극하는 사례로 볼 수 있다. 이 문제의 정답은 ②번이다. 관성이 정말로 강하게 일간을 통제했다면, A씨는 근처 가게라도 찾아가 직원에게 부탁한 후 화장실로 들어갈 것이다.

3. 정재의 꼼꼼하고 치밀한 성향은 철저한 시간 관념으로 나타난다. 7시와 7시 3분은 엄연히 다른 시간이라는 소담의 말은 정재의 특성을 가장 잘 드러낸다. 정재는 시간, 돈 등 현실적 영역을 수치화하고 계량화하는 데 강점이 있다. 가성비나 시간 대비 벌어들일 수 있는 돈과 효율 등을 세밀히 따진다. 소담은 아르바이트 수입과 고급차의 기름을 비교하더니, 차라리 전문직 라이선스를 활용하여 더 많은 돈을 벌어들이는 게 나을 것 같다고 간접적으로 말한다. 이는 정재의 말이다.

민영은 돈을 벌기 위해서가 아니라, 돈을 더 쓰더라도 즐거움을 위해 일하는 사람이다. 인성이 강하면 몸 쓰는 일을 싫어하지만, 식신이 강하면 바쁘게 일하더라도 오히려 신나고 활기 넘치는 시간을 보낸다. 식신이 강하면 일이 없는 것이 더 힘들며, 어쩌면 인성이 가져다주는 휴식의 편안함이나 한가함의 가치를 모를 수 있다. 민영을 이해하지 못하는 소담은 식신은 무력하지만 재성, 특히 정재가 발달된 사람이라 판단할 수 있다. 정답은 ④번이다.

4. 정답은 ②번이다. 정관은 법을 준수하려는 마음을 뜻하는 만큼, 심지어 악법이라 해도 지켜야 한다는 말은 정관의 특성을 잘 나타내고 있다(다만, 이 말은 소크라테스가 아니라, 일본의 한 법철학자가 한 말로 현재는 모든 교과서에서 삭제되어 있다. 과거 권위주의 정권의 억압적인 법 집행을 정당화할 우려가 있기 때문이다).

③번의 "나는 생각한다, 고로 존재한다."라는 말은 데카르트가 방법적 회의를 통해 모든 것을 의심한다 하더라도 더 이상 의심할 수 없는 진리라 여겨 모든 학문의 제1원리로 정립한 말이다. 이는 본질을 추구하는 정인의 특성을 가장 잘 드러내는 말이라 할 수 있다.

④번은 만화 〈슬램덩크〉 속 정대만이 한 유명한 대사로, 농구 시합 중 어떻게든 이겨보겠다는 그의 의지가 깃든 말이다. 경쟁의 코드가 강한 겁재는 승부욕으로 드러난다. 어떻게든 상대를 이기기 위해 스스로에 대한 믿음을 저버리지 않은 채 자기 자신을 다독이는 정대만의 말은 겁재의 속성을 잘 보여준다.

⑤번은 예상치 못한 언변으로 상대를 압도했던 김삿갓의 순발력과 재치를 엿볼 수 있는 유명한 시구다. 김삿갓은 불도를 추구하는 절의 스님이 식객을 하대한다는 점에 불만을 품고 시로 그를 꾸짖는다. 이처럼 상관이 가진 권위에 대한 반발심은 약자를 향한 정의감에서 기인한다.

"내일도 할 수 있는 일을 굳이 오늘 할 필요는 없다."는 연예인

박명수의 말은 느긋한 삶에서 여유를 추구하는 식신의 언어에 가깝다.

5. 각 십성이 공부하는 목적과 방식을 요약해서 정리하면, 비겁은 자존감을 높이거나, 인정 욕구를 충족시키기 위해 공부할 확률이 높다. 나와 성적이 비슷했던 친구가 학교에서 갑자기 나보다 높은 성적을 받는다면, 비교당하기 싫은 마음에 그 친구를 이기기 위해 공부한다.

식상은 호기심을 채우기 위한 공부, 관성은 명예를 얻거나 또는 해야만 하기 때문에 하는 공부라 할 수 있다. 인성은 굳이 이야기하면 끊임없이 익히는 '습'에 가까운데, 학문의 본질을 추구하며 근원에 도달하기 위한 꾸준한 공부에 가깝다. 요즘처럼 속도가 중요한 세상에서 인성의 가치는 과거에 비해 제대로 대접받기 어렵다 할 수 있겠으나, 시간이 오래 걸리더라도 석박사가 되어 해당 분야의 전문가로 인정받는 것은 오로지 인성의 힘으로만 가능한 영역이다.

이 문제의 정답은 ③번이다. 재성은 자신이 하고 있는 공부나 연마하고 있는 재능이 현실적으로 가치가 있어야 재미와 의미를 발견한다. 안타까운 것은, 노력한 만큼 결과가 나오지 않으면 금세 실망한다는 것이다. 재성은 인성을 극한다. 재성은 공부보다 사람들과 어울려 노는 것을 더 즐거워하기에 학마(學魔)라 하여, 학문과는 거리가 먼 기운으로 여겼다.

재성은 본질을 추구하는 인성의 심오한 공부와는 거리가 멀지만, 사지선다형 문제가 많은 입시위주의 공부에서는 유리한 점이 많다. 공부를 한다고 마음만 먹으면, 특히 편재는 같은 시간을 들이더라도 더 요령 있게 공부할 수 있기 때문이다. 벼락치기에 능하며, 감각이 뛰어나 눈치로 출제자의 의도를 잘 파악해내기도 한다. 재성은 관계지향적인 만큼 친구들과 놀면서 함께 공부해야 성과가 크게 난다.

하건충의 오행별 십성 이론

대만의 명리학자 하건충(何建忠)은 금 오행을 가장 비겁스러운 오행으로 해석한다. 금은 오행 중 가장 주체성이 강한 기운으로, 비겁이 주체성, 독립심, 이기심을 상징하는 것처럼 자신의 프레임을 잘 바꾸지 않기 때문이다.

본문에서 천간을 다룰 때 비견과 겁재, 식신과 상관, 편재와 정재, 편관과 정관, 편인과 정인 중 천간들이 어떤 십성과 가까운지에 대한 설명을 덧붙였다. 하지만 이 이론 또한 오행이나 천간별 십성의 성격을 분석하기 위한 하나의 틀이자 참고사항일 뿐이지, 절대적인 건 아니다.

각 십성별로 오행에 따라 각각 다른 양상을 띠지만, 일단 결이 비슷한 비겁과 금 오행만 놓고 십성의 흐름을 떠올려보자. 그러면 나머지 오행이 어떤 십성과 어울리는지 쉽게 떠올릴 수 있다.

예를 들어, 금이 비겁이라면 수는 식상의 성향을 보인다. 호기심, 상상력, 지혜, 생식의 힘, 식욕이나 성욕을 상징하는 수 오행은 식상과 어울린다.

목 오행은 성장을 위해 나무처럼 줄기를 세우고 가지를 뻗어 바깥으로 확장하려는 기운을 갖고 있다. 사람은 돈을 벌기 위해 기획을 하거나 계획을 세우고, 일정한 단계를 밟는다. 그리고 타인과 교류하면서 조금씩 어른으로 성장해간다. 목 오행이 가진 계획, 시작, 성장, 그리고 나무가 가지를 뻗치는 기운은 기획력, 현실주의, 네트워크의 힘을 상징하는 재성과 맞닿아 있다.

화 오행은 인사성이 밝고, 서열 본능을 바탕으로 예의를 중요시한다. 원칙과 서열에 강한 힘이기에, 관성과 가장 가깝다. 화 오행의 속성과 관성의 뜻을 떠올려보면, 화 관성이 타 오행의 관성과 어떤 점이 다른지 알 수 있다. 확산의 성향을 강하게 갖고 있는 화 오행이 관성이 되면, 자신이 확신한 것은 꼭 이루어내겠다는 욕망으로 엄청난 투쟁심과 돌파력을 보인다. 쉽게 흥분하고 포기하는 게 단점이지만, 조직 내에서 상사와 뜻만 맞으면 엄청난 성과로 타인의 주목을 이끌어낸다.

지속력, 꾸준함, 자애로움 등을 뜻하는 인성은 토 오행과 성향이 비슷하다. 인성의 꾸준함이 토 오행과 만나면 더욱 강해진다는 뜻이다. 역술가나 무속인 중에도 토 인성이 많은데, 대체적으로 감각이 비상한 편이다. 대신, 맹목적으로 종교에 경도되거나, 꾸준함이 필요한 분야에서 결정을 미루다 일을 그르칠 위험이 있다.

나머지 십성들은 각 오행에 따라 어떤 특성을 보일까? 기준이 되는 비겁 오행의 속성만 제대로 이해한다면, 나머지 부분들도 쉽게 파악할 수 있다.

오행별 상징과 권력의 차이

목은 인, 화는 예, 토는 신, 금은 의, 수는 지를 상징한다. 오행이 상징하는 바를 음미해 보면, 각 오행이 어떤 식으로 권력을 추구하는지 알 수 있다.

목의 권력은 인본주의적 속성에 기반한다. 요즘에는 갑목, 을목 일간인 정치인들(문재인, 이재명, 안철수, 유승민, 우상호, 김두관 등)이 두각을 나타내고 있는데, 앞서 말했듯이 인본주의적 가치가 중요해지고 있기 때문으로 해석 가능하다.

화의 권력은 개혁과 혁명, 전복적 리더십에 기반한다. 마르크스와 함께 사회주의를 완성한 프리드리히 엥겔스가 여기에 해당한다.

토의 권력은 사람들을 설득하고 타협(동의)하게 만들어, 자신을 신뢰하게 하는 데 있다. 각 주의 지지를 받아야 하는 미국의 특성상, 중앙에서 모든 주를 통합하는 존재가 필요하다 보니 역대 미국 대통령에는 토 일간(바이든, 트럼프, 오바마, 조지 워싱턴, 링컨 등)이 가장 많았으리라는 분석도 앞서 한 바 있다.

금은 의를 상징하는데, 옳고 그름을 분별하는 데 강점이 있다. 어찌보면 폭력적인 강제력도 동반할 수 있을 만큼 강한 힘인데, 군국주의 시대의 정치인이었던 박정희, 전두환, 노태우를 떠올리면 된다. 금은 성과를 상징하는 만큼 먹고살기 힘들어 경제가 중요해질 때는 이명박 같은 지도자가 큰 인기를 얻었다.

수의 권력은 조금 독특한데, 수가 나서는 걸 별로 좋아하지 않다 보니 남을 앞세운 후 본인은 막후에서 영향력을 행사하는 걸로 리더십을 행사하거나 권력을 펼쳐 나가려 한다.

명리영역 기출문제

1. 다음 중 오행과 십성의 특성을 고려했을 때 설명이 잘못된 것을 고르면?(난이도 상)

① 목 비겁: 목이 상징하는 인본주의적 성향으로 포용력이 강하며, 일의 결과나 성과보다 동기와 사람을 더 중요하게 여긴다. 이 때문에 정치, 사회운동, NGO 단체의 리더가 됐을 때 큰 성과를 낼 수 있다.

② 화 식상: 확산의 속도가 빠른 화를 바탕으로 한 만큼, 자기 주도력이나 행동 전환이 무척 빠르다. 다만, 양기가 강한 화가 표현을 뜻하는 식상을 만난 만큼, 실속이 없을 수 있다. 화 식상은 독립적, 전문적 영역에서 발휘되는 경우가 많다.

③ 토 재성: 토는 중용이면서 신뢰를 상징하는 만큼, 토 재성은 책임감이 큰 편이다. 사람들과의 관계도 중간자적 입장에서 잘 조율할 줄 알며, 재물을 안정적으로 유지하는 힘이 강하다.

④ 금 관성: 고집스러운 금이 관성과 만나면, 관성이 가진 질서와 제도적 틀을 무엇보다 우선하며 안정되게 지켜 나가려 한다. 우직하고 성실하며, 꾸준한 힘이 있다.

⑤ 수 인성: 화와 달리 수렴의 속성이 강한 만큼 숫기가 부족하고, 행동 전환이나 환경 적응도 늦은 편이다. 수가 생명을 잉태하는 힘과 관련 있는 만큼 인성과 만나면 측은지심이 깊어진다.

2. 다음 중 각 오행의 리더십을 살필 수 있는 말로 가장 거리가 먼 것은? (난이도 상)

① 목 오행: "저의 슬로건은 '사람이 먼저다'입니다. 이념보다, 성공보다, 권력보다, 개발보다, 성장보다, 집안보다, 학력보다 사람이 먼저인 세상을 먼저 만들어보자는 거죠."

② 화 오행: "50년 동안 썩은 판을 이제 갈아야 합니다. 50년 동안 똑같은 판에다 삼겹살 구워먹으면 고기가 시커매집니다. 판을 갈 때가 이제 왔습니다."

③ 토 오행: "한국과 일본이 사이가 안 좋아도 외계인이 쳐들어오면 함께 연대해야죠! 야권연대가 그런 겁니다."

④ 금 오행: "여러분, 이거 다 거짓말인 거 아시죠?"

⑤ 수 오행: '(혼잣말) 빛을 감추어 밖으로 비치지 않도록 한 뒤, 어둠 속에서 은밀히 힘을 기르겠어!'

3. 다음 중 각 십성이 발달한 사람의 노래로 가장 거리가 먼 것은?
(난이도 중)

① 겁재: "내가 바람 피워도 너는 절대 피우지 마, 베이비. 나는 너를 잊어도 넌 나를 잊지 마, 레이디. 가끔 내가 연락이 없고 술을 마셔도 혹시 내가 다른 어떤 여자와 잠시 눈을 맞춰도 넌 나만 바라봐."(태양의 〈나만 바라봐〉 중)

② 편관: "내가 그렇게 예쁘니, 이, 이. 아무리 그렇다고 그렇게 쳐다보면 내가 좀 쑥스럽잖니, 이, 이. 내가 지나갈 때마다, 아, 아, 고갤 돌리는 남자들, 을, 을, 뒤에서 느껴지는 뜨거운 시선들 어떻게 하면 좋을지, 이, 이, (…) 난 너무 매력 있어. 암 쏘 쿨. 난 너무 멋져. 암 쏘 쏘 핫 핫."(원더걸스의 〈So Hot〉 중)

③ 비겁: "세상에는 말이야. 부러움이란 거를 모르는 놈도 있거든. 그게 누구냐면 바로 나야. 너네 자랑하고 싶은 거 있으면 얼마든지 해. 난 괜찮어. 왜냐면 나는 부럽지가 않어. 한 개도 부럽지가 않어."(장기하의 〈부럽지가 않어〉 중)

④ 식신: "잘 살고 못 사는 게 답이 있더냐? 하루하루가 선물인 것을 가지 말라고 붙잡아봐도 세월 앞에 장사 있더냐? 서운했던 일, 속상했던 일 모두 잊어버리고 도담도담 살아온 인생 사는 게 뭐 별거 있더냐? 밥 한 번 먹자, 밥 한 번 먹자, 시간 내서 얼굴 좀 보자, 보고 싶구나, 나의 친구야." (이찬원의 〈밥 한 번 먹자〉 중)

⑤ 상관: "오래전 널 바래다주던 길, 어쩌다 난 이 길을 달리게 된 걸까. 이러다 널 만나게 될까 봐 난 두려워. 직업에는 귀천이 없다고 배웠지만 현실은 그렇지 않더군. 난 부끄러워 키 작고 배

나온 닭 배달 아저씨. (…) 내 인생의 영토는 여기까지 주공 1단지 그대의 치킨런. 세상은 내게 감사하라네. 그래, 알았어. 그냥 찌그러져 있을게."(달빛요정역전만루홈런의 〈치킨런〉 중)

4. 원국에서 특정 십성이 혼잡없이 발달만 되어 있을 때의 장점으로 알맞지 않은 것은? (난이도 중)

① 비겁: 여러 일을 동시에 할 수 있다.

② 식상: 순발력이 좋고, 임기응변에 강하다.

③ 재성: 돈 관리를 잘한다.

④ 관성: 한 가지 일을 꾸준히 지속할 수 있다.

⑤ 인성: 정신력이나 집중력이 뛰어나다.

5. 인간의 행복과 가장 관련이 높은 십성은? (난이도 하)

① 식신

② 상관

③ 비견

④ 정관

⑤ 인성

풀이 노트

1. 정답은 ④번으로, 해당 보기는 토 관성에 대한 설명이다. 토는 중용, 신뢰, 중앙, 안정을 뜻한다. 토가 관성이 될 경우 관성이 가진 질서와 제도적 틀을 다른 오행에 비해 더욱 안정되게 지키려 한다. 또한 우직하고 성실하며, 꾸준한 힘이 있다.

주체성이 가장 강한 금이 관성을 만나면 꼿꼿하고 뚜렷하게 자기 입장을 유지한다. 각 오행별 십성의 기질을 파악할 때는, 반드시 기준이 되는 비겁을 오행과 함께 살펴야 쉽게 이해할 수 있다. 금 관성은 금극목이 되니, 다른 말로 목이 비겁이라는 뜻이다. 금 관성은 비겁인 목이 가진 꿈이나 이상을 실현하기 위해 명예나 원칙을 추구하니, 강직하며 타협을 모르는 편이다.

2. 이 문제의 정답은 ④번이다. 해당 보기는 2007년 한나라당의 제 17대 대통령 선거 후보 경선 당시 유력 대권 후보인 이명박과 박근혜가 경선을 벌이던 중 이명박 후보가 자신에게 가해진 여러 음해가 사실이 아님을 주장하면서 나온 발언이다. 금은 자기 확신, 불굴의 의지, 자신감을 뜻하기도 하지만, ④번은 리더십과 관련된 항목으로는 적절하지가 않다.

목은 약자에 대한 공감을 바탕으로 한 인본주의적 리더십을, 화는 기존의 질서와는 다른 혁명적 리더십을, 토 오행은 중용·안정·신뢰를 바탕으로 한 설득적 리더십을, 수 오행은 본인을 드러내지 않은 채 권력을 행사하려는 막후적 리더십을 지향한다.

3. ①번의 가사를 가만히 놓고 보면, 정말 말도 안 된다는 것을 알 수 있다. 내가 연락이 없어도, 내가 다른 여자와 눈을 맞춰도, 심지어 바람을 피워도 넌 나만 바라보라니. (가사를 문장 그대로 해석하면 안 되고, 문학적 비유로서 그만큼 내가 널 사랑하니 혹시 내가 다른 길로 새도 계속 나를 사랑해달라는 역설적 표현으로 볼 수도 있겠지만) 이는 정확히 통상적인 생각을 뛰어넘는 겁재적 성향과 일치하는 가사다. 겁재는 재성을 겁탈한다는 뜻이다. 남성의 경우 육친으로 재성을 여성으로 보며, 비겁을 배우자의 정부(情夫, 情婦)로도 해석한다.

②번에서 관성은 타인의 시선을 의미한다. 정관에 비해 편관은 타인에게 자신의 매력을 어필하고, 자유롭게 활용할 줄 안다. 여성의 경우 키 크고 능력 있는 남성과 교제하려 한다거나, 남성의 경우 누구나 선망하는 이름 있는 기업에 취직하려는 것도 편관에 대한 지향이라 볼 수 있다.

③번은 남과 비교되며 흔들리기보다, 높은 자존감을 바탕으로 굳건히 자신의 주관을 지켜 나가는 비겁의 속성을 잘 보여주는 가사라 할 수 있다. ④번은 먹는 것, 사교성, 낙천성과 관련된

식신의 속성을 잘 보여주는 가사이다. ⑤번은 치킨 배달을 나가는 중, 익숙한 동네에서 오래전 사귀던 여자친구를 마주칠까 걱정하며, 자신의 인생을 자조하는 내용의 가사이다. 개혁적인 성향이 강한 상관과는 가장 거리가 멀기에 이 문제의 정답은 ⑤번이 된다.

4. 정답은 ③번이다. 편재의 경우에는 좋아하는 일이라면 돈을 쓰는 데 주저함이 없고, 주위 사람들에게도 잘 베푸는 편이라 평소 돈의 흐름이 상당히 유동적이다. 다만, 정재의 경우 꼼꼼하고 세심한 성격으로 재정적인 관리에 강점이 크다. 돈을 다루는 데 있어 편재와 정재가 차이를 보이지만, 어느 쪽이든 혼잡 없이 재성이 잘 발달할 경우 자신이 하고 있는 일에서 평균 이상의 실적을 내는 경우가 많다. 재성이 발달되면, 늘 현실에서 눈에 보이는 실질적인 성과를 추구하기 때문이다.

5. 정답은 ①번 식신이다. 식신은 주체인 일간이 자연스럽게 생하는 기운으로 의식주, 식복, 자기 표현, 가족주의 등을 의미한다. 인성이 너무 강하면 식상이 극을 당하는데, 사주에서 식상이 없거나 식상의 기운이 약할 때는 삶에 대한 행복감이 떨어진다. 식신이 발달하면 맛을 느끼는 감각도 발달하여 음식을 먹더라도 맛있게 먹을 줄 안다. 이를 식복과 연결시켜, 식신이 발달하면 먹을 복이 있다고도 표현한다. 자신의 신념과 가치관을 바탕으로 채식을 지향하는 삶 역시 인성이 강해 식상이 극을 당하는 사례로 볼 수 있다. 조직에서 승진이나 프로젝트 달성을 위해 개인의 행복을 미루고 어쩔 수 없이 조직에 헌신하는 것은, 관성이 강해 식상의 기운이 설기되는 사례로 볼 수 있다.

실전! 내 사주풀이

현재까지 우리는 천간과 지지, 그리고 십성에 대해 복습했다. 이제껏 배운 내용을 바탕으로, 이제부터 실전에서 어떻게 사주를 풀이해야 하는지 살펴보도록 하자. 이 사주는 85년 9월 4일, 15시, 즉 을축년, 갑신월, 병오일, 을미시 생인 나의 명식이다. 사주에서 보이는 특징과, 실제 내가 살아온 삶이 어떻게 연결되는지 살펴보자.

시주	일주	월주	연주
정인	본원	편인	정인
乙	丙	甲	乙
未	午	申	丑
상관	겁재	편재	상관

① 일간과 천간 살피기

내 사주의 일간은 병화다. 대체적으로 밝고 명랑한 성격으로, 인사성이 밝고 예의를 중요하게 여긴다. 이마가 넓고, 감정 변화가 그대로 얼굴과 태도에서 드러난다. 내가 가진 화의 기운은 시각적인 요소와도 관련이 큰데 이는 남에게 내가 어떻게 보이는지를 중요하게 여기거나, 화기와 관련된 방송·연예 계통과 인연이 깊다는 걸 뜻할 수도 있다. 원래의 대학 전공에 더해, 화 기운이 세운에서 강해질 때부터 복수전공으로 사진학을 새로 공부하기 시작했다.

병화의 급한 성격은 빠릿한 행동으로 드러난다. 무슨 일을 하든 열정이 넘치고 추진력 있게 일을 진행하지만, 하는 일에 싫증을 느끼고 금방 포기하기도 한다. 늘 새로운 일에 몰두하기에, 체력적인 소모가 큰 것도 단점이다.

천간에는 목의 기운이 강하다. 목의 인본주의적 성향 때문인지, 대학생이던 시절 매년 한 달 이상씩 저개발국가에 머물며 봉사활동을 하기도 했다. 대학 졸업 후 NGO 단체에서 일했던 것도 천간의 목 기운이 작용한 것으로 보인다. 목의 기운은 화의 기운을 생하기에, 천간만 보면 전반적으로 목과 화의 기운이 강한 사주로 볼 수 있다.

② 일지와 지지 살피기

나의 일지는 오화 왕지다. 왕지는 자체적으로 도화의 기운을 갖고 있는데, 많은 사람들로부터 관심을 받고, 자신의 역량을 돋보이게 하는 힘으로 작용한다. 일간 병화가 일지 오화를 만나 화기가 더욱 강해졌는데, 이렇게 천간과 지지가 같은 오행으로 되어 있는 구조를 간여지동이라 한다고 했다. 간여지동은 겉과 속이 다르지 않고, 생각한 걸 바로 실천에 옮긴다. 그만큼 관련된 기운이 하나의 방향을 갖고서 강하게 드러날 수밖에 없다는 뜻이다. 양기가 강한 만큼 감정 변화가 그대로 얼굴과 태도에 드러나 사회생활을 할 때 유의해야 한다.

이 사주는 간여지동이 된 만큼 양기가 강한데, 천간의 목기들마저 전부 화를 생하고 있다. 양기가 강하니 남성적이거나 괄괄한 성격의 소유자라는 뜻일까? 아니다. 오히려 중성적이거나 섬세한 성격으로 전혀 병화스럽게 보이지 않을 수도 있다. 극단에 이를 만큼 너무도 강한 기운은 오히려 없는 것과 같기 때문이다.

월지에 있는 신금은 활동성이 강한 간지로, 분주하게 몸을 움직이는 것을 좋아한다고 볼 수 있다. 안정적이기보다 다양한 경험을 바라며, 기존의 질서에서 벗어나 새로운 변화를 추구하려 한다. 참고로 신금은 커뮤니케이션과 연관된 욕망과 관련이 깊다.

연지 축토와 시지 미토는 화개의 기운을 안고 있다. 화개는 고독하고 쓸쓸한 기운을 나타낸다. 화개는 깊은 공부를 통해 특수한 분야에서 자기만의 잠재력을 발휘하며 독자적인 길을 개척하는 힘이 될 수도 있다. 이 덕분에 현재 명리학자로서 공부하며 깨달은 것들을 화 기운과 관련된 미디어 방면으로 풀어내며, 다양한 사람들과 교류하고 있다.

③ 십성 살펴기

일지 오화의 십성은 겁재다. 겁재는 기존의 질서를 전복시켜 새로운 질서를 창조하려는 욕망이 강하다. 내가 명리학을 공부하게 된 이유도 어찌 보면, 기존의 명리학이 고리타분한 학문으로 여겨지는 것에 대한 반감이 크게 작용한 것 같다. 어찌 됐건 많은 사람들이 명리학에 흥미를 느끼고, 명리학이 현대적으로 재해석되어 널리 유용하게 쓰이길 바라고 있다.

비겁이 강하면 간섭과 통제를 죽기보다 싫어한다. 이 사주는 독립심, 추진력, 불굴의 의지, 경쟁력 등을 갖추고 있는 겁재가 일지에 있으니, 일반적인 직장생활과는 거리가 먼 편이라 할 수 있다. 하지만, 비교적 자유롭게 일할 수 있는 분위기에서 본인이 좋아하는 일을 한 덕분에 10년간 대기업에서 일했다. 부모님의 도움 없이 자기 힘으로 대학을 졸업했으며, 결혼을 할 때도 부모님께 도움받지 않고 가정을 꾸렸다.

겁재는 상관과 연결되면 큰 힘을 발휘한다. 상관은 언변, 창의성, 총명함이 키워드다. 대학 생활을 하는 내내 학원 강사로 일하며 등록금을 벌기 위해 애썼다. 상관이 잘 쓰이면 정관으로 표상되는 권위와 질서에 대한 반발심에서 나아가 정의감을 바탕으로 약자를 돌보고, 잘못된 것을 바로잡으려는 힘으로 발전하기도 한다. 대학 졸업 후 멀쩡하게 직장생활을 잘할 것처럼 보였으나, 회사에 있는 내내 윗사람들과 사사건건 안 맞아 서로 피곤한 경우가 많다. 반골 기질을 숨길 수 없었기 때문이다. 게다가 상관이 강하니 마음속에 있는 것들을 말로 내뱉지 않고는 못 배겼고, 급한 성격에 빨리 결정을 내려 화를 자초한 경우도 셀 수 없을 정도다.

또한 회사에서 남자 직원 최초로 육아휴직을 쓰며 후배들이 육아휴직을 편하게 쓸 수 있도록 길을 열어주거나, 후배가 불합리한 일을 당하거나, 조직 내 부조리가 생길 경우 누가 시키지도 않았는데 총대 메고 나서서 바로잡기 위해 노력했다. 태어난 아이 이름에 한자와 한글을 모두 섞었다는 이유로 출생신고가 받아들여지지 않자 사비를 들여

헌법소원을 내기도 했다. 중고나라에서 10만 원도 안 되는 소액 사기를 두 번이나 당한 후 각각 나홀로 소송을 통해 감옥에 있는 가해자의 영치금을 압류한 일도 있었다. 후배들이 억울한 일을 당했을 때 대신 나서서 상사에게 따지기도 했는데, 굳이 안 해도 되는 일, 그냥 넘어갈 수 있는 일을 바로잡으려 노력했던 것도 모두 상관의 힘이라 할 수 있다.

상관은 평범함과 익숙한 틀을 벗어나 남과 다른 독창적인 것을 만들어내는 특징이 있다. 회사에 재직 당시 몇 년간 회사 유튜브 채널을 운영하며 영상 촬영, 기획, 편집, 연출 등을 모두 해냈는데, 이런 식으로 화 오행의 힘과 상관의 힘을 자유롭게 활용했다.

신금 편재는 많은 사람들과 교류하는 힘으로 사용된 듯하다. 회사 생활을 할 때 언론홍보, 미디어 관련 부서에서만 오래 일했다. 매일같이 지역의 수많은 언론인을 만나 그들과 네트워크를 쌓아가며 회사의 주요 사업을 알렸다. 편재는 유머감각이 뛰어나고 사교성이 좋아 대인관계도 무척 넓은 편이다. 기분파에 즉흥적인 편재는 추진력이 정말 좋은데, 이는 관계에 있어서 시원시원한 성격으로 드러난다. 회사 일을 하는 동안 접대비를 쓰거나, 언론사에 꽤 큰 돈을 광고비로 집행했으니 이를 통해 편재의 기운을 원 없이 사용했다고 볼 수 있겠다. 편재는 내 것이 아닌 재물이라는 뜻이 있다. 내 돈이 아닌 많은 돈을 만지는 것도 편재가 가진 힘이니, 편재가 강한 경우 금융권에서 일하는 게 좋다고 말하기도 한다. 참고로 금이 재성이 되면, 일을 할 때 완벽주의적 기질을 보인다.

천간에 있는 목 인성은 어떻게 해석해야 할까? 모성애와 관련된 인성의 기운은 타인에 대한 배려심이나 사회적 약자를 향한 따뜻한 시선으로 확장된다. 대학생 때에는 국제구호단체에서 홍보 일을 하겠다는 꿈을 간직하고 있었다. 빠듯한 대학 시절에도 매년 사비를 털어 한 달씩 저개발국가로 해외봉사를 떠나기도 했다. 이는 인본주의적 성향이 강한 목 기운이 인성과 연결된 점, 그리고 상관이 가진 약자를 향한 정의감에 기인한 듯하다.

화로 상징되는 양의 기운은 이상을 향하는 기운, 진보적인 기운, 개방적이고 양심적인 기운으로 나타난다. 현상을 유지하려고 하기보다,

새로운 질서에 대한 열망이 훨씬 큰 편이다. 게다가 목의 인본주의와 함께 강한 상관의 기운은 이 사람의 정치성향을 진보적인 쪽으로 기울게 한다. 대학 입학 후 잠시, 운동권으로 활동한 이력이 있었다. 그때를 돌이키며, '가슴 뜨거운 시절이 잠시나마 있긴 있었구나'라고 여기고 있다.

명리영역 기출문제

시주	일주	월주	연주
정인	본원	편인	정인
乙	丙	甲	乙
未	午	申	丑
상관	겁재	편재	상관

1. 오행을 살펴볼 때 이 사람의 특성에 해당되지 않는 것은 무엇일까요?(난이도 중)

① 추진력이 쩐다.

② 끈기나 자기절제력이 가히 부처님만큼 강하다.

③ 심장 또는 혈관과 관련된 질환이 있을 수 있다.

④ 독립적이며 자기주도적인 형태로 일하는 것을 좋아한다.

⑤ 예의없는 사람을 무진장 싫어한다.

2. 십성을 살펴볼 때 이 사람의 특성에 해당되지 않는 것은?(난이도 중)

① 제대로 할 줄 아는 건 없으면서 이것저것 관심이 많다.

② 지를 때 제대로 지른다!

③ 아랫사람을 잘 챙긴다.

④ 창의적이며, 자기표현력이 좋다.

⑤ 성격이 나무늘보와 같이 차분하며 절대 급하지 않다.

3. 위 사주가 수 관성이 무력하기 때문에 보이는 특성으로 가장 거리가 먼 것은? (난이도 중)

① 하나의 일에 오랫동안 매진하지 못한다.

② 나의 가치와 존재감을 조직에서 찾으려 한다.

③ 다른 사람들의 시선을 크게 신경쓰기보다 개성을 추구한다.

④ 간혹 늦잠을 자고 늦게 일어나는 등 규칙적인 생활을 어려워한다.

⑤ 비교적 자유롭고 규범에 얽매이지 않는다.

4. 위 사주를 보고도 알 수 없는 것을 고르면? (난이도 중)

A. 이 사람의 적성	B. 자식의 수	C. 어울리는 직업
D. 선호하는 이상형	E. 이혼 횟수	

① A, B

② B, C

③ B, E

④ D, E

⑤ C, D

5. 위 사주의 인성과 관련된 설명으로 가장 거리가 먼 것은? (난이도 하)

① 철환: "위 사주는 편인도 있고 정인도 있으니 인성혼잡이라 할 수 있어."

② 동현: "세상에 인성이 혼잡되어 있다니… 저건 이미 망한 사주야."

③ 아능: "인성이 혼잡되어 있다는 건 편인과 정인 양쪽의 기운을 다 쓸 수 있다는 거 아니야?"

④ 병용: "인성이 혼잡되어 있기 때문에, 어쩌면 편인과 정인 양쪽의 기운이 서로의 발목을 잡을 수도 있지 않을까?"

⑤ 건우: "을목 정인들이 전부 토 위에 있는 것과 달리, 갑목 편인은 지지 신금 위에 있네. 을목과 갑목을 비교하면, 저 사주에서는 갑목의 힘이 더 약한 거지?"

6. 이 사람이 가질 법한 직업으로 어울리지 않은 것은? (난이도 중)

① 사진작가

② 방송·미디어 업계 종사자

③ 영업직

④ 일반 행정공무원

⑤ 작가

풀이 노트

1. 화 기운은 여름이라는 계절이 품고 있는 확산의 에너지를 나타낸다. 화의 기운이 강한 사람은 성격상 대체적으로 밝고 명랑하며 사교성이 좋다. 모든 일에 열정이 넘치지만, 급한 성격으로 안 해도 되는 실수를 저지를 때도 많다. 화 기운은 높은 자기 주체성과 자신감을 바탕으로 한 표현력과도 관련이 깊다. 또한 경계를 허물며 모든 것과 융화하려는 성향이 커서 대체적으로 인사성이 밝고 예의를 중시하며 높은 친화력을 보인다.
위 사주는 화 기운은 강하지만 수 기운은 전체적으로 약한 편이라 급한 성격으로 이어질 수 있다. 정답은 ②번이며, 보기 ④번은 겁재와 양인에 대한 특성을 나타낸다.

2. 위 사주의 주체는 식상이 강한 만큼 다양한 분야에 호기심이 많았고, 실제로도 살면서 다양한 일을 했다. 하지만 어느 한 가지 분야에도 제대로 정통하지 못해, '애매한 재능은 없는 게 낫다'라는 말을 뼈저리게 체감한다. 위 문제에서 ①번, ③번, ④번은 모두 식상의 속성이며, ②번은 편재의 속성이다. 편재는 유흥이나 재미를 추구하는 성향이 강하며, 일의 결과보다 과정을 더 중요하게 여긴다. 위 사주는 화 기운은 강하나, 이를 제어할 수 관성(官星)의 기운은 약한 편이라 대체적으로 성격이 급한 편이다. 따라서 정답은 ⑤번이다.

3. 관성은 일간을 제어하는 기운으로, 사회적 규범과 조직, 질서, 명예 등을 상징한다. 일간이 하고 싶은 일이 있더라도 하지 못

도록 통제하는 힘이라 할 수 있다. 관성이 강한 사주의 주체는 자기의 본능을 다스릴 줄 안다. 관성은 늦잠 자고 늦게 일어나려는 일간의 욕망을 억눌러 규칙적으로 생활하게 하며, 하기 싫은 일도 참고 꾸준히 지속하게 만든다. 또한 자유분방하고 개방적이기보다 집단의 규율에 자신을 맞추게 한다.

관성의 명예는 내가 속한 조직이나 사회가 내게 부여해주는 것이다. 다른 사람들의 시선에 나를 맞추며 하고 싶은 일을 포기하더라도, 조직에서 승진하거나, 사람들로부터 인정받을 수 있다면 기꺼이 나를 희생할 줄 안다. 관성이 강하면 조직을 곧 나라 생각하며, 나의 가치와 존재감을 조직에서 찾으려 한다.

위 사주는 일간과 비겁의 기운이 강한 만큼, 본인이 개인적으로 설정한 과제를 완수하고, 스스로 자존감을 높일 수 있는 영역에서 더 높은 삶의 가치를 느낀다. 따라서 정답은 ②번이다.

4. 정답은 ③번이다. 사주를 공부하는 이유는 어떻게 하면 내가 더 행복한 삶을 살아갈 수 있을지를 파악하기 위해서다. 나는 어떤 잠재적 욕망과 성향을 가지고 있는지, 무슨 일을 할 때 더 높은 수준의 성과를 낼 수 있는지, 어떻게 살아가야 가장 만족스러운 삶을 살 수 있을지 등을 알고자 하는 이에게, 명리학은 가장 유용한 도구가 될 수 있다.

주체의 적성, 선호하는 이상형, 어울리는 직업은 명리학을 통해 손쉽게 파악이 가능하지만, 자식을 몇 명이나 낳을지, 자식의 성별은 무엇일지, 이혼은 몇 번이나 할지(물론 이혼의 가능성이 높은지 낮은지는 알 수 있다), 내가 언제 죽을지 등은 알 수 없다(당연히 건강의 흐름은 알 수 있다). 만약 이런 점들을 알 수 있다면, 당장 산부인과 의사들이나 장례지도사들부터 명리학을 공부하겠다고 발 벗고 나섰을 것이며, 전 세계의 의과대학에서는 명리학을 필수 교과과정으로 채택했을 것이다.

5. 정답은 ②번이다. 혼잡이 되어 있다는 것은 양쪽의 기운을 다 쓸

수 있기도 하지만, 양쪽의 기운이 발목을 잡을 수도 있다는 뜻이다. 혼잡이 되어 있다고 무조건 불리한 사주라 볼 수는 없다. 후술하겠지만 대운이나 세운에서 합이나 충의 작용을 통해 원국의 혼잡된 기운 중 하나가 무력화되면, 남은 하나의 기운이 엄청나게 강해지기 때문이다. 오히려 해당 기운이 하나만 있을 때보다 더 유력하게 작용을 하기에 운에 따라 혼잡은 큰 가능성을 가지고 있다고 할 수 있다. 따라서 혼잡이 되어 있다고 망한 사주라고 말하는 ②번이 잘못되었다.

위 사주에서 갑목 편인은 신금 편재 위에 있다. 신금은 갑목을 금극목하여 목의 기운을 설기시키는 데다, 갑목은 일주인 병화와 오화의 땔감이 되기 때문에 힘이 많이 약하다. 을목은 축토나 미토를 극하는 관계이고, 갑목은 신금에게 극을 당하는 관계이다. 내가 주체가 되어 극을 하는 것보다, 극을 당하는 것이 훨씬 더 내 힘을 잃게 만든다.

6. 화가 발달되어 있거나, 화를 용신으로 써야 하는 사람이 가지면 어울릴 만한 화의 직업은 방송(유튜브·미디어)이나 패션업계 종사자, 배우, 메이크업 아티스트, 사진 또는 디자인업계 종사자, 인테리어 또는 조명과 관련된 화려하고도 예술적인 속성이 강한 직업들이다.

편재가 발달되어 있거나, 편재가 용신인 경우에는 영업직도 좋다. 편재는 사람들과 관계 맺는 힘이 강하며, 특히 상관이 편재로 이어질 때 내가 성과를 내는 만큼 제대로 된 실적을 챙길 수 있는 인센티브가 따르는 영업직이 유리하다.

⑤번 작가라는 직업은 식상과 가깝다. 나를 표현하는 힘인 식상은 글이나 언변으로도 발현되기에, 작가나 변호사와 어울린다.

이 문제의 정답은 ④번 일반 행정공무원이다. 위 사주의 주체는 독립성과 주체성은 강하나, 수 관성은 약하다. 반복적이고 형식적인 일은 못 견딜 만큼 답답해할 가능성이 높다.

命理
武器

4
장

일주를 파악할 때 지장간을 꼼꼼히 살펴야 하는 이유는?

사주를 볼 때는 일간을 먼저 살피고 그 다음으로 일지를 살펴야 한다. 일간과 일지를 합쳐 일주라고 하는데, 일주를 파악할 때 일지의 지장간을 꼼꼼히 살펴야 일주가 가진 특성을 제대로 알아낼 수 있다.

예를 들어 임인일주를 살펴보자.

인목은 지장간을 보면 무토, 병화, 갑목으로 이루어져 있다. 갑목[甲]은 목, 병화[丙]는 화, 무토[戊]는 토 오행으로, 지장간 정기에서부터 초기까지 바로 목생화 → 화생토의 흐름이 만들어진다. 임수를 기준으로 했을 때 각 간지의 십성을 살펴보자.

- 무토[戊]: 편관
- 병화[丙]: 편재
- 갑목[甲]: 식신

비겁이나 인성은 없고, 지장간이 식, 재, 관으로만 이루어져 있다. 즉, 식상생재와 재생관이 되었으니 기운의 흐름이 빠르다는 것을 알 수 있다. 임수는 수 일간으로 한마디로 CPU라고 볼 수 있다. 두뇌회전이 빠르고, 지식이나 기술 습득하고 이해하는 능력도 탁월하다. 이런 임수가 식신을 정기로 만났다. 식신은 탐구하고 궁리하는 기획의 힘이다. 일주만 보더라도, 당연히 이것저것 다양한 분야에 관심이 많고, 자신이 상상하고 있는 것을 표현하고 현실 영역에서 실현하고자 하는 힘이 강하다.

게다가 임인일주는 신살로 문창귀인을 안고 있다. 두뇌회전이 빠른 임수가 식신 문창귀인을 만나니, 생각의 속도가 빠르며 학업에도 우수한 경우가 많다는 것을 알 수 있다.

참고로, 12지지 중에서 인목은《적천수》에서 일컫기를 '수탕기호(水蕩騎虎)' 라 하여 수기를 가장 잘 흡수하는 간지로 본다. 천간에 있는 임수의 기운이 지지 인목으로 빠르게 흡수되니, 인목 식신의 기운은 다른 간지에 비해 빠르고 강하게 발현된다. 또 식신은 편재, 편관으로 순일하게 흐르니 언변을 바탕으로 두각을 나타내거나, 융통성 있는 처세술을 갖춰 사회적으로도 크게 인정받을 수 있다.

다만, 일주만 떼어놓고 보면 임인일주는 임상 시 다른 일주에 비해 대학을 중퇴하거나 직장생활을 하다 그만둔 후 오랜 기간 경력이 단절되는 경우가 많다. 인목 지장간의 무토가 임수를 극하는 데다 수생목이 강하고 빠르게 이루어지기 때문이다. 목 식신은 무슨 일을 하든 박력 있게 밀고 나가는 힘으로 작용하는데, 기름(비겁)이 상시적으로 공급되는 자동차(식신)를 떠올려보면 된다.

하지만, 상대적으로 비겁이나 인성의 기운이 약한 점은 우유부단한 성격으로 나타나 중요한 일을 그르치는 원인이 되기도 한다. 게다가 사회적 활동력을 뜻하는 식재관을 모두 갖추고 있어 대학을 다니다 학원 강사를 시작해 학원을 차리거나 벤처기업을 창업하는 등 사회 활동중 찾은 재능을 발휘하는 경우도 많다. 그러나 이런 점들이 모두 학업을 중도에 포기하게 만드는 원인으로 작용하기도 한다.

학업 중단이나 경력 단절의 경우가 상대적으로 많은 임인일주의 사주를 만나면 첫째, 수 비겁이나 금 인성이 사주 내 다른 자리에 존재하는지 둘째, 대운이나 세운에서 비겁이나 인성이 들어오는지 여부 등을 먼저 파악해야 한다. 다른 일주와 달리 비겁이나 인성의 기운이 강하냐 약하냐에 따라 인생의 방향이 크게 달라지기 때문이다.

일간과 지장간만 잘 살펴도 일주의 성격을 충분히 파악해낼 수 있으며, 나아가 사주 간명 시 무엇을 먼저 살펴야 하는지도 유추할 수 있다. 그렇다면 정기가 식신인 무신일주는 임인일주와 비교하면 무엇이 다

---

* 《적천수》 원문에는 '화치승룡(火熾乘龍) 수탕기호(水蕩騎虎)', 즉 불길이 거세면 용을 타야 하고, 물이 흘러 넘치면 호랑이를 타야 한다는 문장이 나온다. 호랑이, 즉 인목(寅)이 하나라도 있으면 사주에 있는 많은 수 기운을 능히 다스릴 수 있다는 뜻이다.

를까? 무신일주도 자세히 살펴보도록 하자.

천간 무토는 한마디로 범위가 아주 넓은 땅이라고 할 수 있다. 이런 무토가 일지로 신금[申] 식신을 깔고 있다. 신금의 지장간은 무토[戊], 임수[壬], 경금[庚]으로 이루어져 있다. 신금 지장간 속의 무토는 비겁, 임수는 편재, 경금은 식신으로, 임인일주와는 달리 일간인 무토가 신금의 지장간에 그대로 뿌리내리고 있다. 임인일주와 식신이 편재로 이어진다는 점은 같지만, 비겁이 뿌리내리고 있다는 점 덕분에 일간의 힘은 무신이 조금 더 튼튼하다고 볼 수 있다. 비겁이나 인성이 약한 임인일주가 뚝심이나 고난, 역경을 이겨내는 힘이 부족하다면, 일주만 보면 무신은 그에 비해 비겁이 뿌리가 있으니 임인일주보다는 조금 더 나은 편이다.

사주를 보는 순서에 따라 일간인 무토를 살피면 어떤 점들을 알아낼 수 있을까? 무토는 범위가 넓은 땅으로 물상으로는 대륙이나 끝이 보이지 않는 평원을 뜻한다. 일지는 신금으로 역마의 속성도 있고, 커뮤니케이션에 대해 강한 욕망도 품고 있다. 흔히 말하는 언론이나 방송계 쪽에서 잠재적인 역량을 빛낼 수 있는데, 그러려면 전문직종이나 학문계로 진출하는 것이 좋다.

범위가 넓은 무토가 일지에 식신을 만나니, 하고 싶은 것이 많아 관심사나 취미 또한 다양해질 수밖에 없다. 역시 문창귀인을 깔고 있는 만큼 머리가 좋고, 비겁이 식신과 편재로 흐르니 운을 잘 만나면 신약하더라도 거부가 될 힘도 갖고 있다. 다만, 신금 역마의 속성상 활동성이 좋아, 꾸준히 오랫동안 버티는 힘은 약한 편이다. 끈기나 배짱이 부족해 한 분야에서 지속적으로 성취해나가는 힘이 약해질 수 있으니, 임인일주처럼 원국이나 대세운에 화 인성이 있는지 잘 살펴야 한다.

기업인 이병철 회장의 명식

남, 신약

시주	일주	월주	연주
편재	본원	비견	식신
壬	戊	戊	庚
戌	申	寅	戌
비견	식신	편관	비견
		*	
辛丁戊	戊壬庚	戊丙甲	辛丁戊

97	87	77	67	57	47	37	27	17	7
비견	정인	편인	정관	편관	정재	편재	상관	식신	겁재
戊	丁	丙	乙	甲	癸	壬	辛	庚	己
子	亥	戌	酉	申	未	午	巳	辰	卯
정재	편재	비견	상관	식신	겁재	정인	편인	비견	정관
태	절	묘	사	병	쇠	제왕	건록	관대	목욕

삼성 이병철 초대회장의 명식. 언뜻 토의 기운이 많아 신강한 듯 보이지만, 그렇지 않고 득세만 한 사주다. 월지와 일지를 차지하지 못했기 때문이다. 사주가 신강하려면, 반드시 원국의 사령부라 할 수 있는 일지나 월지 중 하나라도 비겁이나 인성을 둔 후 나머지 조건들을 성립해야 한다(이 점에 대해서는 추후에 서술하겠다).

일지에 있는 신금의 정기 경금[庚]이 연간에 투간했는데, 이렇게 일지에 있는 게 천간에 투간하게 되면 그 힘은 엄청나게 강해진다. 신금에 있는 중기 임수[壬] 역시 시간에 투간했다. 시간에 있는 임수는 월지에 있는 인목을 지원하기에는 멀리 떨어져 있다.

이 사주에서 토 비겁은 일월지를 차지하지는 못했지만 득세하여 약하지 않고, 금 식상과 수 재성은 뿌리가 있어 강하다. 이 명식의 포인트는 일지에 있는 간지가 전부 천간에 드러났다는 점이다. 일지는 배우자, 직업, 건강을 상징하는데, 이렇게 일지에 있는 간지가 천간에도 투출하면 엄청난 직업적 힘을 발휘한다. 지구촌 역마를 상징하는 무무병존의 강한 힘이 자연스럽게 금 식신과 수 재성으로 이어지니 사업적 영역에 엄청난 잠재력을 갖고 있다.

억강부약, 즉 강한 건 눌러주고 약한 건 키워줘야 한다는 관점에서 이 사주의 억부용신은 화 인성이 된다. 실제 그는 사·오·미 대운에서 엄청난 성과를 내며 재벌로서 큰 성장을 이루었다. 게다가 그는 화와 관련된 전자·반도체 사업을 통해 삼성을 전세계적 기업으로 키워냈다.

참고로, 이렇게 시간에 편재가 뿌리를 내리고 있는 사주를 시상일위편재격이라 한다.

60일주, 60개의 인간 군상

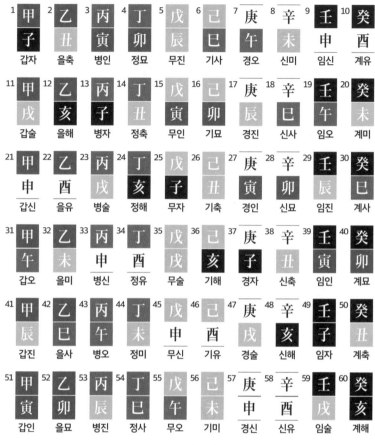

60일주의 순서

　60일주를 여러 가지 층위로 분류할 수 있다. 오행, 천간, 지지, 또는 십이운성이 같은 그룹으로 분류가 가능하지만, 여기서는 일단 일간을 기준으로 일지의 십성이 같은 것들끼리 묶어보았다. 충이나 합, 신살과 십이운성에 대한 이야기는 최대한 배제하고, 우선은 십성을 위주로 살펴보자.

　이 경우 ① 비견과 겁재 그룹 ② 식신과 상관 그룹 ③ 편재와 정재 그룹 ④ 편관과 정관 그룹 ⑤ 편인과 정인 그룹으로 나눌 수 있다.

① 비견과 겁재

비견 양간 그룹				비견 음간 그룹			
甲寅	戊辰	戊戌	庚申	乙卯	己丑	己未	辛酉
갑인	무진	무술	경신	을묘	기축	기미	신유
戊丙甲	乙癸戊	辛丁戊	戊壬庚	甲乙	癸辛己	丁乙己	庚辛
편재 식신 비견	정관 정재 비견	상관 정인 비견	편인 식신 비견	겁재 비견	편재 식신 비견	편인 편관 비견	겁재 비견

겁재 양간 그룹		겁재 음간 그룹	
丙午	壬子	丁巳	癸亥
병오	임자	정사	계해
丙己丁	壬癸	戊庚丙	戊甲壬
비견 상관 겁재	비견 겁재	상관 정재 겁재	정관 상관 겁재

비견과 겁재 그룹은 다른 그룹에 비해 독립적이고, 자기주도적 성향이 강하다. 누군가 자기를 규정하거나 남에게 통제받는 것을 특히 싫어하는데, 겁재 그룹은 여기에 더해 경쟁과 투쟁성이 더 강하다고 보면 된다.

토 오행은 다른 오행과 달리 지지에 네 개의 간지가 있다 보니, 비견과 겁재 그룹에도 토 일주가 네 개 존재한다. 충과 합에 대해서는 후술하겠지만, 갑인일주와 경신일주, 을묘일주와 신유일주, 병오일주와 임자일주, 정사일주와 계해일주는 모두 천간과 지지가 충하는 천충지충의 관계이다. 토 일주인 무술일주와 무진일주, 그리고 기축일주와 기미일주는 지지가 서로 붕충한다.

일지를 살피면 건강과 수명, 배우자, 직업에 대한 사항들을 알 수 있다. 일간이 모두 강하게 일지에 뿌리를 내리고 있으니 비견과 겁재 그룹은 모두 건강이 튼튼한 편이다. 관성이 와도 일간이 굳건히 버틸 수 있지만, 사주에 관성의 기운이 약할 경우 생활이 불규칙해져 오히려 건강을 상할 수 있다.

비견, 겁재 그룹은 배우자와의 관계에 있어 다른 일주에 비해 안정성이 조금 떨어지는 편이다. 남성의 경우 여성과 아내를 뜻하는 정재를 극하기 때문이다. 여성의 경우에는 일간이 튼튼하니 남성과 남편을 뜻하는 관성의 극에 강한 힘으로 대항하거나 식상을 갖출 경우 오히려 관성을 극하게 된다.

이들 그룹은 독립심이 강한 만큼, 사회적으로 일할 때도 누군가에게 간섭이나 통제받는 형태로 일하면 퍼포먼스가 잘 나오지 않는다. 지시받기보다, 본인이 직접 과제를 설정하고 자율적으로 수행해갈 수 있는 환경에서 일해야 더 큰 성과를 낸다.

각 일주를 살필 때 역시 ①천간 ②지지 ③지장간의 십성을 순서대로 살펴야 한다. 여기에는 음과 양의 개념은 물론, 지지가 왕지인지 생지인지 고지인지도 당연히 염두에 둬야 한다(다만 십이운성과 간지 암합, 충은 물론, 천간과 지장간들에 배속된 간지들의 조합, 오행의 성분도 함께 봐야 하는데, 이 부분은 진도에 맞게 후술하겠다).

예를 들면 갑인일주와 을묘일주, 경신일주와 신유일주는 음양이 다르다. 갑목과 을목이 양목인지 음목인지, 경금과 신금이 양금인지 음금인지에 따라 어떤 특성을 보이는지 떠올려보면, 해당 일주들의 차이를 쉽게 가늠할 수 있다.

양은 발산하고, 음은 수렴하는 속성이 있다. 양은 이상을 추구하다 보니 실속이 없는데, 음은 현실적인 속성이 강하다 보니 반대로 실리를 잘 챙긴다. 예를 들면 갑인일주와 을묘일주만 놓고 볼 때, 겉으로는 당연히 갑인일주가 더 진취적이며, 목 오행답게 호기심도 강하다. 다만 마무리에는 약해 유시무종이라는 말이 늘 뒤따른다. 을묘일주는 적극적으로 자신을 드러내려고 하지 않고, 사고나 행동이 갑인일주에 비해 상당히 유연하다. 음목이기 때문이다.

60일주와 관련된 내용을 보다 깊이 있게 공부하고 싶다면 2024년 출간될 강헌의 명리 서적 일주편과 조재렬의 《피클 일주론 사주명리학의 꽃》을 읽어보길 권한다. 저자마다 관점이 조금씩 다르겠지만, 큰 틀에서 60일주를 넘어 명리학 전반에 대해 공부하는 데 도움이 많이 될 것이다.

이번 장에서는 일주별로 성격이 어떻게 드러날지를 간략하게나마 살펴보도록 하자. 더불어 십성을 공부할 때도 그러했듯이, 초창기에는 물상의 이미지를 포함하여 60일주별 속성들을 키워드로 최대한 정리해두면 도움이 된다.

갑인
봄날 초원에 우뚝 선 나무, 주체적 성장력, 학문, 예술, 유시무종

무진
끝도 없이 펼쳐져 있는 논, 물이 찰랑찰랑하며 모가 일정한 간격으로 심어져 있는 논, 원대한 이상, 완벽주의

무술
높이가 보이지 않는 산, 에베레스트 산, 극강의 자존심, 실리주의, 꾸밈없는 검소함

경신
강철로 된 방패, 외강함, 강한 자기확신과 승부욕

을묘
억센 칡넝쿨, 외유내강, 측은지심, 공감능력, 생존력

기축
언 땅을 일구는 소, 철두철미, 안정 지향(모험 회피)

기미
수확을 앞둔 논, 과도한 집착, 뚝심, 한 분야에서의 성취, 포기하지 않는 집념

신유
날카로운 창, 외유내강, 정의로움, 강직함, 예리함, 직관력, 예민함

병오
한낮의 뜨거운 태양, 적토마, 개방성, 극단성, 예의중시, 양심적, 급한 성격

정사
쇳덩이를 녹이는 용광로, 집요함, 현실적, 직선적, 솔직담백, 빠른 일처리

壬子 임자
속이 보이지 않는 깊은 바다, 비밀주의, 넓은 도량, 속성속패

癸亥 계해
바다 위에 잔뜩 낀 안개, 선견지명, 부드러운 대인관계, 숨겨진 야심

명리영역 기출문제

1. 다음 중 대체 머릿속으로 무슨 생각을 하고 있는 건지 가장 파악하기 힘든 일주를 고른다면? (난이도 하)

① 癸 / 亥　오행: 수, 수

② 辛 / 酉　오행: 금, 금

③ 乙 / 卯　오행: 목, 목

④ 壬 / 子　오행: 수, 수

⑤ 己 / 丑　오행: 토, 토

* 힌트: 목, 화, 토, 금, 수 오행별 특징에 대해 떠올려보자.

2. 다음 중 비교적 자녀에 대한 애착이 가장 큰 일주를 고르면? (난이도 중)

① 甲 / 寅 / 戊丙甲　비견(戊 편재, 丙 식신, 甲 비견)

② 乙 / 卯 / 甲乙　비견(甲 겁재, 乙 비견)

③ 戊 / 辰 / 乙癸戊　정관(乙 정관, 癸 정재, 戊 비견)

④ 己 / 未 / 丁乙己　비견(丁 편인, 乙 편관, 己 비견)

⑤ | 辛 |
| 酉 |
| 庚辛 |
비견(庚 겁재, 辛 비견)

* 힌트: 자녀, 양육, 보살핌의 힘을 상징하는 십성이 무엇인지 떠올려보자.

3. 다음 중 각 일주에 대한 설명 중 가장 거리가 먼 것을 고르면? (난이도 중)

① **乙卯** 겉모습이 부드러운 을목일간이 지지에 겁재와 비견을 만나니, 외유내강한 성격으로 드러난다.

② **庚申** 누구에게도 굽히지 않는 강직함을 지닌 경금이 일지에 신금 비견을 만나니, 외강한 성격으로 드러난다.

③ **辛酉** 날카롭고 예리하며 깔끔한 신금이 일지에 금의 기운으로만 똘똘 뭉친 유금 겁재를 만나니, 상당히 내강하다.

④ **丙午** 온 세상을 불태울 만큼 뜨거운 기운으로, 성패의 극단이 크다.

⑤ **壬子** 어려운 일을 극복하고 환경을 개선하려기보다, 물이 상황에 따라 유연하게 흐르는 것처럼 현실에 안주하려는 경향이 강하다.

4. 다음 중 활동성이 가장 떨어지는 일주를 고르면? (난이도 상)

① **甲寅** 戊丙甲

② **庚申** 戊壬庚

③

丁
巳
戊庚丙

④

己
未
丁乙己

⑤

癸
亥
戊甲壬

* 힌트: 식상생재와 관인상생 중, 어떤 흐름이 활동적인 기운과 가까울지 떠올려보자.

풀이 노트

1. 정답은 ④번이다. 속이 보이지 않는 시커먼 바다의 끝을 도무지 알 길이 없듯, 수의 기운으로만 가득한 임자일주 역시 비밀스러운 면이 많고 속을 알기도 힘들다. 감정 변화가 얼굴에 잘 드러나지 않는 임수가 자수를 만나니, 임자일주는 겉과 속을 다르게 포장할 줄 안다. 따라서 도박사의 자질은 물론, 정치인이나 경영인으로서의 자질도 뛰어나다 볼 수 있다.

   계해일주 역시 수의 기운이 강하다. 하지만, 해수 안에 있는 지장간 무토와 갑목 때문에 임자일주보다 수의 기운이 강하다고 말하긴 어렵다. 천간 중 무토와 병화는 감정 변화가 그대로 드러나는 데 반해, 상대적으로 음간인 을목, 기토, 신금은 그 반대라 할 수 있다.

   그럼 나머지 보기 을묘일주, 신유일주, 기축일주 중 가장 속마음을 잘 숨기는 일주는 어떤 일주일까? 정답은 기축일주다. 을묘나 신유일주는 일지가 왕지라 음과 양의 기운이 섞여 있는 데 반해, 축토 지장간은 계수, 신금, 기토로 모두 음간으로만 이루어졌기 때문이다.

2. 정답은 ①번으로, 역시 지장간을 보면 답을 찾기 쉽다. 갑인일 주의 경우 인목 지장간의 병화가 땔감이 되는 갑목을 바로 옆에 두고 있어 강한 식신의 기운을 갖고 있음을 알 수 있다. 이 식신 때문인지, 비견 그룹 중에서도 갑인일주가 유난히 자녀에 대한 애착이 강한 편이다. 이는 경신일주도 마찬가지인데, 신금의 지 장간 임수가 식신이기 때문이다. 다만 신금 지장간의 무토가 임 수를 극하니, 갑인에 비해 경신이 가진 식신의 기운은 조금 떨어 지는 편이다.

3. 정답은 ⑤번이다. 임자일주는 겁재의 기운을 갖고 있기 때문에, 의욕적이고 진취적이다. 임수의 큰 강점은 위기를 극복하는 데 있는데, 위기가 이어져도 물이 흐르며 새로운 길을 내듯 언제나 돌파구를 만들어낸다. 겁재의 강인한 힘은 큰 성공을 이루게도 하지만, 재물을 겁탈한다는 겁재의 뜻 그대로 무너질 때는 크게 무너지기도 한다. 다른 일주에 비해, 재물의 풍파가 큰 편이다.

4. 정답은 ④번 기미일주이다. 갑인·경신·정사·계해일주 모두 식 상이나 재성의 기운이 지장간에들어 있지만, 위 보기 중 기미일 주의 경우에만 지장간이 정화 편인, 을목 편관, 기토 비견으로 관인상생의 기운이 강한 편이다. 식상생재는 바깥으로 자기를 드러내는 기운임에 반해, 관인상생은 안으로 수렴하는 기운이라 활동적인 것과는 거리가 멀다.

사실 활동성과 관련된 속성은, 오행은 물론, 지지가 생지·왕지· 고지 중 어디에 속하는지를 통해서도 알 수 있다. ④번 기미일주 의 일지인 미토를 제외하고, 나머지 보기의 일지는 전부 역마 활 동성이 강한 생지에 속해 있다.

② 식신과 상관

식신 양간 그룹				식신 음간 그룹			
丙戊	壬寅	戊申	丙辰	丁丑	癸卯	丁未	己酉
병술	임인	무신	병진	정축	계묘	정미	기유
辛丁戊	戊丙甲	戊壬庚	乙癸戊	癸辛己	甲乙	丁乙己	庚辛
정재 겁재 식신	편관 편재 식신	비견 편재 식신	정인 정관 식신	편관 편재 식신	상관 식신	비견 편인 식신	상관 식신

상관 양간 그룹		상관 음간 그룹	
甲午	庚子	乙巳	辛亥
갑오	경자	을사	신해
丙己丁	壬子	戊庚丙	戊甲壬
식신 정재 상관	식신 상관	정재 정관 상관	정인 정재 상관

식신 상관 그룹은 다른 그룹에 비해 자기표현력이 강하다. 생각을 말이나 글로 옮기거나 감정을 그림, 춤, 악기 등으로 표현하는 분야에서 강점이 크다.

식신은 삶에서 여유로움을 추구하는 기운이다. 지인들과 어울려 수다를 떨거나, 특유의 낙천성을 가지고 하고 싶은 일을 하며 즐거움을 얻는다. 일간의 기운이 자연스럽게 바깥을 향해 흘러가기 때문에, 관심사도 많고 이것저것 하고 싶은 일도 많은 편이다. 식신 그룹의 일주들이 모두 여기에 해당한다.

이 중에서 정미일주는 특이하게도 미토 지장간에 있는 정화가 일간 정화의 뿌리가 되는 데다 을목이 목생화를 한다. 이 때문에 일지가 식신이라 일간의 기운이 설기당하는 일주임에도 불구하고, 간여지동급으로 신강한 일주로 해석해야 한다. 참고로 60일주 중 일지가 비겁이나 인성이 아님에도 불구하고, 간여지동급 일주로 보는 일주가 세 개가 있다. 정미일주, 갑진일주, 계축일주이다.

무신일주는 위에서도 언급했듯이 지장간에 무토 비겁, 임수 편재, 신금 식신으로 구성되어 식상생재로 흐르는 기운이 강하다. 거부가 될 수 있는 가능성을 일주 안에 이미 갖추고 있다고 볼 수 있다. 실제 우리나라 재벌 중에 무신일주가 많은데 삼성의 이병철, LG그룹의 구인회 역시 무신일주였다.

식상은 육친으로 자녀를 뜻한다. 아무래도 식상의 기운이 발달된 일주가 자녀를 낳을 때에도 조금 더 유리한 면이 있다. 다만 여성의 경우 식상의 기운이 너무 강하면 역시 관성을 극하기 때문에, 자녀가 생긴 후에는 배우자와의 관계에 있어 안정성이 조금 떨어지는 편이다.

상관은 정관을 극하기 때문에, 아무래도 규율과 규정이 엄격하고 틀에 박힌 조직과는 잘 어울리지 않는다. 직장 생활을 할 때도 자율성이 보장되고, 상관의 장점을 살릴 수 있는 분야에서 일하는 것이 좋다. 상관은 여유로운 식신과 달리, 날카롭고 민첩하며 논리적인 언변을 갖추고 있어 뛰어난 비평가적 자질을 보인다.

명리학에서 전통적으로 박사 사주라고 하는 일컫는 구조가 첫째는 목화통명, 둘째는 금백수청이다. 재미있는 것은 상관 그룹의 일주들 모두 자체적으로 목생화가 되거나, 금생수가 되는 구조라는 것이다. 즉, 상관이 천가지의 재주, 총명함을 의미하는 만큼 일지가 상관으로 이루어진 일주들은 기본적으로 머리 회전이 빠른 편이며, 사주 구조가 잘 짜일 경우 특정 영역에서 학문적 성취, 총명함, 다재다능함으로 두각을 나타낼 소지가 높다.

병술일주와 병진일주, 정축일주와 정미일주는 지지가 붕충하는 관계이다. 임인일주, 무신일주, 계묘일주, 기유일주는 천간은 극하고 지지는 서로 충하며(천극지충), 갑오일주, 경자일주, 을사일주, 신해일주는 모두 천충지충한다.

같은 소그룹 내에서 서로 충하거나 극하는 일주끼리, 또는 천간의 오행이 같은 일주끼리 묶어 무슨 차이가 있는지 지장간을 살펴보자. 예를 들면 서로 충하거나 극하는 임인인주 대 무신일주, 계묘일주 대 정미일주를 비교하거나, 천간의 오행이 같은 일주로 이루어진 병술일주 대 병진일주, 또는 경자일주 대 신해일주를 함께 비교해 보면 일주를 이해하는 데 큰 도움이 된다. 나아가 오행은 같지만 음양이 다른 임인일주와 계묘일주를 비교하는 것도 또 다른 재미가 있다.

여기서는 경자일주와 신해일주만 십성을 통해 간단히 비교해보자. 경자는 일지 자수가 임수 식신, 계수 상관으로, 신해는 일지가 무토 정인, 갑목 정재, 임수 상관으로 구성되어 있다. 상관은 언변이 발달되어 있는데, 아무래도 관을 깨는 기운이라 허언을 하거나 조직 내에서 비판적인 말로 인해 화를 당하는 경우가 많다. 여성의 경우 정관이 남편에 해당하는 만큼, 남편이 특히 무능력한 경우 날카로운 말로 공격하다 불화를 만들기도 한다. 하지만 이에 비해 신해는 무토 정인이 임수 상관을 극하며 제어하는 구조라, 상관의 단점이 상대적으로 약한 편이다.

상관이 긍정적으로 쓰일 경우 사회를 개혁하고, 부조리한 시스템을 개혁하기 위한 열망으로 나타난다. 경자가 조직 내 부조리함을 바로잡기 위해 내부고발자의 길을 택하기로 마음먹는다면, 신해는 무토 인성의 힘을 갖추었기 때문에 상황을 조직 내 구성원들의 입장을 다각도로 검토하고, 내부고발자의 길을 택했을 때 어떤 결과가 따라올지를 한번 더 생각한다. 그리고 경금보다 신금이 더 세밀하며 분석력이 뛰어나기 때문에, 경자가 숲을 보는 거시적인 안목을 갖췄다면 신해는 나무를 보는 미시적인 안목이 뛰어나다고 할 수 있다.

금 오행은 의를 상징하는 만큼, 옳고 그름을 분별하는 데 강점이 있다. 경금과 신금 일간이 상관을 만나면 개혁적 성향이 두드러질 수밖에 없을 것이다. 참고로, 해수의 임수는 갑목 정재를 향해 흐르는데, 식상생재되는 구조라 경자보다 신해가 조금 더 현실적이다. 돈에 대한 욕심이 크다기보다 세상사에 대한 관심이 많다고 보면 된다.

오행의 특성과 십성 간의 관계구조를 보면, 일주를 이해할 때 큰 도

움이 된다. 하나 더 예를 들어 목 일간이면서 상관을 일지에 둔 갑오일
주를 살펴보자. 갑오일주는 목의 인본주의적 속성과 상관의 개혁적 성
향을 바탕으로 한 정치인, NGO, 변호사, 검사 같은 직업군이 특히 어
울리는 편이다.

우리 역사에서 1894년 갑오년은 신분제 폐지 등을 요구하며 동학농
민운동이 일어난 해이다. 이를 계기로 왕의 권한이 축소되는 등 정치,
경제, 군사, 법률, 사회의 각 분야에 걸쳐 넓은 범위의 개혁이 일어났다
는 점은 명리학적으로도 시사하는 바가 있다.

이번에도 물상의 이미지를 포함하여, 60일주별 속성들을 키워드로
정리해보자.

병술
서산에 걸린 태양, 외화내허, 감정기복, 의협심

임인
밤의 호랑이, 카리스마, 박력, 우유부단, 학업 중단, 뛰어난
영감, 직감력

무신
큰 산의 원숭이, 다재다능, 거부의 가능성, 고집

병진
구름에 가린 태양, 낙천적, 처세술, 임기응변, 사교적, 원만
한 대인관계

정축
등잔불, 미적 감각, 고상함, 예민한 감수성, 침착함, 질투심,
자존심, 감정기복, 결벽증

癸卯 계묘
이슬을 머금은 화초, 생기 넘침, 아이디어, 기획력, 다재다능, 원만한 성품, 책임감

丁未 정미
성당의 촛대, 명랑, 솔직, 친근감, 예술적 감각

己酉 기유
황금 벼가 무르익은 들판, 모이를 주워 먹는 닭, 정확한 일 처리, 탐구력, 연구력, 몰두(자기 중심적 세계관), 신중함

甲午 갑오
봉홧불, 총명함, 창조적 직관, 강한 자기 표현력, 뚜렷한 개성, 숨길 수 없음, 잦은 직업 변천

庚子 경자
큰 바위 밑으로 흐르는 맑은 물, 정의감, 결과 중시, 호불호 강함, 명분, 원칙주의, 융통성 없음, 유시무종 주의

乙巳 을사
화사한 들판의 꽃, 꽃뱀, 활동력, 상상력, 아이디어, 집행력, 세심함, 임기응변, 다재다능, 분주함, 일관성 필요, 몰두

辛亥 신해
반짝거리는 보석, 체면, 의리, 약속, 명예 중시, 민첩, 착실함, 승부욕, 냉철한 사리분별, 능변, 치밀함, 스타일리시

일지에 상관이 있었던 년도의 특성

공교롭게도 상관을 일지에 둔 갑오, 을사, 경자, 신해년 모두 기존의 질서가 무너지고, 새로운 질서가 만들어지는 시대였다. 우리나라에서 1894년 갑오년에는 동학농민혁명이 전개된 후 갑오개혁이 추진되었고, 1905년 을사년에는 일제가 대한제국의 외교권을 박탈하기 위해 강제로 을사늑약을 체결했다.

1840년에는 중국에서 청나라가 영국의 아편 밀수를 금지하면서 아편전쟁이, 1900년에는 러시아, 일본, 독일, 영국, 미국, 이탈리아, 오스트리아, 프랑스 8개국이 파병하여 베이징을 포함한 중국의 양쯔강 이북 지역을 대부분 점령한 사건이, 1960년에는 마오쩌둥의 정책 실패로 5,000만 명에 이르는 아사자가 속출하고 경제가 후퇴하는 사건이 있었다. 상술한 해는 모두 경자년이다. 1911년 신해년 때는 청나라가 멸망하고, 중화민국이 성립된 신해혁명이 일어났다.

2020년 경자년에는 중국에서 코로나 사태가 발발한 후 우리나라는 물론 전 세계적으로도 큰 사회·경제적 손실을 겪어야 했다. 일지에 상관을 깔고 있는 해는 관이 상징하는 사회체제와 법규, 질서를 무너트리는 상관의 기운이 강해지는 해라는 점에서 참고할 만하다.

참고로 신년운세를 살필 때는 내 원국과 신년에 맞이하게 될 기운과의 상관관계를 분석해야 한다. 하지만 사회와 관련된 전체적인 분위기를 살필 때는 첫째, 일주마다 간지적 특성이 어떻게 발현되는지 둘째, 과거 특정한 해에 어떤 일이 있었는지를 복기하는 게 큰 도움이 된다.

명리영역 기출문제

1. 아래 대화 중 각 일주에 대한 설명과 가장 거리가 먼 것을 고르면? (난이도 중)

① 민규: "병술일주와 병진일주는 일간이 모두 병화라 아무래도 예의가 바르고 인사성이 좋을 것 같아."

② 보원: "신해일주와 경자일주는 둘 다 일지가 상관이라 비평가적 자질이 뛰어날 것 같네."

③ 인호: "병진일주는 진토 안에 계수 정관이 있어서 관운이 강한 편이지 않을까?"

④ 기정: "계묘일주는 계수의 뿌리가 없어서 아무래도 독립성이 좀 떨어지지 않을까?"

⑤ 석우: "신해일주와 경자일주 중에 아무래도 금생수가 깨끗하게 이루어지는 경자일주가 꾸준히 정진하면 한 분야에서 결실을 맺기 유리하지 않을까?"

2. 다음 보기 중 가장 낙천적이며, 사회적으로 처세술이 가장 뛰어난 일주를 고른다면? (난이도 상)

① 병진

② 계묘

③ 기유

④ 경자

⑤ 을사

* 힌트: 식신과 상관이 어떻게 다른지를 떠올려보자.

3. 다음 보기 중 지속력, 꾸준함, 안정성 등이 상대적으로 약한 일주를 고른다면? (난이도 상)

① 정축

② 정미

③ 신해

④ 병진

⑤ 기미

* 힌트: 꾸준함, 지속력, 안정성 등을 뜻하는 십성이 무엇인지 생각해보자.

4. 다음 중 각 일주들이 할 법한 말과 가장 거리가 먼 것을 고르면?
   (난이도 중)

① 갑오: "훗. 갑목 중에선 내 머리가 가장 비상하다구!"

② 무신: "제발 밥 좀 먹고 합시다! 좀!"

③ 경자: "네가 내 친구이긴 해도, 이건 네가 잘못한 게 맞잖아!"

④ 병술: "어제는 괜찮았는데, 오늘은 갑자기 울적하네…."

⑤ 정미: "심심하다고 친구들과 수다나 떨면 괜히 내 입만 아프죠,
   뭐."

5. 다음 다섯 개의 일주 중 일간의 힘이 가장 강한 일주와 가장 약
   한 일주를 고르면? (난이도 중)

정미일주	무신일주	정축일주
신해일주	병진일주	

	가장 강한 일주	가장 약한 일주
①	정미	정축
②	무신	정축
③	정미	병진
④	병진	무신
⑤	신해	정축

* 힌트: 일지 지장간에 비겁이나 인성이 있을 경우, 일간은 비교적 일지에 튼튼하게 뿌
  리내릴 수 있다.

1. 정답은 ⑤번이다. 경자일주는 일지가 임수 식신, 계수 상관으로, 신해일주는 일지가 무토 정인, 갑목 정재, 임수 상관으로 이루어져 있다. 신해일주는 식상생재가 되기 때문에 조금 더 현실적이며, 결과 지향적인 태도로 드러난다. 또한 정인이 가진 꾸준함, 지속력의 힘은 신해일주가 한 분야에 꾸준히 매진했을 때 긍정적으로 작용할 확률이 높다.

   일주를 살필 때는 일간의 오행도 중요한 참고점이 된다. ①번의 병술일주와 병진일주, 정축일주와 정미일주 모두 일간 병화와 정화의 속성상 인사성이 밝으며, 서열본능을 바탕으로 예의를 중요하게 여긴다. 특히 보기 ③번의 병진일주는 진토 안에 있는 계수가 병화에게는 정관의 작용을 하는 만큼, 일간의 양기를 다스리며 조직에서 요구하는 일들을 수월하게 행할 수 있도록 돕는다. 병진일주는 계수 정관 덕분에 관운이 좋은 편이다(물론 사주 구조 전체를 들여다봐야 하지만, 일주만 놓고 봤을 때는 그렇다). 보기 ④번의 경우, 계묘일주뿐 아니라 지장간에 비겁이 없는 임인·병진·정축·기유·갑오·경자·을사·신해일주 모두 비겁의 기운이 있는 병술, 무신, 정미에 비해 독립성의 기운은 조금 떨어진다고 볼 수 있다.

2. 이 문제의 정답은 ①번 병진일주다. 계묘와 기유일주는 지장간의 구조상 정기는 식신이지만 중기가 상관으로, 어느 정도 상관의 기운도 함께 가지고 있다고 봐야 한다. 경자와 을사일주는 지장간의 정기가 상관임에 반해, 병진일주는 지장간의 정기가 식신으로 이루어져 있다.

   병진일주는 진토의 지장간이 을목 정인, 계수 정관, 무토 식신으로 이루어져 있다. 관인생이 된다는 이야기는 스스로를 다스리는 능력이 뛰어남을 의미한다. 여기에 소탈함과 친화력, 자기 표현력을 뜻하는 식신의 기운까지 있으니, 직장생활을 하거나 사회관계를 형성해 나갈 때 수완 좋은 사람으로 평판을 다지거나 일에 있어 융통성을 발휘하는 등 상관의 기운을 가진 일주들에 비해 처세술이 조금 더 무난한 편이다.

게다가 병진일주는 구름에 가린 태양에 비유하는데, 모든 것을 드러내려는 기운을 가진 병화가 어느 정도 구름에 가린 모양새다. 즉, 자기의 행동 동기나 마음을 어느 정도는 숨기면서 사회생활을 해나갈 수 있다는 뜻으로 보면 된다(진토 지장간의 무토와 계수가 서로 합을 해서 화로 합화하려고 하는데, 이는 병진일주가 자신을 괴롭히는 계수까지도 어느 정도 활용할 수 있다는 의미가 되기도 한다).

식신과 상관 모두 자기 표현력을 의미하지만, 상관과 달리 식신은 관에 정면 대항하지 않는다. 조직의 부조리함을 목격하거나, 부당한 일을 강제로 떠맡았을 때 개혁적 힘이 강한 상관은 거부의 의사를 밝히고 행동으로 이를 드러낸다. 하지만 식신은 마음은 떠나 있어도 겉으로는 따르는 척한다.

예를 들어 학교에서 불법적으로 자율학습을 시키는 상황을 생각해보자. 상관이 나중에 걸리면 크게 혼날 걸 알면서도 몰래 도망간다면, 식신은 일단 자리는 지키고 앉아 딴 생각을 하는 것과 같다. 상관은 왜 그렇게 행동할까? 규칙이나 법칙(관성)에 따르지 않겠다는 반발심이 작용한 것이지만, 그 행동의 기저에는 남들은 안 하는 행위를 통해 자기 우월감을 증명하고 과시하고픈 욕망이 있기 때문이다.

3. 정답은 ①번이다. 정축일주의 축토 지장간은 계수 편관, 신금 편재, 기토 식신으로 위 보기 중 유일하게 정축일주만 인성의 기운이 없다. 인성의 기운이 약할 때 상대적으로 꾸준함, 지속력, 안정적인 힘이 떨어질 수 있다. 일지 지장간을 보면 정미일주는 을목 편인이, 신해일주는 무토 정인이, 병진일주는 을목 정인이, 기미일주는 정화 편인이 있다.

4. 이 문제의 정답은 ⑤번이다. 정미일주는 일지가 식신이나, 지장

간 속 정화와 을목 덕분에 간여지동급으로 일간인 정화가 뿌리를 튼튼하게 내리고 있는 일주다. 식상 그룹 중 식신의 힘을 가장 강하게 드러내는 일주로, 식신이 가진 친화력, 소탈함, 명랑함을 바탕으로 소규모의 커뮤니티에서 큰 즐거움을 느낀다. 식신의 속성상 친구들과 만나 수다 떠는 것을 특히 좋아하는 만큼, ⑤번이 가장 거리가 멀다.

①번 갑오일주는 그 자체로 목화통명의 구조로, 창조적인 직관력이 가장 우수하다. 갑목일간 중 가장 머리가 비상하고, 말도 정말 잘한다.

②번 무신일주는 지장간의 정기가 식신이다. 위에서 설명한 식신의 속성과 더불어 식신이 보이는 또 하나의 특징은 맛에 대한 감각이 잘 발달되어 있다는 것이다. 식신은 삶의 즐거움을 식도락과 연결시키기 쉬운 만큼, 무신 역시 요식업과의 인연이 높다고 볼 수 있다. 여담이지만, 식신의 외양이 얼굴부터 펑퍼짐하다면, 상관은 마르거나 갸름한 편이다.

③번 경자일주는 상관이 가진 총명함과 논리적인 언변을 빛내기 쉬운 일주이지만, 인성의 힘이 약하다. 정인과 정재적 속성을 가진 신해일주와 달리, 상관의 힘이 더 강한 경자일주는 특유의 정의감을 바탕으로 강자에게 강하고, 약자에게 약하다. 같은 편이라도 잘못한 게 있으면 바로잡으려 하는 것은 신해일주보다는 비평적 힘이 더 강한 경자일주이다.

④번 병술일주의 술토 지장간을 보면 신금 정재, 정화 겁재, 무토 식신으로 이루어져 있다. 진도에는 맞지 않는 이야기라 후술하겠지만, 병술일주는 십이운성으로 묘지다. 병화가 정화 겁재를 지장간에 가지고 있지만 정화는 같은 지장간 속 신금 정재를 극하거나, 무토 식신을 생해주느라 힘이 쇠약하다. 게다가 병화가 신금과 합을 하여 힘을 잃으니, 병화가 가진 맹렬한 발산적 속성이 가끔 힘을 잃을 때가 많다. 이런 이유로 병술일주는 병화일간 중에서도 겉과 달리 내면에 감정의 기복이 가장 심한 편이다. 이를 외화내허라고도 말한다.

247

5. 정미일주는 60일주 중 일지가 비겁이나 인성이 아님에도 불구하고 갑진일주, 계축일주와 더불어 간여지동급으로 일간의 힘이 강한 세 개 일주 중 하나다. 일간의 힘이 가장 약한 일주는 정축일주이다. 정축일주는 축토 지장간이 계수 편관, 신금 편재, 기토 식신으로 비겁이나 인성의 기운이 없기 때문이다. 따라서 이 문제의 정답은 ①번이다.

③ 편재와 정재

편재 양간 그룹				편재 음간 그룹			
甲戌	丙申	丁酉	甲辰	乙丑	庚寅	辛卯	乙未
갑술	병신	정유	갑진	을축	경인	신묘	을미
辛丁戊	戊壬庚	庚辛	乙癸戊	癸辛己	戊丙甲	甲乙	丁乙己
정관 상관 편재	식신 편관 편재	정재 편재	겁재 정인 편재	편인 편관 편재	편인 편관 편재	정재 편재	식신 비견 편재

정재 양간 그룹		정재 음간 그룹	
壬午	戊子	癸巳	己亥
임오	무자	계사	기해
丙己丁	壬子	戊庚丙	戊甲壬
편재 정관 정재	편재 정재	정관 정인 정재	겁재 정관 정재

편재와 정재 일주는 다른 그룹에 비해 현실적이며, 목표지향적인 속성이 강하다. 재성이 일을 마무리하고 결실을 맺는 기운이기 때문이다. 인간관계의 총량도 넓은 편인데, 일지가 정재인 일주에 비해 편재인 일주들의 사회적인 관계망이 훨씬 더 넓다.

직업, 건강, 배우자를 나타내는 일지에 재성이 있다는 것은 무슨 의미일까? 직업적으로 일을 할 때 정재, 또는 편재와 관련된 일을 하거나 그런 성향이 내재되어 있다는 뜻이다. 또는 편재·정재적 배우자와 인연이 될 확률이 높다는 의미가 되기도 한다.

정재는 안정적인 재물, 안정적인 수익을 의미한다. 사주에 정재가 강하면 불확실한 미래에 몸을 맡긴 채 사업이나 투자 등으로 큰 돈을 좇기보다, 안정적인 직장에서 월급을 받는 삶에 만족해한다. 다만 일지가 정재인 임오, 무자의 경우 일지가 왕지라는 것에 주목해야 한다. 정재와 편재가 함께 공존하고 있으며, 왕지인 만큼 기운 또한 강하기 그지 없다. 임오일주가 사주에 화가 많거나, 무자일주가 수 기운이 너무 많으면 재성과 관련된 단점이 크게 드러나기도 한다. 재물이 빠르게 빠져 나가거나(탈재), 이성 문제가 생길 확률이 높아진다는 뜻이다.

편재는 즉흥성, 모험성, 유흥성이 강하다. 사고의 스케일과 활동 범위도 굉장히 넓다. 일지가 편재라는 것은 한자리에 머물며 정해진 일만 하기보다, 넓게 움직이며 다양한 일을 하려는 성향이 강함을 의미하기도 한다. 돈을 쓰는 것도 좋아하고 유머감각도 있다 보니 인기가 많다.

일지가 편재인 일주들이 남녀 불문하고 다리가 길며 예쁜 경우가 많다. 하체가 빈약하다는 것과 같은 뜻인데, 즉흥적으로 잘 돌아다니며 바깥으로 에너지를 넓게 표출하는 성향이 강한 점에 기인하는 듯 하다. 여기에도 음과 양의 차이가 있는데, 신묘일주가 경인일주에 비해, 또는 정유일주가 병신일주에 비해 하체가 빈약한 경우가 더 많다.

참고로 병신일주의 경우 특히 예로부터 지관의 일주라 불렀다. 편재는 본인이 좋아하는 일이 생기면 반드시 실행에 옮겨야 직성이 풀린다. 병화는 천간 중 가장 시야가 넓다. 이런 병화가 인사신해 생지 중하나인 신금을, 그것도 편재의 기운으로 만나니 당연히 바깥으로의 활동성이 높아질 수밖에 없다. 병신은 특히 범위가 넓은 역마의 기운이 있는 것으로 해석한다.

편재 그룹 중 갑진일주의 경우, 일지가 편재임에도 불구하고 간여지동급으로 일간이 강한 일주로 보아야 한다. 진토 지장간은 을목 겁재, 계수 정인, 무토 편재로 이루어져 있다. 지장간의 초기와 중기는 정기에 비해 약한 힘이지만, 갑진일주는 초기, 중기가 모두 일간 갑목을 비겁이나 인성으로 든든하게 지원해주는 구조다. 참고로 60일주 중 일지가 비겁이나 인성은 아니지만, 정미일주, 갑진일주, 계축일주, 이 세 개 일주는 간여지동급 일주로 본다.

아래는 물상의 이미지를 포함한, 60일주별 속성들을 키워드로 정리한 것이다.

甲戌 갑술
척박한 땅에서 자라나는 나무, 강한 의지, 뛰어난 언변, 처세술, 성실함

丙申 병신
장난치며 놀고있는 원숭이(손오공), 다재다능, 밝고 명랑, 넓은 활동 반경, 기획력, 예의 바름, 예술적 감각, 깔끔한 일 처리

丁酉 정유
은은한 불빛의 전구, 낭만적, 부드러운 카리스마, 수려한 용모, 예리한 판단력, 실리 추구

甲辰 갑진
촉촉한 땅에서 자라나는 나무, 뛰어난 재물 축적 능력, 풍류성, 경쟁욕, 속성속패

乙丑 을축
논밭을 가는 소, 진흙속에서 핀 연꽃, 인동초, 철의 창고(돈이 새지 않는 주머니), 인내심, 강인한 정신력, 고집, 대기만성, 고진감래

庚寅 경인
생활력, 긍정성, 추진력, 사회적 활동성, 뇌공타뇌관, 급전직하

신묘
의심 많은 흰 토끼, 꼼꼼함, 알뜰함, 섬세함, 소박한 행복 추구, 가족 중심 성향, 하체 부실 주의

을미
사막의 선인장, 원만한 적응, 부드럽고 온화한 성품, 소극적 표현방식, 적극성 부족, 일관성 결여, 성패가 극단적, 박학다식

임오
흑마(黑馬), 수화기제, 반전매력, 자유분방, 새로운 것을 만들어내는 힘, 마음 먹은 것은 꼭 이루어냄, 실리적, 언변을 바탕으로 한 세일즈

무자
호수를 둘러싼 산, 신중함, 합리적, 보수적, 안정성 추구, 담백하고 합리적인 재물 추구 성향

계사
이슬을 머금은 뱀, 안정 지향, 자기 원칙, 강한 추진력, 활동성, 사회적인 성공 가능성이 높음, 행정 권력, 청백리, 공공성

기해
강을 낀 비옥한 정원, 소극성, 직관력, 폭발적 잠재력, 외식(外食)을 즐김, 방랑의 본성, 현실회피적 경향

1. 다음 중 활동성이 가장 약한 일주는? (난이도 중)

① 병신

② 계사

③ 을축

④ 기해

⑤ 경인

*힌트: 지지가 생지, 왕지, 묘지일 때 각각 일주별로 어떤 특성을 보일지 생각해보자.

2. 다음 중 자신을 가장 드러내고 싶어 하지 않는 일주는? (난이도 상)

① 기해

② 갑술

③ 병신

④ 갑진

⑤ 경인

* 힌트: 위 보기 중 천간만 봤을 때 가장 실리적이고, 자신을 드러내지 않으려 하는 간지는 무엇일까? 이후 오행 중 가장 속마음이 드러내지 않는 오행이 지지를 이루고 있는 일주를 고르면 그게 정답이다.

3. 다음 중 각 일주에 대한 설명으로 가장 거리가 먼 것을 고르면? (난이도 중)

① 수미: "계사는 지장간이 정재, 정관, 정인으로 이루어진 구조라 고전에서 가장 사랑한 일주 중 하나였겠지?"

② 진선: "갑진은 지장간이 을목, 계수, 무토로 이루어져 있네. 겁재인 을목이 물상으로는 덩굴의 느낌이라 나무인 갑목이 불편해하지 않을까? 진토는 갑목에게 별로 도움이 되지 않는 땅일 것 같아."

③ 지연: "임오는 일간 수와 일지 화의 극단적 에너지에 기인한 의

외성이 있지 않을까?"

④ 주영: "해수가 동물로 돼지고, 먹는 것을 좋아한다고 하잖아? 게다가 해수가 또 역마라, 기해는 바깥에 나가서 외식하는 것을 좋아할 것 같은데?"

⑤ 민영: "을축은 을목이 음간에 해당해서, 표현 방식이 수동적이고 은근하지 않을까?"

4. 다음 중 다리가 예쁜 편에 속할 확률이 상대적으로 가장 낮은 일주는? (난이도 하)

① 병신

② 정유

③ 신묘

④ 임자

⑤ 경인

* 힌트: 비겁, 식상, 재성, 관성, 인성 중 에너지가 바깥을 향하면서, 일간의 힘을 빼는 십성이 무엇일지 생각해보자.

5. 다음 중 예측불가능성이 비교적 높은 일주는? (난이도 중)

① 기해

② 계사

③ 임오

④ 무자

⑤ 정유

* 힌트: 겁재가 가진 전복성은 정관이나 정재를 극할 때 예측불가능성이 높아진다. 이는 상관이 정관을 공격할 때도 마찬가지다.

풀이 노트

1. 생지, 왕지, 묘지 중 가장 활동성이 높은 지지 그룹은 각 계절의

문을 열어주는 생지이다. 정답은 보기 중 지지가 생지가 아니라 묘지인 ③번 을축이다. 을축은 지장간을 보면 계수[癸] 편인, 신금[辛] 편관, 기토[己] 편재로, 재생관, 관인생되는 격이다.

을축은 음간인 을목 특유의 실리적 경향을 바탕으로 재물을 안으로 수렴시키는(재관인) 구조라 일주만 보면 가장 재물을 많이 불러올 수 있는 힘이 있다. 게다가 축토는 가을의 결실이 머무는 겨울 창고라, 을목 일간이 튼튼한 자물쇠로 묘지인 축토 창고를 걸어 잠근 그림이다. 주머니에서 돈이 새지 않는다 하여, 을축을 철의 창고에 비유한다. 즉, 을축은 보기의 다른 일주와는 달리 활동성은 떨어지는 대신 안으로 수렴하는 힘이 강하다 할 수 있다.

2. 간지의 음양을 다양한 층위로 분류할 수 있다. 천간 중 갑을병정무는 양의 속성으로, 기경신임계는 음의 속성으로 나눌 수 있다. 이렇게 보면 기토는 음으로 넘어가는 첫 단계에 위치하는데, 천간 중 음과 양의 기운을 중재하는 자리다. 현실적으로 모든 간지 중 가장 실리적이며, 가장 실속을 잘 챙긴다는 뜻이다.

기해에서 지지 해수는 정기가 양수인 임수이다. 자신의 속마음을 가장 잘 숨길 줄 아는 간지로, 정답은 ①번이다. 기토 일주 중에서 가장 자신을 잘 숨기는 사람이 바로 기해일주다. 여담이지만, 명리학을 공부하면서 만난 사람들 중 기해일주가 가장 그 수가 적었다. 나를 숨기려고 하다 보니, 나에 대해 알고 싶지도 않은 일주라 할 수 있다.

3. 정답은 ②번이다. 진토는 물상적으로 논에 물이 가득 담겨 찰랑찰랑이는 형상이다. 갑목이 가장 사랑하는 간지는 진토인데, 갑목이 진토를 본인이 크게 성장할 수 있는 토대로 삼을 수 있기 때문이다. 하여 갑진일주는 일간인 갑목이 튼튼하다고 여기고, 간여지동급으로 해석해야 한다.

을목이 갑목을 만날 때를 등라계갑이라 하는데, 물상적으로 갑목인 나무에 을목 덩굴이 올라탄 형상이라 갑목 입장에서는 등라계갑을 부정적으로 해석할 때가 있다. 하지만 갑목 일간이 사주에 목 기운이 약할 때에는 을목도 당연히 도움이 된다. 너무 명리학적 용어에 매이거나, 물상적인 해석에만 갇혀 있으면 해석의 폭이 좁아지기 때문에 경계해야 한다.

①번의 계사는 지장간이 정재, 정관, 정인으로 이루어져 있는데, 사화의 활동력이 강하면서도 안정성이 높다. 매사 계획적이며, 원칙적인 성향이다. 안정성을 추구하는데, 사화가 행정권력을 향한 욕망이 있다 보니 행정공무원 중에 특히 계사일주가 많은 편이다. 계사는 변동성이 높은 '편' 그룹 십성이 아닌 '정' 그룹의 십성으로 이루어져 있고, 재성과 관성이 아름답게 짜여져 있는 '재관쌍미'의 일주라 하여 예로부터 크게 사랑받았다.

③번 임오의 천간 임수는 아래로 내려오고자 하는 물이며, 지지의 오화는 위로 올라가고자 하는 불이라 수화기제로 해석하기도 한다. 즉, 음과 양이 부딪히는 것처럼 하늘과 땅의 질서가 바뀌는 변혁과 새로운 질서를 상징하는 것이다. 임오에게는 엄청난 반전의 힘이 있으며, 극단을 오가는 만큼 다양한 변신이 가능하다. 청빈한 종교인인 줄 알았는데 엄청난 부를 일군 사업가였다거나, 대기업의 임원이라 보수적일 줄 알았는데 남들 모르게 노조를 지원하거나 진보정당을 후원하는 것도 임오의 힘이라 할 수 있다. 1882년에 일어난 임오군란이나, 2002년 노무현 대통령이 당선하기 전 요동쳤던 대선판의 분위기 역시 임오의 격변성에 대해 시사하는 바가 있다.

④번은 기해에 대한 설명이다. 간지로만 보면 해수가 동물로 돼지의 속성을 띠고 있어, 금전이나 식복이 많고 음식을 좋아한다고 설명한다. 절기적으로는 추수가 끝난 이후의 시기라, 베풀고 나누어 먹는 것도 즐긴다. 이렇듯 간지를 해석할 때는 동물적인 속성을 참고하는 것도 도움이 된다. 예를 들면 무자일주의 자수는 생각하는 양상이라, 무자는 무토 일간답지 않게 신중하면서 빠릿빠릿하다. 기해의 해수는 해역마인데, 바다를 건너는 상이라 '아, 어디론가 멀리 떠나고 싶구나' 동경하는 느낌이라 보면

된다. 이런 속성들이 결합되어, 기해는 바깥에서 외식하는 걸 즐기는 성향이 강하다.

⑤번 을축의 을목은 음간이라, 자신을 잘 표현하지 않는 성향의 사람이 많다. 하지만 지장간만 보면 편재, 편관, 편인이 이어지는 재생관, 관인생의 구조라 정신적인 힘과 인내, 끈질김이 가장 강한 일주 중에 하나다. 지지 축토가 가진 간지적 속성에 따라 황소고집이라 할 만큼 (은근히) 고집이 세고, 주관이 굉장히 강하다.

4. 정답은 ④번 임자이다. 나머지 보기는 전부 일지가 편재인 일주인데, 일지가 편재일 경우 아무래도 하체가 부실할 확률이 높다. 편재는 바깥으로 향하는 에너지임과 동시에 일간의 힘도 설기시키기 때문이다. 편재는 즉흥적, 모험적, 유흥적 속성이 강해, 취미나 관심사도 다양한 편이다. 특히 일지 편재 일주 중 신묘일주는 십이운성 상 절에 해당하는데 변동, 변화, 불안정성을 뜻하는 기운이 편재의 강한 활동성과 결합하다 보니 특히 하체와 관련된 건강에 유의하는 것이 좋다. 신묘일주이면서 일반적으로 다리가 길고 가늘며 예쁜 사람들은 무릎, 다리, 발목 관절 건강에 신경써야 한다.

5. 정답은 ①번 기해이다. 기해는 해수 지장간이 무토 겁재, 갑목 정관, 임수 정재로 이루어져 있다. 기해는 정기가 정재, 중기가 정관으로 이루어져 있어 승진과 출세에도 유리하다. 삶에 계획성도 있고, 재물에 대한 안정성도 크지만, 역설적이게도 초기 겁재 때문에 기토 중에서는 가장 예측 불가능성이 높은 편이다. 예를 들면, 순진하고 얌전한 사람인 줄 알았는데 밤마다 특별한 취미활동을 가졌거나, 대기업의 노사담당자가 극단적인 진보적 성향을 가지고 있는 식이다. 반대로 겁재가 가진 극단성과 과단성은 기해일주만의 잠재력이기도 한데, 시기만 잘 맞으면 엄청난 폭발력으로 발현되어 큰 성취를 가져오기도 한다.

④ 편관과 정관

편관 양간 그룹				편관 음간 그룹			
戊寅	甲申	壬辰	壬戌	己卯	乙酉	癸未	癸丑
무인	갑신	임진	임술	기묘	을유	계미	계축
戊丙甲	戊壬庚	乙癸戊	辛丁戊	甲乙	庚辛	丁乙己	癸辛己
비견 편인 편관	편재 편인 편관	정인 겁재 편관	정인 정재 편관	정관 편관	정관 편관	편재 식신 편관	비견 편인 편관

정관 양간 그룹		정관 음간 그룹	
庚午	丙子	辛巳	丁亥
경오	병자	신사	정해
丙己丁	壬子	戊庚丙	戊甲壬
편관 정인 정관	편관 정관	정인 겁재 정관	상관 정인 정관

편관과 정관 일주는 다른 그룹에 비해 절제력이나 책임감이 강하다. 관성은 일간을 극하고 다스리는 기운으로, 내 개인의 의견보다 대의 명분이나 공공의 가치를 더 중요하게 여기기 때문이다. 또한 자신의 존재감을 조직에서 확인하고, 조직과 나를 동일시하며 안정감을 느끼기도 한다. 이 때문에 관성은 위계와 질서가 체계화되어 있고 규율이 강한 공적인 조직(관료제)에 조금 더 어울린다. 대표적으로 학교, 대기업, 군대, 공기업, 고위행정직 등이 관성에 해당하는 조직이라 할 수 있다.

직업, 건강, 배우자를 나타내는 일지에 관성이 있다는 것은 무슨 뜻일까? 사회적인 일을 할 때 조직 내의 소속감을 중요하게 여기다 보니, 자연스럽게 조직과 인연이 깊거나, 조직 내에서 두각을 나타내기 쉽다는 뜻이다. 또한 내 삶에 관성적인 속성이 잘 드러나지 않을 경우, 나 대신 내 배우자가 관성의 기운을 잘 쓸 수 있다는 뜻이 되기도 한다(또는 관성이 뜻하는 명예, 사회적 지위에 대한 욕망 등을 배우자에게 대신 투영시킬 수도 있다). 일지가 관성인 사람들은 이래저래 관성이 발달한 배우자와 인연이 될 확률이 높다.

관성이 일지인 일주들은 다른 일주에 비해 상대적으로 건강할 확률이 높다. 관성은 질서를 부여하여, 삶에 규칙적이고 일관성 있는 흐름을 만들어낸다. 관성이 잘 발달하면 공동체 중심의 사고를 하며, 자신의 감정을 잘 통제할 줄 안다. 반대로 일지가 상관일 경우 건강에 조금 더 신경을 써야 한다. 상관이 건강을 상징하는 관에 정면으로 대항하기 때문이다. 식상이 발달할 경우에는 관성과 반대로 공동체 중심의 사고가 아닌, 나 개인 중심의 자유로운 표현과 독립성을 표출할 때 행복감을 느낀다.

일지가 편관인 일주들이 정관인 일주들보다 삶의 안정성이 떨어지는 편이다. 특히 갑신·을유·무인·계축일주의 경우 더욱 그런 경향이 있다. 갑신과 을유는 심화편에서 후술하겠지만, 십이운성으로 절이다. 절은 거대한 전환과 이전 삶과의 단절, 큰 변화 등을 의미한다. 대학 전공이나 직업을 비롯해서 내가 선택한 것들과의 인연이 짧거나, 삶의 환경이 자주 바뀔 수 있음을 암시한다.

편관과 정관 그룹 중 계축일주는 특이하게도 계수가 축토에 강하게 뿌리내리고 있어 간여지동급 일주로 해석한다. 축토 지장간을 보면 정기인 기토 편관이 신금 편인을 생하고, 신금 편인은 다시 계수 비겁을 생한다. 지장간 중에서 초기가 가장 약한 힘이라고 하지만, 토생금→금생수로 이어지는 흐름 속에서 일간 계수는 지지축 중 계수에 강하게 뿌리내리고 있다.

무인과 계축은 고전인 《적천수》에도 따로 설명이 되어 있는 일주들인데, 남자다우면서도 조금은 거친 느낌이 물씬 풍긴다. 무인이나 계축 모두 지장간의 구조상 정기는 편관, 중기는 편인, 초기는 비견으로 이루어져 있다. 이렇게 편관이 편인으로 이어지는 구조를 살인상생이라 한다.

《적천수》의 원저자 유백온은 원명 교체기에 주원장의 책사이기도 했다. 어지러운 난세를 평정하는 데 앞장서다 보니, 아무래도 파란만장하면서 편관의 거친 기운들을 잘 활용할 줄 아는 사나이다운 일주들을 좋아했던 게 아닌가 싶다. 실제 정치인 중에 갑신·무인 일주인 정치가가 많은데, 편관의 권력욕을 비견이나 편인으로 잘 다스릴 수 있기 때문이다.

물론,《적천수》를 해제한 임철초는 저 부분에 대해 '일주만을 가지고 논할 수는 없다'고 덧붙인다. 일주 자체가 관인생이 되어 있더라도 원국의 나머지 글자들도 함께 살펴야 한다는 건데, 너무나 당연한 이야기다.

역시 물상의 의미지를 포함한, 60일주별 속성들을 키워드로 정리해보자.

무인
큰 산에서 내려온 호랑이, 자기 원칙, 돌격대장, 독립적, 자유로움, 신의 중시, 카리스마, 감정조절에 서투름

갑신
절벽 위의 소나무, 혁신, 비주류적 감수성, 다재다능, 불안정성, (고독한) 권위

임진
승천하려는 용, 우주적 자아, 거대한 스케일, 외화내빈, 총명함, 리더쉽, 도량이 큼, 오만과 독단, 과감함, 강한 자기 주장

임술
백두산 천지(산 위의 큰 호수), 선견지명, 직감력, 영성, 솔직담백, 호탕함, 쾌활함, 뛰어난 대인관계 능력, 취재(取財)의 성

己卯 기묘
봄의 정원, 자상함, 꼼꼼함, 까다로움, 철저한 자기 관리, 가족 중심주의, 안정성 추구, 낮은 이혼율, 하체 부실, 강인한 근성

乙酉 을유
바위 틈에서 핀 꽃, 풍부한 감각, 깔끔, 다정다감함, 권위적, 냉혹함, 의리, 체면 중시, 강인한 생존력, 원칙주의, 감정기복, 예민함

癸未 계미
마른 땅에 내리는 촉촉한 비, 부드러운 성격, 따뜻한 마음씨, 소박한 행복철학, 돈, 건강, 명예에 구애됨이 없음, 여유롭고 자족적인 삶을 추구, 소확행

癸丑 계축
겨울의 소, 배짱, 자존심, 우두머리, 강한 인정욕구, 집요한 노력파, 결벽증과 고집, 칭찬받기를 좋아함, 추진력, 성패와 파란의 진폭이 큼

庚午 경오
고고한 백마(白馬), 고상함, 쾌활함, 너그러움 온유한 인품, 인색하지 않음, 단정함, 조직생활에 특화, 풍류, 여행, 흡연 시 건강 문제 취약

丙子 병자
호수를 비추는 태양, 인자함, 고결함, 기분파, 지속성, 양심적, 순수함, 낙천성, 공공성, 본인을 숨기기 힘듦

辛
巳

신사
조명에 빛나는 예물, 내면의 강인함, 완벽주의, 승부욕, 강한 주관, 결벽증, 예민함, 타인과의 자잘한 충돌(융통성 부족), 결단력, 권력욕, 의협심, 뛰어난 촉

丁
亥

정해
호수 위에 비친 달, 온순함, 착실함, FM, 모범생, 조용한 처세, 추진력과 저돌성 부족, 분위기 파악 능력이 좋음, 주변의 칭찬

명리영역 기출문제

1. 다음 중 비교적 규칙적인 생활로 건강을 가장 잘 챙길 수 있는 일주를 고르면? (난이도 하)

① 경자
② 병자
③ 갑진
④ 경인
⑤ 병오

2. 아래 세 개의 일주 중 일간의 힘이 강한 것부터 약한 순서대로 나열하면? (난이도 중)

❶ 무인	❷ 갑신	❸ 계축

① ❸❶❷
② ❸❷❶
③ ❶❷❸
④ ❷❷❶

3. 아래 일주들이 할 법한 말로 가장 거리가 먼 것을 고르면? (난이도 상)

① 병자: "난 준법정신이나 책임감이 좀 강한 편인 것 같아."
② 을유: "난 돈보다는 명예나 체면이 더 우선이야."
③ 갑신: "다른 사람들도 내가 자존심 강하다는 걸 알고 있겠지?"
④ 신사: "난 새로운 것을 추구하는 삶보다, 변화가 없는 안정적인 삶이 더 좋은 것 같아."
⑤ 계축: "용의 꼬리가 되어 남의 뒤꽁무니나 쫓느니, 뱀의 머리가 되어 앞장서는 게 낫지."

*힌트: 편관이 가진 명예, 체면, 자존심과 관련된 속성들이 일간의 음양에 따라 어떻게

드러나는지 생각해보자.

4. 아래 병자일주에 대한 설명으로 가장 거리가 먼 것을 고르면?
(난이도 상)

① 나미: "병자의 천간은 극단적인 양이고 지지는 극단적인 음이잖아? 이렇게 강한 에너지들이 부딪히면 일단 에너지가 커진다고 봐야겠지?"

② 지원: "병자는 지장간에 있는 편관과 정관 중, 일간 병화가 편관인 임수와 강하게 충을 하는 구조네. 그러면 병자는 정관이 가진 안정성, 보수적 성향뿐 아니라, 편관이 가진 진취적이고 도전적인 성향도 함께 가지고 있다고 봐야겠지?"

③ 진오: "원래 관성이 강하면 자기를 잘 포장하고 숨길 수 있잖아? 그런데 병자는 병화일간이라 솔직담백한 걸 넘어, 자기를 포장하고 숨기는 걸 자존심 상하게 여길 것 같아."

④ 강철: "맞아. 아무래도 마음에 없는 말도 해야 하고, 아닌 것도 맞다고 해야 하니까 병자들이 정치에는 부적합할 것 같아."

⑤ 오중: "병자 지장간을 보면 편관과 정관이 공존하잖아? 관살혼잡이 되어 있으니 병자들은 바람기가 있거나, 결혼을 최소 두 번은 하지 않을까?"

5. 다음 중 각 일주에 대한 설명으로 가장 거리가 먼 것은? (난이도 상)

① 미정: "신사는 일지 지장간이 무토 정인, 경금 겁재, 병화 정관으로 이루어졌잖아? 정관, 정인으로 관인생되어 있으니 공직에 진출 시 크게 성장할 수 있지 않을까?"

② 주호: "신사는 사 중 경금[巳中 庚] 겁재가 가진 저돌성과 경쟁성, 그리고 권력에 대한 욕망을 상징하는 일지 사화 때문에 권력욕이 상대적으로 강한 편인 것 같아."

③ 민정: "일지가 편관인 갑신이나 을유 모두 자존심도 강하고 체면도 중요시 여길 것 같아."

④ 혜련: "갑신과 을유를 비교하면, 갑목은 양목이고 을목은 음목
이잖아? 갑신은 집에 돈이 떨어지면 주눅 들어서 자존심이 드러
나지 않을 것 같고, 을목은 주머니가 비어 있어도 자존심을 내세
우며 목소리에 힘이 넘칠 것 같아."

⑤ 수영: "임진은 생각의 폭이 엄청나게 큰 데다 진토가 또 황당무
계한 권력을 상징하잖아? 꿈이 원대한 건 좋지만, 아무래도 다
른 일주에 비해 현실주의적으로 판단하는 일이 무척 중요할 것
같아."

풀이 노트

1. 일지가 정관인 일주들이 정관의 속성상 규칙적이고 일관성 있는
삶을 살려는 의지가 강하다. 규칙적으로 자고 일어나거나 규칙
적으로 운동을 하는 등 규칙적인 생활로 건강을 가장 잘 지킬 수
있는 일주는 ②번 병자일주다.

2. 정답은 ①번이다. 계축일주는 천간 중 겨울의 간지인 계수가 역
시 지지 겨울의 토인 축토를 만난 형상으로, 일지가 편관임에도
불구하고 계수가 가장 강하게 뿌리내린 간여지동급 사주로 해석
한다. 인목의 지장간은 무토, 병화, 갑목으로 목생화 → 화생토
로 흐르며 초기인 무토에 힘이 모인다. 생지 중 초기인 무토의
힘이 가장 강한 인목과 무토가 만나면, 무토는 인목에 강하게 뿌
리내릴 수 있다. 신금은 지장간이 무토, 임수, 경금으로 이루어
져 있어 초기 무토의 힘이 약하다. 따라서 계축, 무인, 갑신의
순서대로 일간의 힘이 강하다.

3. 정답은 ④번이다. 보통 ①번 병자처럼 일지가 정관인 일주들은 정
관이 상징하는 책임감, 준법정신이 강하다. 다만 같은 관성이라
도 ②번의 을유처럼 일지가 편관인 일주들은 특히 명예, 체면을

더 중요시 여긴다. ⑤번 계축은 계수가 축토에 강하게 뿌리내리고 있는 일주로, 편관이 상징하는 힘을 가장 강하게 드러내는 일주가 된다. 즉, 우두머리가 되고자 하는 열망, 리더십 등이 잘 발현되는 것이다.

④번 신사는 보통의 관성 일주와 달리, 사화 안에 신금에게는 겁재인 경금이 중기에 위치해 있다. 겁재는 전복적 힘이 강하기 때문에 신사는 한 자리에 머물기보다 변화를 추구하는 편이다. 게다가 일지 사화가 활동성이 강한 인신사해에 해당하기에, 사화 특유의 역마성으로 신사는 늘 활동적이며 변화를 꿈꾼다.

4. 정답은 ⑤번이다. 특히 여성에게 관성은 육친으로 남성을 의미하긴 하지만, 관살혼잡이 되어 있다고 해서 결혼을 두 번 한다거나 주변에 남자가 많다거나 남자 관계가 문란하다고 여기는 건 어리석은 해석이다. 게다가 관살혼잡은 주변의 남성을 인식하고 있다는 의미일 뿐, 남성에 대한 윤리적이고 도덕적인 관념과는 전혀 상관 없는 개념이다(그런데 말이 나왔으니 말인데, 요즘 시대에 결혼을 두 번 이상 하는 게 무슨 문제란 말인가? 그리고 어떻게 사람이 평생 한 사람만 사랑하고 살아갈 수 있단 말인가?). 오히려 병자일주 여성의 경우 사회적으로 높은 활동성을 보인다고 해석하는 것이 타당하며, 공적인 영역에서 공공의 이익을 위해 헌신하는 사람도 많다. 오히려 병자일주 남성의 경우 병화일간 중 이혼율이 굉장히 낮다. 정관의 속성상 현 상황을 유지하려는 태도가 강하기 때문이다. 기타 관살혼잡이 될 때의 특징과 장단점에 대해서는 후술하겠다.

5. 정답은 ④번이다. 갑신 역시 일지가 편관인데, 일간이 갑목으로 양목이다. 양간의 특성상 같은 편관이라도 음간인 을유와 달리, 자존심이 겉으로 드러날 수밖에 없다. 양간이 겉으로 자기 기운을 드러내려 하기 때문에 폼이나 허세가 강하다면, 음간은 정반대로 겉으로 드러내 보이지 않고 내실을 기하려는 속성이

강하다.

똑같이 돈이 없는 상황에서 갑신과 을유가 함께 밖에서 밥을 사먹는다고 가정해보자. 둘다 일지가 편관이라 돈보다는 체면을 중요시하며 자존심도 강하다. 양간인 갑신은 인정받기 위해 어려운 티를 내지 않고 본인이 앞장서 식사비를 내려고 할 가능성이 높다. 음간인 을유는 실제적으로 돈이 없으면 주눅 들거나, 자신의 상황에 대해 양해를 구하고 밥을 얻어먹을 확률이 높다. 참고로 갑신과 을유 중 자존심이 상하는 일을 당하면, 갑신이 훨씬 더 힘들어한다.

⑤ 편인과 정인

편인 양간 그룹				편인 음간 그룹			
丙寅	丁卯	庚辰	庚戌	辛未	壬申	癸酉	辛丑
병인	정묘	경진	경술	신미	임신	계유	신축
戊丙甲	甲乙	乙癸戊	申丁戊	丁乙己	戊壬庚	庚辛	癸申己
식신 비견 편인	정인 편인	정재 상관 편인	겁재 정관 편인	편관 편재 편인	편관 비견 편인	정인 편인	식신 비견 편인

정인 양간 그룹		정인 음간 그룹	
甲子	戊午	己巳	乙亥
갑자	무오	기사	을해
壬癸	丙己丁	戊庚丙	戊甲壬
편인 정인	편인 겁재 정인	겁재 상관 정인	정재 겁재 정인

일간을 생해주는 인성은 일간이 기댈 수 있는 일종의 휴식처나 안식처 역할을 한다. 기운이 빠지더라도 인성은 일간에게 계속해서 에너지를 공급해주기에, 인성을 일지에 둔 일주들은 인내력과 지속력이 강한 편이다.

인성은 육친으로 어머니를 상징하기도 하는데, 일간에게는 든든한 조력자 역할을 한다고 보면 된다. 따라서 인성을 일지에 둔 일주들은 실패해도 자신을 도와줄 사람이 가까이에 있는 것처럼 삶에 안정감을 느낀다.

바깥으로 에너지를 표출하는 식상과는 달리, 인성은 안으로 수렴하는 힘이다. 인성이 의식주, 표현, 기본적인 욕구를 뜻하는 식상의 활동성을 극하기 때문이다. 인성은 제자리에 앉아 엉덩이를 붙인 채 주변 상황을 인지하고 조금씩 이해해 나가려 한다. 속도는 느리지만 철저한 준비성과 꾸준함으로 인성은 자기만의 영역을 견고하게 다져 나갈 때 높은 가치를 지닌다. 인성 일주들이 가진 자신감은 인성이 뜻하는 전문성에 기인하기도 한다.

인성을 일지에 깔고 있는 일주들은 인내력, 지속성, 계획성, 종교성, 학문성, 전문성 등을 뜻하는 인성의 특성을 두드러지게 갖추었다고 볼 수 있다. 진지하고 신중한 태도를 소양으로 갖추고 있거나, 전문직종에서 일하거나, 종교적인 활동, 영성을 추구할 확률이 높다는 뜻이다.

역시 일간이 양간인지 음간인지, 일간과 일지의 오행이 무엇인지, 일지 지장간의 간지들은 어떤 십성으로 이루어졌는지 등을 살펴야 일주별 특성을 쉽게 파악할 수 있다. 예를 들어 병인일주는 감각적인 센스가 상당히 좋아 디자인·미디어 계통 종사자들에게 특히 많다. 병인이 시력을 뜻하는 목 오행과 시각을 뜻하는 화 오행으로 이루어져 있기 때문인데, 여기에 더해 낙천적이며 화려함을 추구하는 속성도 함께 갖추고 있다. 병인일주였던 히틀러는 미대 전공자로서 나치의 문양이나 군복, 휘장 같은 시각적인 요소들을 매우 중요하게 여겼다. 특히 미디어를 정치적으로 활용한 최초의 정치인이 히틀러라는 측면에서 시사하는 바가 크다.

임신일주는 지지인 신금이 일간 임수를 금생수로 생하는 구조다. 명리학에서 전통적으로 박사 사주라고 일컫는 금백수청의 구조인 만큼, 총명하기로는 늘 상위권을 차지하는 일주 중 하나다. 일간이 임수인 만큼 지식욕도 대단하며 외국어 능력도 탁월하다. 일지가 편인인 임신일주에는 특히 이공계통 종사자들이나, 의사, 한의사들에 상당히 많다. 보편적인 학문이나 일반적인 분야에 강한 정인과 달리, 편인은 기술과 예술, 특히 정교한 손기술을 필요로 하는 기능적인 면에 특화되어 있기 때문이다. 편인은 특출난 재능, 독창성, 창의성, 개성 등을 상징하며, 특수하거나 실용적인 분야, 특히 사람의 생명을 다루는 의료·종교·영성·상담 분야에서 크게 두각을 나타낸다.

모든 일주를 세세하게 다루는 대신, 먼저 60일주별 속성들을 키워드로 정리해보았다. 일주별로 어떻게 하여 저런 속성을 갖추게 됐는지 음미해보도록 하자.

丙
寅

병인
이글거리는 호랑이의 눈빛, 낙천성, 화려함, 성급함, 비즈니스 역마, 넓은 활동 스케일, 원대한 포부, 비상한 두뇌(목화통명)

丁
卯

정묘
풀밭에서 꽃을 피운 화초, 개성, 센스, 스타일리시, 직관력, 예술성, 다정다감, 다재다능, 유흥과 중독 조심

庚
辰

경진
설악산 울산바위, 고집, 의리, 자기 주장 뚜렷, 자기 중심, 자신만만, 배짱, 속성속패

庚
戌

경술
(자급자족이 가능한)고성(固城), 공업(工業)의 성, 장인정신, 창의성, 직관력, 판단력, 섬세함, 치밀함, 화기가 있으면 첨단 기술에 진출하기 용이함

辛
未

신미
뿔을 가진 양, 외유내강, 자존심, 분석력, 눈치, 냉정함, 영감, 신앙과 종교, 약물 중독 조심, 탐재괴인

임신

바위에서 솟구치는 물(암반수), 온천욕 하는 원숭이, 고상함, 총명함(이공계통), 외국어 능력(인문계통), 두뇌회전, 완벽주의, 박학다식, 자기 세계, 상황판단력

계유

깨끗한 물에 씻긴 보석, 기억력, 암기력, 화려함, 보호본능 자극, 자기 재주 과신, 다재다능, 소학대성, 신장질환 주의

신축

쟁기 끄는 소, 성실함, (현실적) 판단력, 이성적, 손재주, 종교, 철학

갑자

돛을 단 배, 밝고 명랑함, 자신감, 자존감, 당당함, 인정 많음, 고상함(도덕적 정당성), 포용력, 현학적 학구열, 풍류적 감성, 리더십

무오

고요한 화산, 겉으로 드러나지 않는 까칠함, 변덕, 유아독존, 고독함, 고집, 돌직구, 여유만만함

기사

흙속의 능구렁이, 승부욕, 추진력, 끈질김, 질투심, 집념, 외유내강, 초현실주의적 감각, 종교, 영성

을해

넓은 호수에 핀 연꽃, 온유함, 고상함, 침착함, 인내심, 부드러운 처세술, 외유내강, 결단력과 투쟁력 부족, 의존성

명리영역 기출문제

1. 다음 중 아래 일주들이 할 말로 가장 거리가 먼 것은? (난이도 상)

① 임신: "피곤한 인사이더보다, 자기 세계가 확실한 아웃사이더가 되는 게 낫지 않겠어?"

② 병인: "나는 사막에서도 난로를 팔고, 북극에서 에어컨을 팔 수 있는 사람이라구!"

③ 신미: "로또 사는 사람을 이해를 못하겠네. 난 큰 재물에는 욕심이 없거든."

④ 을해: "아오, 빡쳐. 억울하지만 내가 그냥 져주고 말지, 뭐."

⑤ 기사: "나도 조직에서 인정받고 더 위로 올라갈 거야!"

2. 다음 중 아래 일주들에 대한 설명으로 가장 거리가 먼 것을 고르면? (난이도 상)

① 경주: "을해는 일지 정인 때문에 의존성이 강하지만, 중기인 갑목 겁재가 뚝심으로 작용할 것 같아."

② 윤서: "기사는 천간 기토와 지지 사화의 성향이 극단적으로 다르잖아? 그래서 겉과 속이 다른 양상으로 나타나지 않을까?"

③ 승현: "무오는 일지에 편인과 정인이 함께 있는 유일한 일주네. 아마 정인의 영향으로 평소에는 인자하다가도 갑자기 편인의 성향(변덕)으로 돌변할 수도 있겠어."

④ 진원: "병화는 자기를 잘 숨길 수 없다고 하잖아? 근데 병인은 일지 인목 안에 병화가 숨겨져 있어서, 자기 생각을 잘 숨길 수 있을 것 같아."

⑤ 다미: "임신은 일주만 봐도 금백수청의 형상이잖아? 고전에서 임수 일간 중 최고의 명식으로 높이 평가받은 이유는 아무래도 학문에 최적화되어 있기 때문이겠지?"

3. 병인일주에 대한 설명으로 가장 거리가 먼 것은? (난이도 중)

① 너무 강한 양의 기운으로 치우쳐져 있다 보니 가끔 경솔함으로

사건 사고를 만들기도 한다.

② 목, 화 오행의 속성상 아무래도 밝고 명랑하며, 낙천적이고 화려한 편이다.

③ 평소에는 부드러우나, 한번 흥분하면 불꽃처럼 걷잡을 수 없이 타올랐다가 가라앉기도 한다.

④ 활동력이 너무 왕성하기 때문에, 바깥 활동보다 집에 있는 것이 더 좋다.

⑤ 자기 생각을 그대로 드러내는 편으로, 외부에서 볼 때 굉장이 배짱 좋게 느껴진다.

4. 무오와 기사를 비교한 것으로 가장 거리가 먼 것은? (난이도 상)

① 일지 인성은 학문, 인내력, 노력을 의미하니, 무오나 기사 모두 지속적으로 노력하려는 경향이 강하다.

② 무오는 일지에 편인과 정인이 함께 있는 만큼, 인성의 힘이 강해 의존적인 성향도 강하게 드러난다.

③ 기사일주는 일지 사화의 특성상 사회적 활동이 두드러지기 때문에, 고전에서는 여성 기사일주를 좋아하지 않았으나 여성의 사회적 활동이 중요한 현대에는 전혀 다른 해석이 요구된다.

④ 기사는 변혁의 겁재, 날카로운 상관, 안정적인 정인이라는 전혀 다른 힘들이 서로 얽히고설켜 있어 다면적이며, 자신을 드러내는 방식이 일목요연하지 않다.

⑤ 무오는 무토답게 어제까지는 모든 걸 다 수용하다가, 기토로 변해 꼼꼼하게 따지기 시작할 만큼 변덕을 부리기도 한다.

5. 신미와 신축을 비교한 것으로 가장 거리가 먼 것은? (난이도 상)

① 신미는 일지 지장간에 을목 편재와 기토 편인을 함께 가지고 있는 만큼, 약물 중독을 조심해야 한다.

② 일주 자체적으로 토가 금을 생하는 형태라, 신축이나 신미 모두 일간 신금의 장점을 가장 잘 드러낼 수 있다.

③ 신축은 일지 지장간에 신금이 가장 좋아하는 습토인 기토와 계수

식신을 함께 깔고 있어 지장간의 흐름이 좋고, 구성 또한 잘 짜여진 일주라 할 수 있다.

④ 신미나 신축 모두 천간 신금의 특성상 현실적인 판단능력이나 분석력은 뛰어나나, 가끔 냉정한 모습을 보일 때도 있다.

⑤ 신축이 일지 지장간 중기에 있는 비견 신금 덕분에 신미보다 일간의 힘이 더 강한 편이다.

풀이 노트

1. 정답은 ③번이다. ①번 임신은 신중 경금 편인, 무토 편관의 영향으로 주류에서 이탈해 있는 아웃사이더의 기질이 많은 편이다. 게다가 신중 경금 편인은 임수 비견을 만나 금생수가 되는데, 이는 더욱 편인의 기질이 강하게 드러나는 요인이 된다. 임신은 결국 유연성은 부족하지만 편인이 뜻하는 비주류, 문화 예술, 특수 분야와 인연도 많고, 그런 쪽의 성향과도 쉽게 연결된다.

   ②번 병인은 일간 병화가 인중 병화에 뿌리가 있는 데다 갑목 편인에도 생을 받고 있어, 병화가 뜻하는 넓은 범위의 시선은 강한 활동력과 넓은 활동반경을 동반하게 된다. 이 때문에 병인을 비즈니스맨의 일주에 비유하기도 한다.

   ④번 을해는 정인의 특성상 의존성이 강하다는 점은 장점이지만, 투쟁력이 떨어진다는 점이 단점으로 부각된다. 싸워야 할 때 뒤로 물러나 참는 경우가 많다.

   ⑤번 기사는 기토일간답게 조용하고 부드러운 성격이지만, 일지 사화가 가진 권력에 대한 욕망과 강한 활동력이 두드러지는 일주다. 이 때문에 겉모습과는 달리 권력이나 정치, 승진이 중요한 비즈니스 영역에서 암약하는 경우가 많다.

2. 정답은 ④번이다. 병화는 자기 생각이나 감정을 잘 숨기기 힘든 천간 중 하나다. 병인처럼 병화가 일지에도 뿌리를 내릴 경우 병

화의 힘은 더욱 강해져, 오히려 병화의 속성이 강렬히 드러날 수밖에 없다.

①번 을해는 일지 정인의 의존성이 강하게 드러나는 일주 중 하나인데, 사람들 앞에 나서기보다 뒤에서 누군가를 조력해주는 경우가 많다. 게다가 자기에게 돌아오는 공도 남에게 돌리기까지 하는데, 문재인 전 대통령이 비서실장으로서 노무현 전 대통령을 말없이 보좌했던 모습이나 20년 남북정상회담 당시 트럼프와 김정은에게 공을 돌리며 남북 화해를 이끌어가던 모습에서 을해일주의 모습을 떠올려볼 수 있다. 나머지 보기는 전부 다 맞는 설명이다.

3. 정답은 ④번이다. 병인은 활동력이 강한 일주인 만큼, 이런 활동력을 제어하기 위해 집에만 있기보다 오히려 적극적인 바깥 활동을 통해 해당 기운을 긍정적으로 쓰는 것이 더 좋다. 기가 꺾이고 움직이지 않는 병인은 집안에만 있을 경우 재앙이 된다.

4. 정답은 ②번이다. 무오는 일지 지장간에 편인과 정인, 그리고 겁재를 두고 있다. 정인이 가진 여유와 너그러움, 그리고 겁재가 가진 불굴의 의지와 강한 변혁성이 공존하는 것이다. 무오는 평상시 부드러운 성품이지만, 편인의 변덕이 부정적으로 발동될 경우 자칫 까칠하거나 공격적인 면을 보일 수 있다. 무오는 휴화산의 물상이다. 인성의 힘도 강하지만 겁재가 공존하고 있기에 의존적인 성향 대신, 만물을 녹여버릴 듯한 강한 힘을 자기중심적으로 드러내는 일주가 된다.

5. 정답은 ②번이다. 금의 간지 중 특히 신금은 예민한 성격으로, 열기를 품은 무토, 술토, 미토 같은 조토가 아닌, 기토, 진토, 축토의 생조를 반긴다. 신미는 미토가 조토인 만큼, 토생금이 잘되지 않아 신금의 까칠하고 예민한 면모가 아무래도 신축보다 더 잘 발현되는 편이다.

命理
武器

5
장

왜 월지가 핵심이었을까?

일주를 중심으로 명을 살피는 자평명리학은 《자평진전》의 심효첨, 《명리약언》의 진소암, 《적천수》의 임철초 같은 쟁쟁한 명리학자들의 업적에 힘입어, 청나라 시대부터 지금까지 줄곧 대세를 이루게 된다. 하지만 간과하면 안 될 점은, 일주 중심론의 자평명리학조차 일간과 일주가 명의 중심일지언정 핵심은 여전히 월지였다는 사실이다. 월지를 중심으로 격을 세워 사주의 빈부귀천을 나누고 인생의 성패를 논했다는 점에서, 당시 월지를 얼마만큼 중요하게 바라보았는지를 알 수 있다.

월지가 중심이 된 이유는 한난조습의 조후를 지배하고, 태어난 가문의 영향력을 결정하는 자리로 여겨졌기 때문이다. 먼저 조후에 대한 부분을 살펴보자. 명리학은 자연의 변화, 계절의 질서 같은 우주의 리듬에 뿌리를 둔 학문이다. 절기학으로서 명리학의 탄생 배경에는, 인간이 우주적 존재(소우주)로서 자연의 질서에 순응하며 살아가야 한다는 점이 전제되어 있다.

특히 봄, 여름, 가을, 겨울 절기에 맞춰 씨를 뿌렸던 농경시대에는 월지가 상징하는 계절이 무척 중요할 수밖에 없었다. 춥고 더우며 차갑고 뜨거운 자연의 질서에 따라 주체의 역할이 따로 있다고 여겼던 것이다. 같은 갑목이더라도 여름 갑목에는 수가 필요하다거나 가을 갑목은 경금으로 쪼개져야 귀하게 쓰인다는 식의 조후적 관점에 근거한 서술이 이를 잘 드러낸다.

다음으로 격국의 관점에서 월지를 살펴보자. 격국론에서는 월지의 지장간에 있는 글자가 천간에 투간했는지, 투간했다면 어떤 글자가 투간했는지에 따라 격의 성패를 가늠했다. 일간인 나를 이루는 가장 본질적인 요인을 월지로 보고, 그와 관련된 글자가 천간에 드러나 있는지를 중요하게 여겼던 것이다. 격국론에서는 사주를 격에 따라 여러 종류로 나누었지만, 간단하게는 월지에 있는 글자가 천간에 드러나면 격을 이루고(성격, 成格), 그렇지 않은 경우 격이 깨졌다(파격, 破格)고 보았다.

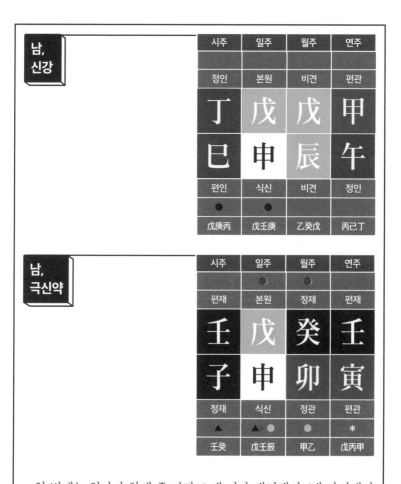

시주	일주	월주	연주
정인	본원	비견	편관
丁	戊	戊	甲
巳	申	辰	午
편인	식신	비견	정인
●	●		
戊庚丙	戊壬庚	乙癸戊	丙己丁

남, 신강

시주	일주	월주	연주
	●	●	
편재	본원	정재	편재
壬	戊	癸	壬
子	申	卯	寅
정재	식신	정관	편관
▲	▲●	●	*
壬癸	戊壬辰	甲乙	戊丙甲

남, 극신약

　첫 번째는 청나라 황제 중 가장 오랜 기간 재임했던 4대 강희제의 명식이다. 월지 진토의 정기인 무토가 월간에 투출하여 격이 성립된 사주다. 두 번째는 존경하는 스승인 명리학자 강헌의 명식이다. 월지 묘목의 지장간 중 어느 것도 천간에 투출하지 못하여 격이 깨진 사주다. 예전에는 성격한 사주면 높은 관직에 올라 오랫동안 부귀영화를 누리는 사주로 봤다. 격이 깨진 사주면 관직을 얻기는 고사하고 빈궁하여 생활고에 시달린다는 등 소위 천한 사주로 여겼다. 명리학자 강헌의 사주를 예시로 가지고 온 이유는, 사주의 격이 깨지든 아니든 형태에 상관없이 누구나 주체적인 삶을 살아갈 수 있음을 강조하기 위해서다. 그의 삶이 궁금한 분들은 약력을 검색해보시면 좋겠다.

격국론에서 월지를 중요하게 봤던 가장 큰 이유는 월지가 가문을 나타낸다고 보았기 때문이다. 당시에도 근묘화실론에 따라 연주는 조상, 월주는 가문, 일주는 나와 아내, 시주는 자식으로 해석했다. 신분제 사회에서 개인의 출세 여부는 철저하게 가문의 지위에 달려 있었기에, 일간을 주체라 여기면서도 월지를 핵심으로 둘 수밖에 없었다.

일간을 중심으로 사주를 해석하던 자평의 후예들 역시 대다수가 격의 성패 여부에 따라 귀격과 천격 등으로 사주의 등급을 나누었다. 월지 중심의 격국론은 주체가 살아가며 겪어야 할 운보다 부모에게 물려받는 명식의 구성을 더 중요하게 여겼다. 남명의 경우 월지를 통해 어느 지위의 관직을 얼마나 오래 유지할 수 있는지를, 여명의 경우 출세한 남편을 둔 정경부인이 될 수 있는지 등의 여부를 살폈다.

월지의 지위를 다르게 해석해야 하는 이유

과거 월지는 조후와 격국의 관점에서 무척 중요하게 여겼지만, 시대적 상황이 달라진 요즘에는 월지의 지위를 과거와 다르게 해석해야 한다. 먼저 조후적 관점에서 과거 인간은 철저히 자연의 흐름에 따라 살아갈 수밖에 없었지만, 현대에 와서는 이를 어느 정도 거스르며 살아가고 있기 때문이다. 현대인은 낮과 밤을 뒤바꿔 일하기도 하고, 하우스 재배를 통해 겨울 수박이나 여름 딸기를 먹는 등 제철이 아닌 농산물들을 즐겨 먹기도 한다. 추운 겨울에도 따뜻한 집에서 속옷만 입고 돌아다니거나, 더운 여름에는 에어컨을 틀며 제한적이나마 더위에 영향을 받지 않는 시대에 살고 있다.

물론, 과학기술이 발전하며 현대인이 누리게 된 편의를 자연을 극복한 결과라고 말하기는 곤란하다. 하지만 과거와 달리 최소한 월지로 상징되는 조후적 환경에 극단적으로 종속된 상황에서는 어느 정도 벗어났다고 볼 수 있다. 무엇보다 피임으로 출산 시기를 조절하거나, 제왕절개를 통해 시간을 선택해서 아이를 출산하는 시대를 살고 있으니 말이다(참고로 지구 온난화가 심해져 계절의 변화가 단순해지면, 월지의 조후적 작용력은 지금보다 훨씬 줄어들고 오히려 시주의 영향력이 더 커지지 않을까 하는 것이 개인적인 생각이다. 명리학에서는 더운 사막 지역에서 태어났다고 해서 더운 기운을 가지고 있다고 보지 않고, 추운 남극에서 태어났다고 해서 추운 기운이 많다고 보지도 않는다. 사주는 태어났을 때 태양과 지구, 그 밖의 다른 행성들이 어떤 관계를 맺고 있는지, 태어나는 순간의 우주적 기운을 포착하여 기호화한 학문이기 때문이다).

시주	일주	월주	연주
●			●
편재	본원	비견	정인
戊	甲	甲	癸
辰	申	子	亥
편재	편관	정인	편인
▲	▲	▲	
乙癸戊	戊壬庚	壬癸	戊甲壬

남, 중화

시주	일주	월주	연주
비견	본원	겁재	편인
乙	乙	甲	癸
酉	酉	子	卯
편관	편관	편인	비견
*	*		**
庚申	庚申	壬癸	甲乙

남, 신강

《궁통보감》의 논리대로라면 사주 원국에 화가 없어 좀비나 다름없는 자월 갑목 김대중 전 대통령(위)과 정치인 이재명(아래)의 사주. 고전의 관점대로라면, 이 사주들은 공직자커녕 거지가 되어 빌어먹거나 단명할 게 분명한 사주로 분류된다.

　　조후를 중요한 관점으로 내세운 《궁통보감》에서는 예를 들면 '겨울에 태어난 갑목이나 을목에게는 화가 필요하다'고 서술하고 있다. 하지만 이는 사주의 다른 글자를 제외하고 오직 월지와 일간만을 두고 판단한 것이다. 이에 근거하여 사주의 나머지 글자는 쳐다보지도 않고, 지금도 저잣거리에서는 '해자축월의 갑목이나 을목에게 병화나 정화가 없으면 요절한다'는 식의 험한 소리가 횡행하고 있다.

이런 논리대로라면 살아생전 김대중 전 대통령과 정치인 이재명은 모두 좀비라는 말인가? 화가 필요하면 노력을 통해 화의 기운을 생성시키거나, 운에서 들어오는 화 기운을 가져다 쓰면 될 일인데, 왜 이런 이야기는 하지 않는지 모르겠다. 부족한 기운은 특수관계인을 통해 보완하거나 풍수의 도움을 받을 수도 있겠다. 정말 방법이야 무궁무진하다.

사실 '가을의 갑목은 경금으로 쪼개야 귀하게 쓰인다'는 식의 조후적 관점에 근거한 서술은 일간의 사회적 쓰임을 피동적으로 강조한 표현이기도 하다. 갑목일간일 때 경금은 정관이 되기 때문이다. 개인의 주체적인 역할을 마음껏 펼칠 수 있는 사회였다면, 과거 급제나 관직 유지와 관련된 정관이나 정인 대신 분명 비겁이나 식상이 강조되었을 것이다. 특히 여명의 경우 월지가 정관이어야 남편의 출세를 돕고 남편을 잘 보필할 사주로 여겼다는 점에서, 당시의 신분제 사회가 남녀를 막론하고 무엇을 가장 중요한 덕목으로 바라봤는지를 잘 드러낸다.

명리학은 당시 지배계급의 이데올로기에 철저히 복무하는 학문이었다. 과거를 볼 수조차 없는, 즉 천한 신분으로 태어나 경기장에 입장할 수조차 없는 사람은 명리학이 다룰 대상으로 여겨지지도 않았다. 과거에 급제하는 것만이 입신양명할 유일한 길인 사회에서 과거 시험을 치를 기회를 갖는 것조차 출신 가문에 달려 있기에, 월지가 모든 것을 결정한다고 본 것이다. 월지를 중심으로 격이 깨진 사주는 절대 출세할 수가 없다고 본 배경이 바로 여기에 있다.

하지만 시대가 달라졌다. 신분제 질서는 폐지되었고, 수많은 직업이 등장하는 가운데 누구나 열심히 노력하면 얼마든지 꿈을 실현할 수 있는 사회가 되었다. 시대에 따라 사회적 가치관이 달라지면서, 출신 가문이나 배경의 속박에서 어느 정도 벗어나게 되었다. 월지 중심의 결정론적인 시각에서 벗어나, 사주를 주체의 관점에서 새롭게 바라봐야 하는 이유다.

청나라 시대의 고전 중 격국 중심의 관점에서 탈피하여 억부의 체계를 세웠다고 평가받는 《적천수》조차 비겁을 용신으로 삼지는 않았다.

이 부분은 시대적 한계를 벗어나 사고한다는 게 얼마나 어려운 일인지를 다시 한 번 생각하게 만든다. 월지 결정론에서 벗어나야 할 뿐더러, 나아가 과거에 흉신으로 여겼던 십성도 시대적 가치에 따라 오히려 길신으로 재평가해야 한다고 생각한다. 쉬운 일은 아니지만, 이런 편견을 깨는 작업이야말로 명리학이 전하는 동양의 지혜를 새롭게 정립하는 첫걸음이다.

월지는 무엇을 나타내는가?

앞에서 월지의 중요성을 예전과 다르게 바라봐야 한다고 말했지만, 결코 월지가 중요하지 않다는 말은 아니다. 예전처럼 자연에 완벽히 종속되어 살고 있지는 않더라도, 여전히 우리의 생애는 낮과 밤, 춘하추동의 리듬 속에서 구성되기 때문이다.

따라서 월지와 시지가 특히 조후적 특성이 잘 드러나는 여름이나 겨울로 이루어져 있을 경우, 우선 시지를 잘 살펴야 한다. 시지가 극단의 기운으로 이루어질 경우 조후적 특성이 더욱 강하게 드러나기 때문이다. 여름의 한낮인 사오미월의 사오미시에 태어나거나, 겨울의 자정이나 새벽인 해자축 월의 해자축 시로 이루어진 사주의 경우가 그렇다.

자월 자시는 한겨울 중 가장 추운 때이다. 특히 자월 축시 또는 축월 축시로 사주가 구성될 경우 원국의 구성이나 대세운의 흐름에 따라 축토는 토 오행의 기운을 버리고 수 오행으로 바뀌거나, 바뀌지 않더라도 수 기운이 강한 토로 변할 가능성이 높다.

시	일	월	연	시	일	월	연	시	일	월	연
午	午			未	午			未		未	

오월 오시는 한 여름 중 가장 더운 때이다. 특히 오월 미시 또는 미월 미시로 사주가 구성될 경우 원국의 구성이나 대세운의 흐름에 따라, 미토는 토 오행의 기운을 버리고 화 오행으로 바뀌거나, 바뀌지 않

더라도 화 기운이 강한 토로 변할 가능성이 높다. 상황에 따라 해당 간지가 어떤 성향으로 화하는지에 대해서는, 곧 이어 출간될 심화편에서 자세히 살펴보도록 하자.

원국을 해석할 때 월지를 어떻게 바라봐야 할까? 월지는 부모나 가문의 영향을 상징하는 자리가 아니라 ①인간의 무의식 ②잠재성 ③욕망을 상징하는 자리이다(이번 저술 작업을 통해 스승인 명리학자 강헌의 이론을 본격적으로 소개할 수 있게 되어 무척 기쁘게 생각한다). 예를 들면, 월지가 정관이라 하여 근본 있고 뼈대 있는 양반 가문에서 태어났다고 볼 것이 아니라, 개인의 무의식에 정관적인 요소가 무척 중요하게 자리 잡고 있다고 보아야 한다는 것이다.

월지의 무의식적인 욕망은 주체인 내가 인지할 수도 있고, 인지하지 못하는 요소가 될 수도 있다. 그것이 발현되어 개인의 구체적인 삶의 현장에 적나라하게 드러날 수도 있고, 수면 아래에 갇힌 채 까맣게 잊힐 수도 있다. 하지만 중요한 사실은 비록 드러나지 않더라도, 인간의 욕망이나 무의식은 주체의 의식 형성에 끊임없이 영향을 끼친다는 점이다. 태어날 때 부모로부터 물려받은 신체뿐 아니라 감각이나 욕망, 개성, 기질, 소양, 삶에 대한 태도 등 무의식적인 요소를 모두 품고 있는 자리가 바로 월지다.

인간은 다른 동물과 달리 이성을 지닌 존재인 동시에 불가능한 꿈을 추구하는 존재이다. 억압된 욕망을 채우고자 하는 결핍은 나도 몰랐던 잠재력을 분출하게 하는 강한 동기로 작용하고, 강력하게 성장하며 발전하게 하는 동력이 된다. 월지는 주체의 욕망임과 동시에, 무한한 잠재력과 가능성을 함께 품고 있다.

예를 들면 내 사주의 월지는 신금 편재다. 신금은 커뮤니케이션에 대한 욕망을 품고 있으며, 역마로써 활동성이 강한 간지다. 신금 편재는 십성으로 유흥성, 모험성, 공간지각능력, 넓은 네트워크, 기획, 일확천금에 대한 욕망, 기부, 봉사 등을 뜻한다. 원국의 주체가 사회에서 이런 성향과 욕망을 드러내든 드러내지 않든, 신금이 뜻하는 요소들을 인지하든 인지하지 못하든 편재적인 속성이 의식 형성에 중요한 역할을 하고 있다고 봐야 한다.

시주	일주	월주	연주
정인	본원	편인	정인
乙	丙	甲	乙
未	午	申	丑
상관	겁재	편재	상관
*			*
丁乙己	丙己丁	戊壬庚	癸辛己

　지지에 있는 월지의 요소는 천간의 어느 자리에 드러나는지에 따라 조금씩 다른 의미를 지니게 된다. 이 부분에 대해서는 근묘화실론을 먼저 짚은 후 자세히 살펴보기로 하자.

근묘화실론을 차용한 단식 해석 비판

		시[실]	일[화]	월[묘]	연[근]
고전 해석	《옥조정진경》 《이허중명서》	자손, 하인 보좌	형제, 처첩 주축	가문, 부모 활용	조상, 신분 근본
	《연해자평》	자식	자신, 아내	부모, 형제	조상
현재 활용	육친 운 시간 활동공간	자식 60~80세 미래 개인	나, 형제 40~60세 현재 개인	부모 20~40세 과거 사회	조상 0~20세 먼 과거 국가

근묘화실론은 연월일시의 주기를 인간의 성장 시기·육친과 연결 지은 이론이다. 당나라 시대에 크게 유행했을 것으로 추론되는데, 송대의 《옥조정진경》, 《이허중명서》에 기본적인 내용이 나타난다. 현대에 와서 많은 사람들이 근묘화실론에 입각하여 사주를 살피는데, 일부 단식 해석이 오히려 명리학 발전을 저해하고 명리학을 저잣거리의 술수로 전락시키는 요소가 되어버렸다.

근묘화실론에 근거해 월주로 가문이나 가풍, 부모의 성향과 가정 환경을 살필 수 있다고 여기는 이들은, 연주를 두고는 주체의 첫 인상과 조상의 특성을 드러내며, 태어나 스무 살까지의 운을 결정 짓는다고 해석한다. 그 이후 청년기인 20년은 월주의 영향을 받는다는 식으로, 생애 주기를 연월일시에 따라 단계적으로 적용하다 보니 황당한 해석이 난무한다.

유튜브를 조금만 뒤져보면 연주가 겁재일 경우 할아버지나 조상이 도둑놈이라거나, 편재일 경우 좀 놀 줄 안다는 식으로 해석하는 영상이 높은 조회수에 힘입어 버젓이 돌아다닌다. 연주가 정인인 것을 두고 학식 있는 가문에서 태어난 근거로 삼는 해석도 있었는데, SF소설에 버금가는 무한한 상상력과 박력 있는 해석에 무척이나 놀랐던 기억이 있다.

친형제나 친자매, 친부모와 친자식의 사주를 나란히 놓고 보면, 당연히 연주가 같을 확률보다 다를 확률이 훨씬 더 높다. 형의 연주에는 식신만 있고, 동생에게는 편인만 있다고 가정해보자. 형의 사주를 보고는 "편인이 필시 식신이라는 밥그릇을 엎어트렸을 것이니 조상님이 가난했을 것"이라 말하고, 동생의 사주를 보고는 "식신이 살아 있으니 조상님이 유복했겠네."라고 말할 것인가?

연주가 모두 정관이거나 정인이면, 대략 초년에 공부 또는 시험운이 좋다고 여기는 경우도 있는데 이는 전혀 상관관계가 없다. 사회궁을 의미하는 연간이나 월간에 정관이 떠 있다 하여 "자넨 필시 국가 공무원일 것이다!"라고 말하는 것도, 일부의 십성이나 신살로 사주 전체를 규정하는 것만큼이나 곤란한 해석에 불과할 뿐이다.

상담을 할 때 시주에 겁재가 있으니, 나중에 자식에게 내 재물을 뺏기게 되는 거냐고 질문한 내담자가 있었다. 심지어 그분은 자식도 없었다. 시주에 식신이 있으면 자식복이 있고, 시주에 편관이나 상관 같은 (고전적 관점에서의) 흉신이 있으면 내 말년은 물론 내 자식도 불운하다는 이야기가 되는 걸까? 조금만 생각해보면 어처구니없는 이야기가 여기저기 퍼지다 보니, 이런 단적인 해석이 명리학을 황폐하게 만들고 있음을 지적하고 싶다.

근묘화실론에서 연주는 조상, 월주는 부모, 일주는 나, 시주는 자식이 된다. 일지가 월지를 충하거나 극하면 내가 부모를, 월지가 연지를 극하면 부모가 그 부모를 충극하는 것으로 바라봤다. 일월지가 충하면 해당 간지의 에너지가 커져 삶에 안정성이 떨어질 수는 있다. 그렇다고 하더라도 고전의 관점을 그대로 가져와 이를 부모 은혜도 모르는 후레자식의 사주라며 흉하게 분류하는 것은 정말 어리석은 일이다.

명리학이 태동하고 발전을 거듭하던 옛 시대에는 가문이나 혈통이 무척 중요하다 보니, 연주—월주—일주—시주로 이어지는 시간의 흐름에 따라 근묘화실론과 육친이 자연스레 결합되었던 것으로 보인다. 일지와 월지가 충극하는 것을 불효의 관점에서 본 것은 시대의 사고방식이 그대로 투영되었기 때문이다.

월주는 연주에 종속되지만, 일주는 월주에 종속되지 않고 독자적으로 결정된다. 간지가 만들어질 때 연간에 따라 월주에 올 수 있는 간지 조합은 이미 정해져 있지만, 일주 자리에는 월주와는 전혀 상관없이 어떤 일주든 올 수 있다는 뜻이다. 이는 월주로 상징되는, 내가 부모에게 물려받은 어떤 인자들을 내가 지니고는 있지만, 이를 현실 영역에서 독자적으로 구현하는 것은 부모라는 환경을 떠나 전적으로 일간의 주체적인 활동에 달려 있다는 의미로 해석해야 한다.

근묘화실론의 의의와 유산

근묘화실론은 연월일시의 흐름 속에서, 일간을 주체로 내세우는 관점 형성에 큰 역할을 했다. 일간을 기준으로 한 자평명리의 발전에 근묘화실이 첫 단추를 끼웠다고나 할까? 게다가 연월일시로 이어지는 나름의 체계를 통해, 연주에서 시주로까지의 흐름이 가장 중요하다는 관점을 형성하는 데 기여한 바가 크다. 여기서 잠깐, 연주상생의 구조를 갖춘 사주를 살펴보도록 하자.

사례 1 · 사례 2

사례 3 · 사례 4

사례 1의 사주는 연주에서부터 시작해 시주까지 수생목→목생화→화생토로 흐르는 구조를 갖추고 있다. 사례 2의 사주는 시지 신금에서부터 시간 임수를 거쳐 연주까지 이어지는 구조다. 사례 3의 사주는 시지 진토로부터 연주를 거쳐, 다시 시간 갑목까지 흐름이 이어진다.

명리학에서 중요하게 여기는 것 중 하나가 상생, 즉 흐름의 기운이다. 예를 들어 사례 3의 경우 토생금→금생수로 흐르다가 시간 갑목에 사주의 전체 기운이 집중된다. 이렇게 되면 시간 갑목을 유용한 도구로 쓸 수 있게 되고, 식신이 상징하는 활동을 할 때 운이 가장 유리하게 흐른다고 본다.

연주에서부터 시주로 연결되는 흐름을 연주상생이라고 하지만, 사례 2처럼 시주에서부터 반대로 연주로 흐르거나, 사례 3처럼 유통되는 기운이 어디에서 출발했든 한 바퀴를 거쳐 어느 한 곳에서 흐름이 마무리되는 사주도 통상 연주상생으로 분류한다.

정확하게는 사례 4처럼 오행을 다 갖추고 어느 간지에서 시작하든 전체 사주의 기운이 끊임없이 순환되는 사주를 연주상생이라 한다. 이런 경우는 원국에 존재하는 모든 간지의 힘을 더욱 선명하게 활용할 수 있으며, 충이나 극하는 운을 만나더라도 잘 방어할 수 있다고 본다.

단, 연주상생이 되는 사주를 무조건 좋은 사주라 분류할 수는 없다. 완벽한 연주상생을 이룬 사주의 경우 별 볼 일 없이(?) 사는 경우가 많기 때문이다. 삶이 순탄하고 안정되어 본인 또한 큰 욕심을 부리지 않기 때문에, 새로운 일에 도전하지 않고 대체로 현재에 만족하며 지낸다. 이런 사람들은 어제와 같은 오늘, 오늘과 같은 내일이 반복되는 삶을 살기 때문에, 웬만해선 사주를 보러 오지도 않는다. 완벽한 연주상생의 사주를 만나는 건 상담가로서 정말 보기 드문 일이다.

정치인 중에는 갑신, 을유 등 일지에 편관을 둔 일주들이 유독 많다. 편관은 극도의 스트레스나 중압감을 의미하는데, 삶에서 예측 불가능한 위기나 위험도 많이 겪는 편이다. 사주의 기운은 내가 그 기운에 짓눌리면서도, 내가 휘두를 수 있는 힘이다. 삶의 변동성이 큰 편관이 명예나 권력을 상징한다는 점은, 우리의 인생이 도전과 가혹한 투쟁 없이는 무언가를 크게 이루어내기 힘들다는 점을 이야기한다.

연주상생의 사주가 근묘화실론의 관점에서 좋은 사주로 분류된 이유는 무엇일까? 바로 조상(연주)으로부터 시작된 좋은 기운이 나(일주)와 내 자식(시주)에게까지 순탄하게 이어지면, 집안이 화목하고 나와 후손 모두 일이 잘 풀린다고 판단했기 때문이다. 당연히 과거에는 사례 1처럼 연주(조상)에서 시주(후손)로 이어지는 흐름이 더 귀하게 여겨졌다.

　고전의 관점으로는 시주에서 연주로 이어지는 흐름은 역행하는 구조인 만큼, 굳은 의지, 단호한 도전, 주경야독의 정신으로 자수성가하는 경우라 해석할 수 있다. 사례 2는 익숙한 국내 무대를 떠나, 중국으로 진출하여 중화권에서 톱배우로 성장한 추자현 씨의 사주다. 부모라는 배경이 없어도 본인의 의지와 노력으로 얼마든지 성공할 수 있는 현대사회에서는, 굳이 사례 1의 경우가 아니더라도 사례 2~3처럼 원국이 어느 자리에서든 상생하는 구조면 자기 도구를 쓰기가 매우 유리하다고 볼 수 있다. 결국 사주를 잘 활용하기 위해서는, 원국이 가진 기운을 잘 유통시켜야 한다.

　개인적으로 근묘화실론을 등에 업은 경직된 해석에 비판적인 입장을 밝혔지만, 그렇다고 하여 근묘화실론이 무조건 버려야 할 이론이라는 주장에도 동의하지 않는다. 근묘화실론이 형성된 배경과 달라진 시대적 상황을 함께 놓고 연·월·일·시주의 의미를 살피면, 사주를 보다 입체적으로 해석할 수 있기 때문이다.

　근묘화실론을 활용한 통변 중, 연주(국가)와 월주(도시, 마을)를 사회적인 영역, 일주와 시주를 개인적인 영역으로 보는 관점이 있다. 근묘화실론에서 연주(조상)와 월주(부모)는 나의 존재(일주)를 있게 해준 뿌리로 여긴 만큼, 여기에서부터 개념이 확장되어 연주와 월주를 사회적 자리, 일주와 시주를 개인적 자리로 해석하는 관법도 생겨났다. 조금 더 세분화하여 연주는 국가로, 월주는 내가 사는 지역으로 해석하기도 한다.

　잠깐 다른 길로 새자면, 나는 입영통지서를 받고 나서야 내가 대한민국에서 태어난 국민이라는 것과 국가의 실체를 온몸으로 인지하기 시작했다. 해외에 나가 우리나라 대기업 간판을 발견하거나 자국의 기

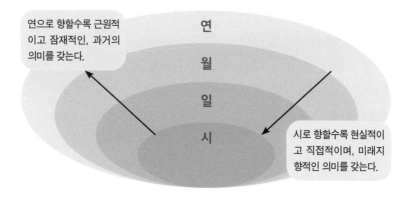

연

월

일

시

연으로 향할수록 근원적이고 잠재적인, 과거의 의미를 갖는다.

시로 향할수록 현실적이고 직접적이며, 미래지향적인 의미를 갖는다.

명리, 나를 지키는 무기: 기본편

쁜 소식을 뉴스로 접할 때에 느낀 자부심은, 역설적으로 내가 국가의 존재를 늘상 피부로 느끼지는 않았음을 의미한다.

하고 싶은 말은, 왜 연주와 월주가 국가나 도시를 뜻하는 사회적인 자리로 해석되는지, 일주와 시주는 왜 개인적인 자리로 해석되는지 생각해보자는 것이다. 바로, 연주와 월주는 광범위하지만 희미한 기운이며, 일주와 시주는 강하고 확실한 기운이기 때문이다. 과거에 비해 자유롭게 국경을 넘나들고, 개인이 원하면 일하는 터전이나 심지어 국적까지 바꿀 수 있는 세상이 되었다. 개인의 주체성이 높아진 시대에서 연주와 월주가 상징하는 자리의 의미는 과거와 달라져야 한다. 또한 하나의 주가 상위 주에 종속되어 있는 점, 즉 월주가 연주에, 시주가 일주에 따라 달라지는 것에 지나친 의미부여를 할 필요도 없다고 본다.

	시	일	월	연
천간		주체		
지지		신체	무의식	

도담학당을 운영하는 명리학자 안도균은 일간은 주체, 일지는 신체, 월지는 무의식으로 보고 이 세 자리의 연결성을 강조한다. 이른바 '삼각존 이론'이다. 일간이 품은 주체의 의식은 항상 어떤 대상을 지향하

294

고 있는데, 그 대상이 바로 일지로 상징되는 나의 몸이거나 내 몸이 놓인 세계라는 것이다. 이때 월지가 상징하는 무의식은 일간(의식)과 일지(몸) 사이를 오가며 신체화에 영향을 주고, 그 신체가 만드는 의식에도 영향을 끼친다고 이야기한다.

내 입장에서는 참으로 반가운 해석이다. 이처럼 명리학 역시 인간을 이해하기 위한 학문으로서 시대적 상황에 따라 얼마든지 과거와 다르게 해석할 수 있어야 한다.

월지에 숨은 욕망의 스펙트럼

월지는 욕망의 그릇이며, 이 그릇을 채울 수 있는 간지는 지지 열두 개 뿐이다. 하지만 어떤 간지가 오고, 간지의 어떤 지장간이 천간에 투간 하느냐에 따라 욕망의 내용과 스펙트럼은 무궁무진하게 변주한다. 여 기서는 간지를 분류한 후, 기본적인 사항만 간단히 살펴보도록 하자.

생지 중 인신사해는 중기든, 정기든 투간한 글자가 욕망의 중심이 된다. 여기서 참고해야 할 건, 초기인 무토는 대체적으로 힘이 약한 간 지라 인목을 제외한 나머지 신금, 사화, 해수의 경우 초기인 무토가 투 간하더라도 욕망의 내용이 대체적으로 잘 드러나지 않는다는 점이다. 신금, 사화, 해수 안에 있는 무토는 지장간들의 나머지 글자들을 생해 주거나 충극 당하는 관계로 힘이 많이 약한 편이다. 하지만 인목은 지 장간이 무토, 병화, 갑목으로 구성되어 있다. 갑목이 병화를 목생화로 생해주고, 병화가 무토를 화생토로 생해주기 때문에 인중 무토의 힘은 결코 약하지 않다.

사례 1

사례 2

사례 1은 경금 일간이 월지 신금에 뿌리를 내렸다. 월지의 정기와 일간이 같을 경우에는, 투간이나 투출이라고 일컫지 않고 일간이 월지에 '근을 두고 있다'거나 '뿌리를 내렸다'고 해야 옳은 표현이 된다. 이런 구조의 사주는 비견적 욕망이 중심이 되며, 강한 비견이 뜻하는 고집, 실천력, 투쟁심 등이 현실에서 선명하게 드러나게 된다.

사례 2는 해중 갑목이 월간에 투간했다. 무토 일간에게 갑목은 편관이 되는데, 이 경우 편관과 관련된 욕망이 강하게 드러난다. 편관이 뜻하는 명예나 권력을 추구하며, 자기 삶에서 이를 내면화하며 살아갈 가능성이 아주 높아진다.

사례 3

사례 4

사례 3은 인목의 정기인 갑목이 바로 위 월간에 투간했다. 기토 일간에게 갑목은 정관이 되기에, 이 경우 정관과 관련된 주체의 욕망이 강하게 드러난다. 정관이 뜻하는 자기 통제력, 준법정신이 내외적으로 갖추어져 있다고 보면 된다. 자기 욕망이 강하면 강하게 드러날수록, 이는 개인의 심리와 경향성, 개성, 가치관과도 연결되기에 특히 직업적 환경과 이어질 확률이 아주 높다. 즉, 이 사주의 경우 고작 월주만 파악하더라도 사주의 주체가 정관과 관련된 공무원, 공기업, 교사 같은 직업을 가지는 경우가 많다는 뜻이다.

사례 4는 인중 병화가 시간에 투간했다. 계수 일간에게 병화는 정재가 되는데, 이 경우 정재와 관련된 욕망이 강하게 드러난다. 정재가 뜻하는 삶의 안정성을 최우선으로 추구하다 보니, 직업 선택 시 사업을 하기보다 월급쟁이의 삶을 선택할 가능성이 높아진다.

시	일	월	연
	丙		
		申	
		戊壬庚	

사례 5

시	일	월	연
乙	辛		壬
		亥	午
		戊甲壬	丙己丁

사례 6

사례 5는 병화 일간에게 신금은 편재가 된다. 만약 내 사주처럼 월지의 지장간 중 그 어느 것도 원국에 투간하지 못할 경우, 중심이 되는 욕망이 외부로 드러나지 않을 가능성이 높다. 심지어 대운이나 세운에서 어떤 간지가 오는가에 따라 욕망의 강도나 내용이 그때그때 달라지기도 한다. 특히 천간에 신금의 중기인 임수, 또는 정기인 경금이 오면 갑자기 사람이 달라질 정도로 욕망이 강하게 드러나게 된다. 이 부분에 대해서는 차후에 다른 장에서 자세히 설명하겠다.

사례 6은 해중 임수가 연간에 투간했다. 을목 일간에게 임수는 정인이다. 월지에 있는 지장간이 천간에 투간하면 중심이 되는 욕망이 외부로 드러난다고 했는데, 이렇게 연간에 투출되는 경우는 예외다. 어린 시절을 보낼 때 연주에 있는 간지의 특성이 성향으로 드러나긴 하지만, 전체적으로 연주는 연월일시주 중 가장 희미한 기운이기 때문이다. 자세한 건 조금 후 살펴보기로 하자.

자오묘유 왕지는 오화를 제외하고 지장간이 전부 여기와 정기뿐이다. 왕지는 각 계절의 기운이 가장 강하고 순수하게 수렴한 기운이라, 해당 지장간이 천간에 드러날 경우 전 생애를 지배할 정도로 엄청나게 강한 욕망으로 나타난다. 고전에서는 월지가 왕지인 경우에 한해 지장간이 천간에 투간하지 못했다 하더라도 격을 잡았다. 그만큼 왕지는 지지 중 가장 힘이 강하다는 뜻이다. 덧붙여, 오중 기토가 천간에 드러날 경우 마찬가지로 기토가 가진 십성적 특성이 욕망으로 선명히 드러난다.

진술축미 고지는 각 계절의 끝자락에 위치하면서도 다음 계절로 넘어가려는 기운이다. 앞의 기운이 약해지면서 새로운 기운이 움트는, 극적인 변화의 가능성은 고지만의 독특한 특성이면서 고지를 더욱 복잡하게 만드는 요인이 되기도 한다. 마치 인터체인지와 같은 고지의 기운은 월지에서 욕망의 그릇이 되었을 때, 욕망의 변화 양상을 제대로 파악하기 힘들게 만든다. 특정 시점에 그 사람의 모든 것을 판단하면 안 된다는 이야기다. 월지가 왕지일 때는 전 생애를 지배할 정도로 강한 불변의 욕망일 가능성이 크지만, 월지가 고지일 때는 현재의 그 사람이 10년 전의 그 사람이 아닐 가능성이 높다.

생지 중 인목을 제외하고 나머지 신금, 사화, 해수의 초기 무토는 약하기 때문에 천간에 드러나도 욕망이 선명하지 않다고 했던 것처럼, 고지 역시 눈여겨봐야 할 부분이 있다. 축토를 제외하고, 나머지 진토, 술토, 미토의 중기들은 모두 힘이 약한 기운이라 천간에 투간한다 하더라도 역시 욕망이 선명하지 않다는 것이다. 축토는 지장간이 계수, 신금, 기토로 이루어져 있다. 중기 신금이 정기인 기토로부터 생을 받고, 계수로도 맑게 씻긴다. 축중 신금은 다른 고지의 중기에 비해 상당히 강하기 때문에, 천간에 드러날 경우 주체의 욕망 또한 선명하게 드러난다.

욕망과 현실의 끝없는 변주:
연주에서 시주까지

命理
武器

6
장

현실과 무의식의 영역

	시	일	월	연
천간	현실의 영역		무의식의 영역	
지지		현실 영역의 사령부	무의식 영역의 사령부	

　연주와 월주는 무의식의 영역이며, 일주와 시주는 현실의 영역이다. 특히 연주와 월주의 속성에 비해, 일주와 시주의 속성은 현실에서 훨씬 더 뚜렷하게 드러난다. 연주에서 월주로 갈수록 무의식의 영역은 점점 수면 위로 떠오르며, 월주에서 일주로, 일주에서 시주를 향할수록 월지가 품은 욕망, 가능성, 잠재력과 같은 내면의 기운들은 점차 현실에서 강하게 드러난다. 일주와 시주는 눈에 보이는 현실의 영역이자, 실현의 자리이기 때문이다.

　일시주 현실 영역의 사령부는 일지이며, 연월주 무의식 영역의 사령부는 월지다. 사주 통변의 핵심 중 하나가 바로, 사령부인 일월지 지장간의 투간을 잘 살피는 것이다. 예를 들어, 일지에 있는 식상이 천간에 투간했다고 가정해보자. 이 경우 교육, 서비스, 언론, 요식업계와 직업적 인연이 크며, 해당 분야에 종사 시 매우 강력한 힘을 발휘할 수 있다고 본다. 또는 일지가 용신인 경우 건강에 대한 방어력이 높거나, 원만한 관계 속에서 배우자에게 큰 조력을 받을 가능성이 높다고 해석할 수도 있다. 용신에 대한 부분은 곧 출간될 심화편에서 자세히 다루기로 하자.

　일지 투간은 일지가 뜻하는 직업, 배우자, 건강의 영역으로 해석이 제한될 수 있지만, 월지 투간은 전체 원국의 구성과 향방을 결정 짓는다. 이를 염두에 두고 사주의 각 영역과 위치 별 투간의 의미, 그리고 천간마다 주변 자리와 어떤 관계를 맺고 있는지 등을 종합적으로 살펴보자.

연주: 욕망과 가능성의 배후이자 기반

	시	일	월	연
천간			욕망, 가능성, 잠재력	월주의 배후, 환경
지지				

연주는 현실에서 선명하게 드러나는 자리가 아니기 때문에, 반드시 월주와의 관계를 통해 살펴봐야 한다. 연주가 월주를 얼마만큼 튼튼하게 지원해주고 있는지, 연주가 월주를 극하는 건 아닌지를 살펴야 한다는 이야기다. 연주는 욕망, 가능성, 잠재력의 자리인 월주의 배후이자 환경이다.

① 연간과 다른 자리와의 관계

	시	일	월	연
천간			②	연간
지지			③	①

연간은 ①연지 ②월간 ③월지순으로 영향을 받는다. 연간이 연지에 뿌리를 내리거나 월간으로부터 지원을 받으면, 연간의 힘은 미약하지만 안정적으로 발휘될 수 있다. 만약 연지로부터 극을 당한다면 연간의 힘은 안정적으로 발휘되기 어렵다. 연간이 월간을 생하는 것은 월주가 상징하는 무의식의 요소들이 현실에서 조금 더 표면화되며, 월간이라는 도구 또한 잘 쓸 수 있게 됨을 의미한다. 물론 이때는 월간이 월지에 뿌리를 내리거나, 월지로부터 강하게 지원을 받을수록 좋다.

② 연지와 다른 자리와의 관계

연지는 ① 연간과 월지 ② 월간순으로 영향을 받는다. 연지가 월간보다, 연간, 월지와 더 큰 영향을 주고받는 두 가지 이유가 있다. 첫째, 연지는 바로 옆에서 잠재력의 사령부인 월지를 가장 직접적으로 지원해

	시	일	월	연
천간			②	①
지지			①	연지

주거나 극할 수 있다. 둘째, 연지가 연간의 뿌리가 되거나 연간을 생조할 경우, 연주 전체를 하나의 온전한 기운으로 드러낼 수 있다. 참고로, 연지가 일간이나 시간에 투출한 경우, 연지 역시 일간이나 시간의 뿌리 역할을 할 수 있다. 하지만, 거리가 대각선으로 멀어지면 멀어질수록, 영향력은 점점 떨어진다.

연주와 월주를 전체적으로 이해하기 위해, 일단 연간을 중심으로 놓고 아래 경우의 수를 살펴보도록 하자.

사례 1

사례 2

사례 1의 연간 병화는 월주와 연지에게 에너지를 뺏기는 관계에 놓여 있다. 화는 금을 극하고, 토를 생하기 때문이다. 연지와 월지의 지장간에조차 병화의 뿌리가 없어, 병화가 천간에 붕 떠 있는 양상이다. 이런 경우 연주는 월주에게 큰 도움이 되어주지 못한다. 사례 2의 계수는 정화와 충하는 관계(정계충)인 데다 화로 둘러싸여 있어 아무런 힘이 없다. 사중 경금이 있긴 하지만, 활활 타오르는 불길 속에 계수는 증발하여 사라질 듯한 양상이다. 사례 2 역시 연주 계사는 월주에 별 도움이 되지 못한다. 사례 1과 사례 2의 경우처럼 특정 오행이 고립되어 있다면, 그 오행과 관련된 건강 문제가 크게 불거질 수 있다.

시	일	월	연
		戊	辛
		戌	未

사례 3

시	일	월	연
		辛	癸
		酉	亥

사례 4

　사례 3의 연간 신금은 토로부터 생조를 받기는 하지만, 너무 과다하게 토로 둘러싸여 있다. 땅에 묻혀 신금이 잘 드러나지 않는 양상으로, 토다금매(土多金埋)라 설명하기도 한다. 이 경우 연간은 월주에 큰 도움이 되지 못한다. 사례 4는 월주가 금생수로 연주를 지원해주는 양상이다. 통상 연주가 월주를 생해주는 관계가 가장 좋지만, 금 오행만큼은 수 오행으로 설기되어 본인이 맑게 씻기는 것을 반기기 때문에 사례 4의 경우는 예외가 된다. 이 경우 연주가 월주를 생하는 상황이 아님에도 불구하고, 예외적으로 월주가 의미하는 무의식적인 요소들이 더 선명하게 드러날 수 있다.

시	일	월	연
		丁	癸
		巳	亥

사례 5

시	일	월	연
		庚	戊
		申	辰

사례 6

　사례 5는 연주와 월주가 전체적으로 충하는 양상이다. 이 경우 연주는 월주가 상징하는 내면적인 요소를 더욱 복잡하게 만들며, 현실적 영역에서 주체의 발목을 잡는 방해요인이 될 가능성이 높다. 사례 6처럼 연주가 월주를 지원해줄 때, 주체가 월주의 무의식적인 요소를 도구로 사용할 가능성이 가장 높다.

월주: 주체의 욕망과 가치관의 터전

① 월간과 다른 자리와의 관계

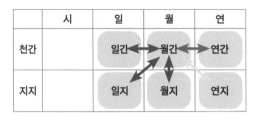

월간은 ①월지, 일간, 일지 ②연간 ③연지 순으로 영향을 주고받는다. 무의식의 영역에 있는 월간이 가장 뚜렷하게 자신의 기운을 드러낼 때는, 일지나 월지에 튼튼한 뿌리를 두었을 때다. 각 경우의 수마다 어떻게 해석할지에 대해서는 추후에 다루기로 하고, 일단 간지를 중심으로 구조를 살펴보도록 하자.

사례 1

사례 2

사례 1의 월간 병화는 화생토로, 주변에 둘러싸인 토에게 설기당한다. 게다가 옆에 있는 연간 계수는 수극화로 병화의 에너지를 빼앗아간다. 연지 묘목이 목생화로 지원하고 있지만 너무나 힘이 약하기 때문에, 병화의 특성은 잘 드러나지 않을 확률이 높다. 월간은 시간과 더불어 직업과 심리적인 요소로 연결될 가능성이 크지만, 이처럼 월간이 튼튼하지 않을 경우에는 현실적 요소로 발현되기 어렵다. 사례 2의 월간 임수는 월지 자수에 뿌리가 튼튼할 뿐만 아니라, 연간 임수에게도 지원받고 있다. 계수 일간인 사례 2의 경우 임수가 뜻하는 겁재적 특성이 무의식적인 영역에서 잠자지 않고, 생에 전반에 걸쳐 강하게 드러나게 된다. 사례 2처럼 월지가 월간에 투출하여 월주에서 간여지동을 이루면, 월지가 상징하는 내면의 요소가 겉으로도 표면화된다. 하늘에서의 뜻이 땅에서도 이루어지는 양상이라 할 수 있다.

사례 3

사례 4

사례 3과 사례 4 중 병화 월간이 더 튼튼하게 자리잡고 있는 사주는 무엇일까? 사례 4는 월간 병화가 월지인 인중 병화에 강하게 뿌리내리고 있고, 연간 갑목에게도 지원받고 있다. 사례 4의 월간이 더 튼튼하게 자리잡고 있기 때문에 병화가 직업과 심리적 요소로 드러날 가능성이 더 높다. 이처럼 사주는 반드시 월간과 월지, 월간과 연간, 월간과 일간의 관계를 종합적으로 살펴야 한다.

② 월지와 다른 자리와의 관계

	시	일	월	연
천간		일간	월간	연간
지지		일지	월지	연지

사주를 연주와 월주라는 잠재적 영역과, 일주와 시주라는 현실, 실현의 영역으로 나눈다면, 무의식의 터전은 월지, 주체가 발 딛고 사는 현실의 터전은 일지가 된다. 월지는 연주보다, 월간, 일주와 더 큰 영향력을 주고받는다. 이 때문에 두 사령부라 할 수 있는 월지와 일지가 서로 충할 경우 다른 자리에 비해 삶의 안정성이 크게 떨어진다. 일지가 건강, 배우자, 직업을 상징하는 자리이기 때문에, 결국 일지가 안정적일수록 안정적인 삶이 가능하다고 볼 수 있다('안정된 삶이 과연 좋은 삶인가'라는 문제는 일단 제외하자. 충이 일어나 에

너지가 활성화되고 삶의 변화 가능성이 커지는 건 우주 변화의 양상일 뿐, 좋고 나쁜 개념과는 전혀 상관이 없다. 후술하겠지만 합과 달리 충은 불안정하지만, 결국 충을 통해 새로운 사건이 발생하고, 그 속에서 주체의 성장이 일어난다).

사례 1

사례 2

사례 1의 월지 인목은 일지 신금과 충하는 관계인 동시에 월간과 일간의 화에 땔감이 되고 있다. 얼핏 약한 것처럼 보이지만, 연간에 정기인 갑목이 투출하여 결코 약하지 않다. 월지는 다른 자리와 달리, 크기는 작지만 함락이 어려운 옹성이라 할 수 있다. 사주의 전체적인 조후를 좌우하면서, 힘의 크기로만 따지면 가장 배점이 큰 자리이기 때문이다. 사례 2의 월지 자수 역시 월간과 일간에게 극을 당하고, 일지 오화와는 충하는 관계라 약할 것 같지만 연주가 금생수로 수원지가 되어주기 때문에 버틸 만하다(게다가 연지 신금은 자수와 자오충으로 인한 불안정성을 덮어준다).

천간과 지지를 둘로 나눌 경우 천간이 이상과 꿈을 상징한다면, 지지는 현실을 상징한다고 할 수 있다. 근묘화실론에 뿌리를 둔 이야기지만, 지지 중에서도 월지를 특히 일지보다 더 넓은 개념의 공간, 즉 집과 가족을 포함한 사회나 국가 등으로 넓혀서 보는 관점이 있다. 월지가 형과 충이 될 때는 공간이 불안정해지니 이사를 하지 말라는 이야기를 하기도 하는데, 반대로 생각하면 월지가 충할 때마다 공간을 벗어나고 싶은 욕망이 생길 수 있음을 암시한다고 보면 된다. 월지가 충할 때마다 이사를 하거나, 직장을 옮기고 싶을 수 있다는 이야기다.

정리하면 사례 1과 사례 2처럼 월지와 일지가 충한다는 이야기 역시, 주체가 살아가는 현실에서 직업과 결혼 등 삶의 여러 가지 요소에 다양한 변화가 일어날 수 있음을 암시한다. 게다가 사례 1과 2 모두 광역역마를 뜻하는 병병병존, 또는 무무병존의 사주다. 이렇게 광역역마의 힘이 강한 사주에서 일월지가 충할 경우 특히 국내를 떠나 유학하거나 외국에서 직업을 갖고 살아갈 가능성이 높다.

	시	일	월	연
천간			월간	
지지			↑ 월지	

투간 사례 1

투간 사례 1처럼 월지에 있는 요소가 월간에 투간한 경우, 주체의 욕망은 이글이글 타오르며, 현실에서 강력하게 드러난다. 월지의 욕망과 관련된 기운은 주체의 내면을 형성하며, 주체의 가치관, 개성, 내면, 성격을 이루는 데 강력한 영향을 미친다. 직업적인 환경과 연결될 가능성이 높다.

혹시라도 월지의 정기가 월간에 투간하여 간여지동의 형태가 되면, 대운도 간여지동으로 만날 확률이 높다. 이런 경우에는 대운의 영향에 따라 욕망이 더욱 강해지거나, 욕망이 수면 위로 드러나지 못하고 억압될 수도 있다(이 부분은 충과 합에 대해 다룰 심화편에서 자세히 살펴보도록 하자).

98	88	78	68	58	48	38	28	18	8
식신	상관	편재	정재	편관	정관	편인	정인	비견	겁재
壬	癸	甲	乙	丙	丁	戊	己	庚	辛
子	丑	寅	卯	辰	巳	午	未	申	酉
상관	정인	편재	정재	편인	편관	정관	정인	비견	겁재
사	묘	절	태	양	장생	목욕	관대	건록	제왕

경금 일간이 대운을 간여지동으로 만나는 경우

	시	일	월	연
천간		일간		
지지			월지	

투간 사례 2

투간 사례 2처럼 일간이 월지에 뿌리내리고 있다는 것은, 나의 욕망이 곧 나 전체를 규정한다는 뜻이다. 그 욕망이 실현되지 않은 현실에서는 문제가 발생할 여지가 크다. 예를 들면 월지가 비견이나 겁재인 사람은 배우자와 친구처럼 동등한 관계를 이루지 못할 경우 이혼률이 높은 편이다. 마음속에 자립, 독립의 욕망이 이미 크게 자리잡고 있기 때문이다(특히 겁재는 기존 질서에 대한 파괴적인 성향이 크다). 결혼은 했지만 상대방과 갈등이 생길 때마다 혼자 나가서 살아도 괜찮겠다는 마음이 들다보니, 쉽게 이혼을 선택하는 경우가 많다. 이처럼 일간이 뿌리내린 월지의 욕망은 매우 선명하게 나 전체를 규정하기 때문에 그 욕망으로 인해 발목 잡히는 경우가 많다. 하지만 동양적 세계관에는 늘 양면성이 함께 존재하기 때문에 부정적으로만 볼 필요는 없다. 그 욕망으로 인해 큰 실패의 위험을 안고 있다는 것은, 반대로 높은 사회적 성취를 이룰 수도 있다는 뜻이다.

	시	일	월	연
천간				연간
지지			월지	

투간 사례 3

투간 사례 3처럼 월지에 있는 요소가 연간에 투간하면, 나를 둘러싼 환경에의 욕망을 나의 욕망으로 삼는 경우가 많다. 이를 사회적 욕망을 나의 욕망으로 내면화한다고 해석해도 좋다. 예를 들어 부모가 의사일 경우 큰 고민 없이 '부모님처럼 나도 의사나 되어볼까?'라고 생각하는 것과 같다. 월지가 연간에 출현한 건, 자식 역시 같은 직업을 갖기를 바라는 부모의 욕망을 내면화하여 나의 욕망으로 삼는다는 뜻이다. 여기에는 부모는 물론, 교수, 멘토, 할아버지 등 내게 큰 영향을 주는 사람의 욕망이 모두 포함된다.

하지만 월지가 연간으로 투간한 경우에는 생각보다 그 욕망이 잘 드러나지 않을 가능성이 높다. 연주와 월주 모두 무의식의 영역이지만, 특히 연주는 월주의 배후로서 영향력이 더욱 희미한 자리이기 때문이다. 이는 연지의 정기가 연간으로 투출하여 간여지동을 이룬다 하여도 마찬가지로 현실에서 잘 드러나지 않게 된다.

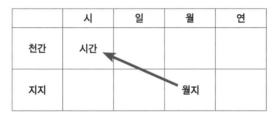

	시	일	월	연
천간	시간			
지지			월지	

투간 사례 4

월지에 있는 요소가 시간에 투간한 경우에는 월지의 욕망이 내 생애에 걸쳐서 현실화됨을 의미한다. 시주는 현실과 실현의 영역이기 때문이다. 이 부분은 내가 가진 욕망의 요소가, 일간인 내가 뭔가를 실현하는 에너지나 도구와 맞닿아 있다는 뜻으로 무척 중요하게 해석해야 한다(격국에서도 중요하게 보는 개념으로, 특히 월지가 왕지인 경우 이러한 부분이 더욱 강력히 드러난다). 참고로 일간과 가장 가까운 자리에 있는 시간이나 월간이 튼튼할 경우, 주체는 이를 내재화하여 성격으로 강력히 드러내거나, 도구로서 전 생애에 걸쳐 사용한다. 역시 투간 사례 1과 마찬가지로 직업적인 환경으로 연결될 가능성이 높다.

일주: 주체의 현재와 상태

① 일간과 다른 자리와의 관계

사주는 주체인 일간을 중심으로 하여 멀리 떨어진 자리는 영향력이 적고, 가까운 자리는 영향력이 크다. 연주에 비해 월주나 시주가 일간에 더 큰 영향력을 미친다.

	시	일	월	연
천간		일간		연주
지지				

연주는 일간과 두 칸이나 떨어진 자리에 있다. 전체 원국 중 사주의 기준이 되는 일간에게 미치는 영향력이 가장 적다. 연주는 보이지 않는 근원에서 작용하는 힘으로서, 월주를 생하거나 극할 때에만 영향력을 드러낸다.

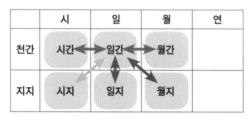

일간은 ① 일지와 월지 ② 시간과 월간 ③ 시지순으로 영향을 주고받는다. 일간 입장에서 배우자, 건강, 직업을 뜻하는 일지와의 관계는 아무리 강조해도 지나치지 않을 것이다. 대각선에 위치해 있는 월지의 영향력 또한 일지와 비등한데, 월지가 주체인 일간의 내면을 형성하는 중요한 터전이기 때문이다.

일간 입장에서 그 다음으로 중요한 자리는 시간과 월간이다. 월간과 시간은 일간이 양손에 쥔 도구와도 같다. 특히 후술하겠지만, 시주의 경우 미래 지향적인 요소가 강한 만큼 시간에 있는 간지를 일간이 얼마나 잘 쓸 수 있는지가 중요한 해석 포인트가 된다. 월간은 월지와 어떤 관계를 맺고 있는지, 시간은 시지와 어떤 관련을 맺고 있는지에 따라 시간과 월간의 영향력은 더 커질 수도 있고 작아질 수도 있다. 연주와 월주가 서로 어떤 관계를 주고받는지 살펴야 하듯, 현실과 실현의 영역인 일주와 시주의 조화 또한 매우 세심히 살펴야 한다.

	시	일	월	연
천간	시간	일간		
지지	시지			

투간 사례 1

	시	일	월	연
천간	시간	일간		
지지		일지		

투간 사례 2

	시	일	월	연
천간	시간	일간		
지지			월지	

투간 사례 3

	시	일	월	연
천간	시간	일간		
지지				연지

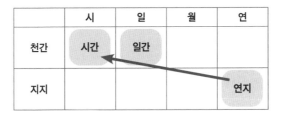

투간 사례 4

투간 사례 1처럼 시지가 시간에 투간한 경우나 사례 2처럼 일지가 시간에 투간한 경우, 시간은 일간이 사용하는 도구로서 강력한 힘을 갖는다. 천간에 있는 시간이 현실의 영역인 지지에, 그것도 가까운 자리에 뿌리를 갖고 있기 때문이다.

투간 사례 3처럼 월지가 시간에 투간한 경우에도 현실과 실현의 영역에 있는 시간은 일간에게 강력한 도구가 된다. 특히 월지의 욕망이 내 생애에 걸쳐 현실의 영역에서 드러나며, 주체의 직업, 살아가는 환경과 연결될 가능성이 높다.

특히 투간 사례 1, 2, 3처럼 시간이 지지에 뿌리를 튼튼하게 갖추고 있어 일간에게 강력한 도구로 작용하게 될 경우, 시간은 일간의 미래 지향성에 긍정적인 영향을 미치게 된다. 전 생애에 걸쳐 시간을 도구 삼아 일간이 점진적으로 성장하거나, 사회 활동을 할 때 시간과 관련된 요소를 직업으로 삼을 경우 해당 분야에서 뚜렷한 성취를 나타낼 수 있다는 뜻이다.

투간 사례 4처럼 시간이 연지에만 뿌리를 가질 경우에는 시간은 일간에게 강력한 도구가 되어주기 힘들다. 시간과 연지는 거리가 가장 멀고, 게다가 연주는 월주에 비해 더욱 희미한 기운이기 때문이다. 이처럼 각 간지가 어떤 간지와 영향을 주고받는지, 그 영향력의 크기가 어떻게 되는지 파악할 때는 생과 극의 관점을 떠나 거리가 중요하게 작용한다.

	시	일	월	연
천간	★	★	★	
지지		★		

명리학자 현묘는 시간과 월간이 사주의 중심축을 이루는 핵심적인 자리라는 의미에서 T존이라 명명한다. 천간은 순수하고 단일한 기운이라 직접적이고 선명하게 영향력을 드러내는 만큼, T존을 중심으로 해석하면 빠르게 사주의 특성을 포착할 수 있다는 이야기한다. 나와는 달리, 여기에는 지지보다 천간이 훨씬 더 중요하다는 입장이 담겨 있다. 중요한 것은 일간의 도구라는 의미에서, 월간과 시간의 중요성이 매우 높다는 것이다.

② 일지와 다른 자리와의 관계

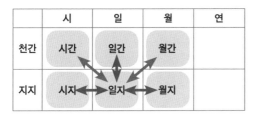

일지는 일간과 가장 가까운 자리에 위치하면서, 일간의 현실적인 삶을 좌우하는 매우 중요한 역할을 한다. 가까운 자리와 충하면 배우자, 직업, 건강과 관련하여 삶의 안정성이 크게 떨어지는데, 굳이 따지면 시지보다 월지 충의 영향이 훨씬 더 크다. 월지는 눈에 보이지 않는 무의식의 터전으로, 정신 세계의 대부분을 차지하면서 인간 행동을 지배하고 행동의 방향을 결정하기 때문이다. 월지와 충하는 것은 내 내면의 욕망을 활성화시키기도 하지만, 다른 한편으로는 (지장간에 있거나 대운의 영향으로 강해진) 다양한 욕망들이 내면화된다는 뜻이다. 이는 자칫 정제되지 않은 다양한 욕망들에 의해, 현실에 만족하지 못하고 끊임없이 내달리게 만드는 원인이 되기도 한다.

③ 일지에 대한 해석

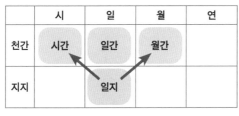

일지의 요소는 연간보다, 월간이나 시간에 투간할 경우 더욱 선명하게 드러난다.

일지를 구체적으로 해석하려면 일지의 십성과 일지의 지장간 투간 여부를 다 함께 살펴야 한다. 예를 들면, 병오일주의 사주에서 일지 오화 지장간은 병화, 기토, 정화로 이루어져 있다. 만약 상관인 기토가 천간에 투간했다면 사주의 주체가 타고난 언변, 비평적 능력, 창의성 등을 필요로 하는 기자, 변호사, 비평가, 예술가로 활동할 가능성이 높음을 암시한다. 일간이 발 딛고 살아가는 현실의 속성이 상관의 영역에 놓여 있기 때문이다. 하지만 지장간은 초기보다 중기가, 중기보다 정기가 천간에 투간할 경우 그 기운이 더욱 뚜렷해진다. 각 자리별 의미를 살핀 것처럼, 지장간에서 천간으로 투간한 간지는 연간보다 월간이나 시간에서 큰 영향력을 발휘한다. 병오일주라면, 오화의 중기 기토 대신 정기인 정화 겁재가 월간이나 시간에 투간할 경우 엄청난 존재감을 드러낸다는 뜻이다.

일지가 식상인 경우 표현력과 활동력이 왕성한 배우자를 만나거나, 부부 관계에 있어서도 말을 아끼기 보다 서로 거리낌 없이 여러 의견을 주고받는 걸 선호할 수 있다. 식상은 규칙적인 생활을 의미하는 관성을 극하기에, 건강적인 면에서 왕성한 활동력을 바탕으로 자기 몸을 돌보지 않아 쉽게 피로해질 가능성도 높다.

일지는 일간이 살아가는 현실적 조건을 가장 뚜렷하게 규정한다. 유불리를 떠나, 일간은 일지가 뜻하는 요소로 자신의 환경이 갖추어졌을 때 편안함을 느낀다. 만약 일지가 정재인 경우 사주의 주체는 무슨 일을 하든 계획을 세우고, 통제 가능한 목표를 조금씩 이루어 나가는 걸 익숙하게 여길 가능성이 높다. 직업적으로는 영업사원이나 외판원으로 활동하며 비정기적인 수입을 만들어내기보다, 안정적인 직장에서 고정적인 월급을 받는 걸 더 선호할 수도 있다는 이야기다. 결혼을 한다면 본인과 같이 안정적인 직업을 갖추거나, 투자를 위해 불확실한 모험을 감행하지 않는 배우자를 만나야 더 큰 행복을 느낄 수 있다. 또는 배우자가 처한 상황에 내가 일일이 간섭해야 직성이 풀릴 수도 있다.

같은 십성이라도 성별에 따라 다르게 해석할 수도 있다. 일지가 관성인 경우 여성이라면 남편의 사회적 지위를 통해 자신을 드러내려 할 수도 있고, 남자인 경우 조직에서의 승진이나 사회적 명예 등을 가장 높은 가치에 둘 수도 있다. 정관이면 직업적으로 공적 체계를 탄탄히 갖춘 조직에, 편관이면 공적 체계를 탄탄히 갖추었으면서도 자신의 지휘권을 조금 더 자율적으로 행사할 수 있는 조직에 몸 담거나, 이름만 대면 누구나 알 만한 대기업에서 일할 수도 있다.

일지에 인성이 있다면 어떨까? 인성은 헌신, 자애로움, 학문, 지속적인 활동과 관련이 깊다. 오랜 결실을 요하는 장기투자나, 농업, 연구 분야, 또는 헌신적인 자세를 필요로 하는 사회복지계열에서 일할 때 만족감을 크게 느낄 수도 있다. 포근하고 안락한 정서적 환경을 중요하게 여기며, 일상에서도 성급하기보다 여유로운 자세를 갖추고 있을 수도 있다.

시주: 나는 어디까지 확장될 수 있는가

① 시간과 다른 자리와의 관계

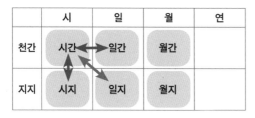

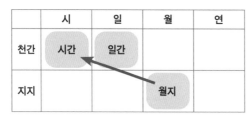

시주는 일간의 미래 지향성을 좌우한다고 할 수 있다. 연월주라는 무의식의 영역이 생애에 걸쳐 현실화될 수 있을지의 여부는 특히 시주, 그것도 시간이 나머지 자리와 어떤 관계를 맺고 있는지와 큰 관련이 있다. 시간은 첫째로 시지와 일간, 둘째로 일지순으로 영향을 주고받는다.

단, 두 번째 이미지처럼 월지가 시간에 투간한 경우, 월지의 욕망이 내 생애에 걸쳐 직업이나 심리적 요소로서 작용할 확률이 아주 높다. 다만, 직업이나 살아가는 환경과 밀접한 연관을 갖고, 일간이 시간을 도구로 사용하는 경우에는 시간이 시지에 뿌리가 있거나 일간에게 강력한 지원을 받아야 한다.

시간을 생애 전반에 걸쳐 강력한 도구로 사용할 가능성이 높은 사주를 한번 살펴보자.

사주	일주	월주	연주
식신	본원	정인	정인
甲	壬	辛	辛
辰	辰	丑	酉
편관	편관	정관	정인
●	●	▲	▲●●
乙癸戊	乙癸戊	癸辛己	庚辛

사례 1

사주	일주	월주	연주
●*	*	●	
편재	본원	겁재	정인
乙	辛	庚	戊
未	丑	申	辰
편인	편인	겁재	정인
*	*		
丁乙己	癸辛己	戊壬庚	乙癸戊

사례 2

　사례 1은 갑목 식신을 도구로 쓰는 사주다. 일지와 시지에 있는 진토는 갑목이 가장 사랑하는 간지로, 갑목이 진토를 만날 경우 강력하게 뿌리내린다. 사례 1은 식신이 의미하는 표현력을 도구로, 작가이자 강의로 활발히 활동하고 있는 분의 사주다. 이렇게 시간에 도구를 튼튼히 갖출 경우, 일간은 대운과 세운의 영향에 큰 상관없이 시간을 도구화하여 폭발력 있게 사용할 수 있다. 잘 보면 이 사주는 시지에서부터 연주를 걸쳐 다시 시간으로, 토생금 → 금생수 → 수생목으로 흐르는 기운이 시간에 집중됨을 알 수 있다.

　사례 2는 을목 편재가 시간에 있는 사주다. 을목은 시지 미토의 중기와, 거리는 멀지만 연지 진토에 동시에 뿌리를 내리고 있다. 일주와 시주가 전체적으로 충하는 게, 시주의 도구가 강력히 활성화되는 원인이 되었다. 을목이 뜻하는 의류 영역에서, 월주가 가진 겁재적 욕망을 사업으로 구현하고 있는 친동생의 사주다. 이처럼 시간에 단 하나 있는 편재가 뿌리를 가지고 떠 있는 사주를, 시상일위 편재격이라 한다.

　고전에서는 시간에 사주가 가장 잘 쓸 수 있는 간지가 뿌리를 가진 채 자리잡고 있는 것을 가장 귀하게 여겼다. 시간이 가진 미래지향적인 요소를 현실에서 도구로 사용하며, 생애 전반에 걸쳐 자신의 욕망을 강력히 구현해내기 때문이다.

② 시지와 다른 자리와의 관계

	시	일	월	연
천간	시간	일간	월간	
지지	시자	일지	월지	

시지는 시간과 일지, 일간의 순으로 영향을 주고받는다. 일지가 일간이 발 딛고 살아가는 현실이라면, 시지는 일간의 미래지향성을 담보하는 터전이라 할 수 있다. 시지가 시간에게 가장 직접적으로 영향을 미치는 뿌리에 해당되기 때문이다. 일간이 시간을 강력히 도구화하려면 시간이 월지나 일지, 시지에 강하게 뿌리를 내려야 한다. 시간이 자신과 멀리 떨어져 있는 월지보다, 시지에 강하게 뿌리를 내리면 내릴수록 시주는 그 자체로 일간의 성장 발판이 된다. 특히 시주 전체가 간여지동으로 묶여 용신으로 작용하면, 단순한 도구를 넘어 생애 전반에 걸쳐 일간이 자신을 가장 잘 빛내는 강력한 무기가 된다. 갈고 닦을수록 시주와 관련된 능력을 끊임없이 발전시킬 수 있기 때문이다. 시지가 시간을 제대로 지원해주지 못한다면, 시간은 일간이 쓸 수 있는 도구로서의 가치가 조금 떨어진다고 볼 수 있다.

시지는 또한 일지와 큰 영향을 주고받는 자리에 있다. 만약 일지와의 관계가 충이나 극으로 매끄럽지 않다면, 일지가 뜻하는 현실의 요소들(건강, 배우자, 직업)이 불안정해질 가능성이 있다. 일지가 시지를 생하는데, 시간이 지지에 뿌리를 두었고 용희신에 해당된다면 사주의 주체는 시주 전체를 무기로서 강하게 휘두르며 생애 전반에 걸쳐 놀라운 퍼포먼스를 낼 수 있다. 시지는 또한 월지와 함께 사주의 조후를 구성하는 자리이기도 하다. 즉, 시지가 원국의 조후적 치우침을 보완해주는 역할을 할 수 있는 매우 중요한 자리라는 의미이다.

과거와 달리 시주의 중요성이 점점 강조되는 이유는 사주의 구성에 따라, 시주가 미래지향성적 의미를 가진 일간의 도구가 되거나, 사주의 조후적 환경을 보완해줄 수 있기 때문이다. 월주가 이미 내게 주어진 내면의 속성을 암시한다면, 시주는 일간인 내가 주체적으로 나를 더욱 나은 존재로 성장시켜 나갈 수 있는 능력이 될 수 있다.

시주는 구조상 첫째, 무진, 기축, 병오처럼 간여지동인 경우 둘째, 갑자나 임신, 정축처럼 시지나 시간이 상생하는 경우 셋째, 을축이나 경오, 신사처럼 시지나 시간이 극하는 경우로 나눌 수 있다. 시주가 간여지동으로 구성되면 신강, 신약에 상관없이 가장 강력한 에너지를 갖추게 되는 만큼 성패가 극단적으로 나타날 수 있다(참고로 갑진, 정미, 계축도 일종의 간여지동 형태로 보아야 한다).

시간과 시지가 상생의 형태일 때 가장 안정적이지만, 이 경우 생하는 방향을 잘 살펴야 한다. 천간을 이상, 꿈, 욕망이라고 보고, 지지를 현실 영역으로 구분할 때, 간지의 힘이 집중된 방향이 어느 쪽인지에 따라 성취도와 만족도의 기울기가 조금씩 달라지기 때문이다. 시간이 시지를 생할 경우 현실적인 차원에서 가장 안정된 결과를 얻을 수 있겠지만, 시지가 시간을 생할 경우 현실의 성취도를 떠나 만족도가 더 높게 나타날 수 있다. 물론 이 역시 시간과 시지가 용희신인지 아닌지, 시간이 지지에 얼마나 튼튼하게 뿌리내리고 있는지, 시지가 충으로 인해 안정성을 잃은 건 아닌지 여부에 따라 얼마든지 달라질 수 있다.

시주가 상극 관계인 경우, 극을 당하는 쪽으로 긴장감과 밀도감이 높아지게 된다. 극이 일어난다고 해서 부정적으로만 볼 수는 없는 만큼, 우선 시간이나 시지가 고립되어 있는 것은 아닌지를 잘 살펴야 한다. 극을 하는 쪽으로 응집력이 강해지기 때문에, 그 에너지를 얼마나 적절하게 구사할 수 있는지가 시주 통변의 포인트가 된다.

사주	일주	월주	연주
	●●	●	
편인	본원	정관	편관
己	辛	丙	丁
丑	巳	午	卯
편인	정관	편관	편재
	●		
癸辛己	戊庚丙	丙己丁	甲乙

이 사주는 화 관성이 너무 강해, 일간인 금이 화극금으로 인해 위태로운 처지다. 시주에서 화의 강한 기운을 습토인 기축 편인이 아름답게 생조하여, 일간에게 도움을 주고 있다. 이렇게 첫째, 시지가 일간과 상생의 관계를 이루고 둘째, 시간이 시지에 튼튼하게 뿌리를 내리며 셋째, 시주 전체가 사주의 밸런스를 잡아주는 용희신의 기운이라면 일간은 자신의 현실적 조건(일지)을 토대로 시주라는 미래지향적 기운을 향해 조금씩 걸어 나가며 큰 보람을 느낀다. 구체적으로 사주의 주체가 편인과 관련된 분야에서 학위를 얻거나 관련 능력을 계발할 경우, 그것들을 발판 삼아 안정적인 직업과 연결시킬 가능성이 매우 높아진다.

자리의 의미 종합정리

	시	일	월	연
천간	• 삶의 도구 (일지, 시지 투간 시) • 계발해 나갈 능력 • 욕망의 실현화 (월지 투간 시) • 직업, 심리	주체의 본질	• 삶의 도구 (월지 투간 시) • 욕망의 현실화 • 직업, 심리	• 욕망의 환경, 배후
지지	• 미래 지향의 터전 • 발전 가능성 • 성장의 발판 • 시간적 여건 좌우 (조후) 주체의 미래지향적 요소	현실 터전 직업, 배우자, 건강	• 무의식 욕망의 터전 잠재력과 가능성 • 계절적 여건 좌우 (조후) 환경, 밑바탕 잠재적인 욕망	• 무의식, 욕망의 안정성 좌우 근원에서 작용하는 힘

명리영역 기출문제

1. 아래 사주를 가장 올바르게 해석한 것을 고르면? (난이도 하)

시주	일주	월주	연주
편재	본원	편재	비견
己	乙	己	乙
卯	亥	丑	丑
비견	정인	편재	편재
甲乙	戊甲壬	癸辛己	癸辛己

① "조상을 의미하는 연주에 편재가 있으니, 조상님 중에 분명 음주 가무를 즐기는 분이 있었겠군."

② "부모를 뜻하는 월주 자리에 편재가 간여지동으로 아주 힘차게 자리잡고 있네? 편재는 아버지를 뜻하니, 분명 아버지가 사회적 지위가 높거나 능력이 무척 뛰어나신 분일 거야."

③ "연주는 20세까지, 월주는 20세에서 40세까지를 뜻한다고 하잖아? 연주와 월주에 편재가 강하니 어릴 적 금수저로 태어난 게 분명해."

④ "자식을 상징하는 시주에 편재가 있네? 자식을 낳으면, 그 자식은 돈을 무척 많이 벌게 될 거야."

⑤ "월주에 편재가 간여지동으로 있는데, 시간에 편재가 또 투간해 있네? 월주가 상징하는 편재적 욕망을 생애 전반에 걸쳐 현실화하면서 살아가는 분일 것 같아."

2. 아래 사주와 관련된 내용으로 가장 옳은 것을 고르면? (난이도 중)

시주	일주	월주	연주
	●		
편인	본원	비견	식신
乙	丁	丁	己
巳	亥	卯	卯
겁재	정관	편인	편인
*	▲*●	▲	▲
戊庚丙	戊甲壬	甲乙	甲乙

① 위 사주에서 간지의 힘이 가장 약한 것은 일지에 있는 해수다.

② 연주에 편인이 있으니, 먼 조상 중에 분명 오타쿠적 기질이 있는 분이 있을 것이다.

③ 시간에 있는 을목은 주변에 있는 화의 땔감이 되어 일간의 강력한 도구가 되기는 힘들다.

④ 자식을 상징하는 시주 겁재가 일지를 충하는 걸 보니, 나중에 낳는 자식은 후레자식이 될 확률이 높을 것이다.

⑤ 일지 정관은 시지 사화와 충을 해서 흔들리고 있어, 정관과 관련된 요소들은 안정성이 떨어질 것이다.

3. 다음 보기 중 일간이 가진 도구가 비교적 시간이나 월간에 가장 강력히 드러난 사주를 고르면? (난이도 상)

시주	일주	월주	연주
●●●	●	●	●
정관	본원	비견	비견
丙	辛	辛	辛
申	亥	卯	酉
겁재	상관	편재	비견
	▲	▲ *	
戊壬庚	戊甲壬	甲乙	庚辛

❶

시주	일주	월주	연주
***	*	*	*
편재	본원	비견	비견
乙	辛	辛	辛
未	亥	卯	亥
편인	상관	편재	상관
▲	▲	▲	▲
丁乙己	戊甲壬	甲乙	戊甲壬

❷

시주	일주	월주	연주
정인	본원	비견	정재
庚	癸	癸	丙
申	巳	巳	申
정인	정재	정재	정인
●●	●●	●●	●●
戊壬庚	戊庚丙	戊庚丙	戊壬庚

❸

시주	일주	월주	연주
*			*
정관	본원	비견	겁재
癸	丙	丙	丁
巳	戌	午	丑
비견	정인	겁재	상관
	▲	▲	
戊庚丙	辛丁戊	丙己丁	癸辛己

❹

① ❶❷

② ❶❹

③ ❷❸

④ ❷❹

⑤ ❶❸

4. 아래 사주와 관련된 설명으로 가장 거리가 먼 것을 고르면? (난이도 중)

① 동석 : "천간에 목 인성이 너무 강한 데다 혼잡이 되어 있으니, 분명 의존적인 사람일 거야."

② 나리 : "월지에 있는 신금 편재는 욕망을 상징하는데, 월지 신금이 천간에 드러난 건 아니네. 그럼 저 사람의 욕망은 구체적으로 드러날 수도 있고, 안 드러날 수도 있을 것 같아."

③ 지혜 : "시간 정인이 미토 상관의 중기에 뿌리내리고 있네. 인성을 갖춘 상관이 바로 저 사람이 추구하는 미래지향적인 요소가 될 것 같아."

④ 진원 : "주체의 성향이나 특성을 현실에서 구현하는 일지가 겁재에 제왕, 양인으로 되어 있네. 결국 저 사람은 엄청나게 독립적인 사람이지 않을까?"

⑤ 은경 : "월지 편재가 연지 축토 상관의 지원을 받고 있네? 이런 경우 월지가 상징하는 내면의 요소는, 연주로부터 아무런 지원도 받지 못하는 사주보다는 조금 더 선명하다고 할 수 있겠지?"

5. 아래 두 사주를 비교한 것으로 가장 거리가 먼 것을 고르면? (난
이도 상)

시주	일주	월주	연주
		*	*
식신	본원	상관	정인
丙	甲	丁	癸
寅	寅	巳	亥
비견	비견	식신	정인
●	●	*	*●●
戊丙甲	戊丙甲	戊庚丙	戊甲壬

사례 1

시주	일주	월주	연주
●	●	*●●	*
비견	본원	정재	겁재
壬	壬	丁	癸
寅	子	巳	亥
식신	겁재	편재	비견
●		*	*●●
戊丙甲	壬癸	戊庚丙	戊甲壬

사례 2

① 사례 1과 사례 2 중, 사례 1이 월주가 상징하는 무의식적인 요소
   를 생애 전반에 걸쳐 현실화하며 살아갈 가능성이 더 높다.
② 두 사주 모두 시주에 있는 식신과 관련된 요소를 취미나 직업으
   로 구현해낼 가능성이 높다.
③ 두 사주 모두 월간이 월지에 잘 뿌리내리고 있어, 일간이 월간도
   도구로 잘 사용할 수 있다.
④ 사례 2의 경우 어떤 일을 직업으로 삼든, 월간이 뜻하는 재성과
   관련된 활동을 통해 삶을 더 유리하게 만들어갈 수 있다.
⑤ 사례 2의 경우 시지에 있는 인목은 너무 많은 수로 둘러싸여 있
   어, 거의 썩었다고 봐야 한다.

풀이 노트

1. ①,②,③과 같은 근묘화실론에 기인한 1차원적 적용은 사주 해
   석에 아무런 도움이 되지 않는다. 다만 ②번처럼 육친을 적용하

여 부모의 사회적 지위나 영향력을 가늠해볼 수 있는 이론이 있는데, 십이운성에 대한 부분과 함께 심화편에서 자세히 후술할 예정이다(미리 이야기하면, 십이운성으로는 월간에 뜬 기토가 축토 위에서는 '묘'에 해당하여, 기토가 상징하는 의미의 영향력이 크지는 않다고 해석한다). 이 문제의 정답은 ⑤번이다. 월지의 정기가 월간에 투출하여 편재의 힘이 막강한데, 시간에도 투출했다. 이 경우 월지의 욕망을 생애에 걸쳐 현실화하며 살아가게 될 확률이 높다는 의미가 된다.

2. 정답은 ①번이다. 일지에 있는 해수는 주변에 금 오행이 없고, 화나 목으로 둘러싸여 있어 간지의 힘이 가장 약하다. 연간 기토는 지지에 뿌리가 약하고 아래 묘목으로부터 극을 당한다. 하지만 저 멀리 일지 해수와 시지 사화의 초기 무토에 간신히 발을 걸치고 있고, 옆에 있는 정화에게 생조받으니 그리 약하지는 않다.

③번 시간에 있는 을목은 연지와 월지 묘목의 정기가 투간한 만큼 힘이 엄청나게 강하다. 원국에서는 멀리 떨어져 있더라도 지지의 간지 중 정기가 천간에 투간했을 때 힘이 강하다고 보아야한다. 물론 바로 아래에 있는 지지가 바로 위에 투간하여 간여지동의 형태로 존재하는 것이 가장 강하다.

⑤번은 일지 해수가 시지 사화와 충을 하고 있지만, 월지, 연지의 묘목과는 합을 하는 관계다. 이렇게 충이 있을 때 또 합이 함께 일어나게 되면, 충합은 무효가 되어 충으로 인한 변동성이 줄어들게 된다.

②, ④번은 근묘화실론을 1차원적으로 적용한 보기로, 사주 해석에 아무런 도움이 되지 않는다.

3. 정답은 ③번으로, ②~③번 모두 시간이 튼튼한 사주다. ①번은 시간에 뜬 병화가 지지에 뿌리가 없어 위태로운 형국이지만, 다행히 연간, 월간, 일간 신금과 합을 하여 안정성을 확보한 상태

다(이 경우 대세운에서 오는 충에 병화가 위협을 조금 덜 받을 수 있는데, 자세한 건 심화편에서 후술하겠다).

②번은 시간 을목이 연간, 월간, 일간 신금과 3:1과 충해 안정성이 떨어지지만, 다행히 월지 묘목의 정기와 시지 미중 을목에 뿌리를 내리고 있어 버틸 수 있다. 게다가 을목은 연지와 일지 해중 갑목에도 뿌리를 두고 있고, 해수로부터 수생목으로 지원도 받고 있다.

③번은 시간 경금이 시지에 신금을 두어 간여지동으로 서 있는데, 자세히 보면 연지의 경금은 물론, 월일지의 사중 경금에도 강력히 뿌리를 두고 있다.

④번은 시간에 있는 계수가 저 멀리 연지 축중 계수에 뿌리내리고 있고, 미약하나마 시지의 사중 경금에도 발을 걸치고 있다. 시간 계수는 그럼에도 불구하고 아무래도 약한 편이라, 어느 정도 보완이 필요하다. 이 사주의 주체는 계수가 가진 관적인 요소를 강하게 키울 수 있는 군대라는 조직에서, 전투기 조종사로서 자신의 겁재와 제왕 양인을 마음껏 활용하고 있는 분이다.

만약 시간의 힘이 가장 강력한 사주부터 약한 사주까지 순서를 매긴다면 ③번, ②번, ④번, ①번이 된다. 참고로 다른 자리에 있더라도 강력한 힘이라면 얼마든지 주체의 도구가 될 수 있기 때문에, 시간이나 월간만이 일간의 도구가 될 수 있다는 생각은 반드시 버려야 한다.

4. 정답은 ①번이다. 위는 나의 사주로, 얼핏 천간에 깔린 목 인성들이 과다하게 보여 의존적인 것처럼 해석될 수도 있으나, 인성은 천간에만 떠 있지 지지에 거의 뿌리가 없는 형국이다. 오히려 일간이 독립심, 추진력, 불굴의 의지, 경쟁력 등을 갖추고 있는 겁재에 양인을 일지로 깔고 있어 독립적인 성향이 매우 강하다 할 수 있다. 참고로, 인성이 튼튼하다 못해 넘치거나, 인성이 혼잡되어 있을 경우 과다한 의존성이나 결정장애와 같은 인성의 단점이 부각된다.

5. 정답은 ⑤번이다. 시지에 있는 인목은 수탕기호라 하여, 사주에
   수가 과다하게 넘치더라도 이를 능히 설기할 수 있는 힘이 있다.
   게다가 인목은 멀지만 연지 해수와 인해합을 하여, 고립이라 볼
   수 없다. 나머지는 전부 맞는 설명이다.

실전! 내 사주풀이

이제껏 배운 내용을 바탕으로, 양력으로 1985년 9월 4일, 15시에 태어난 내 사주를 어떻게 풀이해야 하는지 살펴도록 하자. 사주에서 보이는 특징과 실제 내가 살아온 삶이 어떻게 연결되는지를 살펴보면 큰 도움이 될 것이다.

사주	일주	월주	연주
정인	본원	편인	정인
乙	丙	甲	乙
未	午	申	丑
상관	겁재	편재	상관
*		*	*
丁乙己	丙己丁	戊壬庚	癸辛己

① 월지 살피기

월지에 있는 신금 편재는 커뮤니케이션에 대한 욕망을 상징한다. 월지가 천간에 투출한 것은 아니기 때문에 잠재된 욕망은 겉으로 강하게 드러나지 않겠지만, 연지에 있는 축토 상관의 지원에 힘입어 현실에서 어느 정도 발현될 소지가 크다고 할 수 있다.

나의 경우 회사에 재직하던 10년 동안 언론홍보 담당자로 활동하며 지역의 수많은 언론인들과 만나왔다. 회사의 입장을 대변하기 위해 수년 동안 지역 방송에 여러 번 출연하기도 했는데, 결국 커뮤니케이션에 대한 욕망을 업무적으로 활용했다고 볼 수 있다.

이후 회사에서 몇 년간 미디어 담당자로 직접 유튜브 채널을 운영하게 되었는데, 외주로 제작을 맡기는 게 아니라 직접 영상에 출연하며 유튜버로 활동했다. 처음에는 유튜브에 출연하는 걸 어색해하고 불편하게도 여겼으나, 영상을 통해 하고 싶은 말을 자유롭게 하는 것을 좋아하게 됨을 깨닫는다. 월지에 있는 욕망이 현실에서 자유롭게 구현되는 과정은, 운 좋게도 적성을 깨닫는 계기로 작용한다. 게다가 일간이 발 딛고 서 있는 현실 영역인 일지 오화가 바로 옆에 있는 신금을 극하니, 아무래도 신금은 일지가 잘 사용할 수 있는 요소가 될 가능성이 크다.

② 연주와 월주 살피기

연주와 월주는 무의식적인 요소를 담고 있다. 특히 일간과 거리가 먼 연주는 현실에서 잘 발현이 되지 않는 경우가 많다. 연주를 살펴보면, 연간인 을목이 연지인 축토를 극하고 있어 천간과 지지가 서로 엉켜있는 양상이다.

월간 갑목은 연지, 일지에는 뿌리를 내리지 못했고, 바로 아래에 있는 월지 신금으로부터는 극을 당해 거의 천간에만 떠있는 상황이다. 다만 연간 을목이 갑목에 올라타(등라계갑) 아주 약간의 힘을 불어넣어주고 있다. 도끼로 나무를 쪼개려 하는데, 덩굴이 나무에 엉겨붙어 도끼질을 방해하는 느낌이랄까?

여기서 눈여겨볼 것은 연지 축토가 그나마 월지인 신금 편재를 토생금으로 지원해주고 있다는 점이라 할 수 있다.

③ 시주 살피기

연주에는 을목과 축토가, 시주에는 을목과 미토가 있다. 여기서 눈여겨볼 부분은 축토와 미토 모두 상관이라는 점이다. 일지 오화가 화생토로 시지 미토를 강하게 지원하고 있다는 점에서 시지에 있는 상관은 이 사람의 특징을 규정짓는 요소 중 하나로 작용될 여지가 크다. 상관은 언변, 창의력, 여러가지 재주를 뜻하는데, 유튜버로서 결국 화와 관련된 미디어 영역에서 상관이라는 언변을 활용하고 있다.

시주는 미래 지향적인 요소이다. 시간 을목 정인은 시지 미토 중기에 뿌리내리고 있어 무조건적으로 을목이 미토를 강하게 극한다고 보

332

기는 어렵다. 상관이 인성을 갖춘 전형적인 상관패인의 형태로, 나의 경우 명리학적 지식을(인성) 통해 앞으로 강사로 활동하려는 계획을 세우게 되었다.

심화편에서 다룰 이야기지만, 사실 미토는 오화와 합을 하는 관계로 합의 방향이 화이기 때문에, 지나치게 말을 많이 하는 것은 내게 특히 건강적인 면에서 좋지 않게 작용한다. 게다가 천간에 있는 목 인성들이 죄다 불의 땔감이 되고 있는 형국이다. 거의 뿌리가 없이 떠 있는 이 인성을 제대로 보완하는 것이 내게 남은 과제 중 하나라 할 수 있다. 명리학 서적을 출간하는 것도 결국, 나의 부족한 부분을 보완하는 유효한 방법 중 하나로 볼 수 있다.

에필로그

나의 사주를 긍정한다는 것

사주를 공부하다 보면 크게 세 가지 단계를 겪는다. 첫 번째는 내 사주 원국의 구조나 대세운의 흐름이 불리함을 알고 자기 사주의 한계에 좌절하는 경우다. 두 번째 단계에 이르면, 누구나 자기 사주의 단점을 보완하고 대세운의 흐름에 맞추어 어떻게 처신해야 할지를 살피게 된다. 세 번째는 내 사주를 사랑하고, 내게 주어진 명을 온전히 받아들이는 단계다.

사주를 어설프게 공부할 사람일수록, 대체적으로 첫 번째 단계에 머무르는 경우가 많다. 어설프게 공부하다 보면, 원국의 구조나 대세운의 흐름 상 온통 불리한 요소들만 눈에 띄게 마련이다. 어쩌면 사주를 어설프게 공부하느니, 아예 사주를 모르는 게 더 나을 수도 있다.

어쨌든 이 첫 번째 단계에 머무르는 사람은 명리 상담을 받다가 겁을 집어먹거나, 오지 않을 미래를 불안해하며 평생 돈을 얼마나 모을 수 있을지, 다가올 30~40년 후 말년은 괜찮을지 같은 것들을 물어보기도 한다(미안한 이야기지만, 우주는 당신이 부자가 될 수 있을지, 높은 사회적 지위를 거머쥘 수 있을지 따위에 대해서 일말의 관심이 없다).

조언하자면 첫 번째 단계에 머무르는 사람의 경우 아예 사주를 보러 가지도 않았으면 한다. 이 단계에 머물고 있으면서도 용감하고 무식하게 다른 사람의 사주를 보는 이에게는, 절대 점쟁이 흉내를 내지 마라고 조언하고 싶다.

어느 고관대작의 명식   임철초의 명식

　명리학 고전《적천수 천미》의 저자 임철초는 책에 본인 사주와 글자가 딱 하나만 다른 어느 중국 고관대작의 사주를 놓고, 자기 사주의 한계에 대해 탄식하는 글을 남겼다. 임철초가 살았던 시대는 본인이 아무리 재주가 뛰어나도, 신분의 한계를 뛰어넘기란 도저히 불가능한 사회였다. 사회적 환경 속에서 임철초가 가진 뛰어난 능력 역시, 전혀 출세의 도구로 기능하지 못했다.

　비탄에 빠진 듯한 임철초의 글은, 명(命)에 순응해야 한다는 문장으로 끝을 맺는다. 핵심은 명에 순응해야 한다는 마지막 말이지만, 나는 그의 좌절감 속에서 아지랑이처럼 어른거리는 시대적 한계가 뼈아프게 느껴졌다. 만약 임철초가 지금의 시대에 다시 태어난다면 절대 공무원의 길을 걸으려다 실패한 후 좌절하는 일 따위는 없을 거라 확신하기 때문이다. 오히려 그가 어느 분야에 종사하든 유튜브 인플루언서이자 해당 분야의 작가로서 큰 명성을 얻을 가능성이 높다고 생각한다 (참고로 2013년 6월 9일 진시생 남명이 임철초와 같은 사주다. 이와 같은 사주를 자녀로 둔 부모님은 자녀가 평생 한 우물만 파서, 천년 넘게 길이 남을 업적을 세울 수 있도록 잘 조언해주길 바란다).

　명리학은 사실 오랫동안 지배 계급의 체제 유지에 복무한 학문이었다. 왕이나 황제의 사주를 놓고 그와 같이 될 운명이었다거나, 양반의 사주를 두고 출세할 운명이었음을 정당화하며, 감히 사주의 빈부귀천을 나누었다. 임철초의 명은 신분제의 한계도 분명했고, 직업의 종류도 다양하지 않았던 당시 출세하기에는 불리한 면이 컸다. 그럼에도 불구하고, 누군가 내게 그 시대에 다시 태어나 이름 모를 고관대작의 삶과 임철초의 삶을 두고 선택하라고 한다면, 난 반드시 후자를 선택할 것이다. 그 고관대작의 이름은 아무도 모르지만, 임철초의 이름은 명리학 천년 역사에 길이 남았고 앞으로도 영원히 빛날 것이기 때문이다.

지금은 모두가 동의하듯, 사회적 한계와 신분질서의 틀이 절대적으로 작용했던 과거와 달리, 주체적인 노력과 의지를 마음껏 빛낼 수 있는 시대가 되었다(물론, 사회 시스템을 떼어놓고 모든 성공을 '노오력'과 의지의 문제로만 생각하는 것은 무척 어리석은 일이라고 생각한다). 지금의 시대에 명리학은 한 개인이 사회 속에서 본인에게 주어진 명을 완전연소할 수 있는 길이 어디에 있는지, 어떻게 하면 더 행복한 삶을 살아갈 수 있을지를 간결한 언어로 제시해주는 학문이라고 생각한다.

다시 처음으로 돌아가, 임철초가 남긴 모든 것은 명(命)에 순응해야 한다는 말을 되새겨보자. 명에 순응한다는 말은, 내게 주어진 도구를 쓰며 내 삶을 좀 더 행복하고 의미 있게 이끌어간다는 뜻이다. 우주는 끊임없이 변화할 뿐, 어떤 것에도 가치를 두지 않는다. 남들이 볼 때는 하찮은 일이라 하더라도, 내가 하고 싶은 일을 하며 내 삶에 만족하는 사람은 큰 일에도 결코 흔들리지 않는다. 자기에게 주어진 명을 온전히 이해한 자는, 어떤 삶을 살든 본인이 이 넓은 우주 속에서 홀로 빛나는 존엄한 존재라는 것을 깨닫게 되는 법이다.

세상에는 절대 완벽한 사주란 있을 수 없다. 주어진 명은 고정되어 있더라도, 다가오는 운에 따라 얼마든지 다른 삶의 양상이 펼쳐질 수 있기 때문이다. 그래서 우리는 명과 운을 함께 일컬어 운명이라 말한다. 우주의 삼라만상이 시시각각 변하는데, 어떻게 개인의 운명 따위가 고정 불변한다고 말할 수 있을까? 명리학은 음과 양의 변화에 바탕을 둔 학문이다. 그렇기 때문에 특히 명리학을 공부하는 사람이 운명이 정해져 있다고 이야기하는 것은 사기이자 정말 무식하기 짝이 없는 소리다.

명리학을 조금 더 깊이 공부하면 자기 사주의 단점을 보완하고, 대세운의 흐름을 살펴 조금 더 지혜롭게 행동할 줄 알게 된다. 곧 비가 오고 태풍이 불어닥칠 것을 알게 되었을 때, 우산도 없이 밖을 나가는 것과, 우산이라도 들고 밖을 나가는 것, 그리고 중요한 일을 미루고 집에서 태풍을 대비하는 것에는 큰 차이가 있다.

명리학의 핵심은 충과 합, 그리고 이를 통해 살피는 대운과 세운의 변화에 있다. 즉, 다가오는 운이 나에게 유리한지 불리한지를 살필 수 있어야 한다는 뜻이다. 이 책에서는 분량상 사주 원국을 어떻게 해석할 수 있을지에 대한 부분만 다루었다. 대운과 세운에 따라 어떤 전략과 전술을 세워야 할지에 대한 부분은 곧 출간될 심화편을 통해 자세히 서술할 예정이다.

내 사주에 넘치는 부분은 꺼릴 기(忌) 자를 써서 기신(忌神)이라 한다. 내 사주에 부족하기 때문에 내가 추구하거나 운에서 만나면 내 명을 유리하게 끌고 갈 수 있는 기운을 용신(用神)이라 한다. 기신이라 하여 내가 버리고 꺼려야 할 기운으로만 볼 수는 없다. 역설적으로 내게 넘치는 것은 내게 가장 익숙함과 동시에 내가 가장 잘 쓸 수 있는 기운이 될 수도 있기 때문이다. 이런 관점에서 나는 '기신은 나의 도구고, 용신은 나의 무기다'라는 말을 좋아한다.

당신은 사주를 공부하고, 본인의 사주를 긍정하는 사람이 되고 싶은가 부정하는 사람이 되고 싶은가? 본인의 사주를 긍정한다는 것은, 자기 명을 온전히 받아들이게 된다는 뜻이다. 나는 명리학을 제대로 공부하는 이라면 누구나 자신의 명을 받아들이면서 자신의 사주 또한 깊이 사랑하게 될 거라 생각한다.

고백하자면, 나의 경우 명리학을 공부하던 초기에 병오라는 내 일주조차 도무지 마음에 들지 않았다. 늘 성급한 데다, 감정의 파도에 자주 휩쓸리던 나를 제 마음대로 규정하는 것처럼 느껴졌기 때문이다. 하지만 지금은 명리학계에 위대한 업적을 세운 임철초뿐만 아니라, 삼국지의 브레인 제갈량과 같은 병오일주라는 게 얼마나 뿌듯한지 모르겠다.

시간이 되시는 분들은 내가 내 사주에 대해 3시간 30분에 걸쳐 상세히 풀어놓은 영상을 유튜브에서 한 번씩 살펴보시면 좋겠다. 대운과 세운에 따라 내게 주어진 명을 어떻게 보냈는지, 명리학을 공부한 이후 앞으로 내게 주어질 명을 어떻게 활용할 것인지에 대해 어느 정도 확인할 수 있으리라 생각한다.

나는 그 어떤 사주보다 내 사주를 사랑한다. 앞으로 내게 다가올 운이 늘 우호적이지는 않지만, 큰 흐름 속에서 내가 어떻게 하면 앞으로도 행복하게 살아갈 수 있을지 명리학을 통해 어느 정도 깨달았기 때문이다. 사주가 없는 인간이란 존재

내 사주 내가 보기
유튜브 해설 영상

하지 않는다. 같은 사주라 하더라도, 펼쳐지는 삶의 양상은 주어진 환경에 따라 얼마든지 달라질 수 있다. 주체의 의지가 개입되는 순간, 그 다양한 가능성 속에서 삶은 더 나은 양상으로 흐르기 마련이다.

나는 양력으로 1985년 9월 4일, 미시에 태어나 을축년, 갑신월, 병오일, 을미시를 사주로 가지고 있다. 나와 같은 85년 9월 4일생으로 분명 삼주가 같을 어떤 방송인을 새로 알게 되었는데, 그 분은 대기업을 다니다 퇴사한 후 청년들의 고민을 들어주는 상담소를 운영하며 사회적 활동가로 왕성하게 활동하고 있었다. 역시 청년들의 자립을 도우며, 내가 사는 지역에서 사회적 활동가로 활발하게 활동하는 있는 분을 만나게 되었는데, 나보다 한 살 나이는 많았지만 나와 사주 구조가 거의 비슷한 병오일주라는 걸 알고 놀랐던 기억이 있다. 신기한 건, 명리학을 공부하기 몇 년 전부터 그 분들의 존재를 알게 된 후 '만약 내가 결혼을 하지 않았더라면 그와 비슷한 삶을 살지 않았을까'라고 생각했다는 점이다.

너무 늦게까지 회사 생활을 하다 자유인이 된 나는, 이제서야 그분들과 비슷한 삶을, 그러나 나만의 삶을 계획하게 되었다. 나의 경우 기회가 된다면 명리학적으로 내가 가진 지식을 유용하게 활용하며, 사회적으로 어려움을 겪는 청년들을 도우려 한다.

여러분의 사주는 분명 나의 사주와는 다른 모습을 하고 있을 것이다. 주어진 그 명(命) 속에서 개개인마다 어떤 가치를 펼쳐낼 수 있을지, 여러분 또한 명리학 공부를 통해 어느 정도 깨달을 수 있게 되기를 바란다. 이 책이 작게나마, 그 여정에 도움이 되면 더없이 좋겠다.

감사의 글

이 책이 나오기까지, 인간에 대한 애정을 바탕으로 인간이 우주적 존재임과 동시에 존엄한 존재임을 먼저 일깨워주신 사랑하는 나의 스승님께 깊이 감사드린다. 이 책에 서술한 거의 모든 부분은 절대적으로 스승님께서 평생 쌓아 놓은 업적에 빚지고 있음을 먼저 알린다. 내가 명리학을 본격적으로 공부한 시기는 햇수로 채 몇 년이 되지 않았다. 짧은 기간 동안 공부에 큰 진전을 이룬 것은 절대적으로 좋은 스승님을 만난 덕분이다. 스승님은 얄팍한 지식을 비기인 것처럼 꽁꽁 숨겨놓고 스스로를 절대화하는 사람들과 달리, 자신이 오랜 기간 쌓아온 지식들을 내게도 아낌없이 전해주셨다.

나의 멘토이자 지기지우(知己之友)인 명리학자 현묘와 제주도에서 심리상담센터를 운영하고 있는 명리학자 소림, 교정을 위해 원고를 꼼꼼하게 검토해준 유지영 님, 그리고 철공소 식구들과 나와 함께 명리학을 공부해 나가고 있는 여러 도반 님들께도 깊은 감사의 마음을 전한다. 그들과의 격의 없는 논의와 치열한 연구를 통해, 명리학에 대한 내 공부가 더욱 깊어질 수 있었다.

이외, 원형의 육십갑자 이미지를 책에 사용할 수 있도록 허락해주신 산책 님과 그의 제자이자 디자이너인 동구파더 님, 그리고 책에 수

록된 문제에 대한 아이디어를 제시해주신 구름연못 님 또한 특별히 언급하고 싶다. '산책처럼, 사주'라는 유튜브 채널을 운영하고 있는 산책 님은 매년 큰 규모의 무료 상담 및 기부 행사들을 여러 차례 이끌며, 도움이 필요한 사람들을 돕는 데 누구보다 앞장서고 있다. 구름연못 님은 동양학에 대한 폭 넓은 이해를 바탕으로, 사주를 그림으로 표현하며 명리학의 저변을 넓혀가고 있다. 덧붙여, 이 책은 작지만 알찬 출판사 멀리깊이 박지혜 편집자의 노고가 없었다면 출간이 불가능했을 것임을 밝힌다.

마지막으로 나의 소담. 나의 장점은 물론, 나의 가장 숨기고 싶은 부분까지 깊이 이해하고 있는 영혼의 단짝. 당신은 모든 부분에서 철없고 미숙하기만 했던 나를 어른으로 성장시켜준 사람이에요. 내가 지금처럼 원하는 삶을 살아갈 수 있게 된 데는, 전적으로 늘 나의 곁에서 나를 지지하고 믿어주는 당신이 있었기 때문입니다.

그리고 윤별아. 아빠는 다른 사람의 사주를 연구하고 상담을 하는 사람이지만, 너의 사주는 태어날 때도 그랬고 지금까지도 깊이 있게 들여다본 적이 없구나. 네가 어떻게 자라날지 무척 기대되는데, 네가 가진 다양한 가능성을 아빠 마음대로 재단하고 싶지 않았어. 지금의 너는 아직 작은 나무이기에, 네가 원하기만 한다면 지구를 덮어버릴 수 있을 만큼 엄청나게 큰 나무로도 성장할 수 있을 거야. 네가 어느 정도 자라나 삶에 대해 진지하게 고민하기 시작하게 되면, 아빠가 옆에서 최선을 다해 도울 거라 약속할게. 나의 단짝 소담, 그리고 윤별, 모두 사랑한다.

참고문헌

도서
『명리, 운명을 읽다』(강헌 / 돌베개 / 2015)
『명리, 운명을 조율하다』(강헌 / 돌베개 / 2016)
『운명의 해석, 사주명리』(안도균 / 북드라망 / 2017)
『나의 사주명리 1, 2』(현묘 / 날 / 2022)

온라인
블로그 〈안녕, 사주명리〉
https://yavares.tistory.com
블로그 〈일호학당〉
http://www.ilhohakdang.com
블로그 〈코스몬소다〉
https://blog.cosmonsoda.com
블로그 〈다시 배우는 사주명리〉
https://www.sajustudy.com
인스타그램 〈구름연못〉
Insta ID : lacdenuage_kr

유튜브 채널
〈철공소닷컴〉, 〈사람공부〉, 〈산책처럼, 사주〉, 〈명담재〉

이외
철공소 〈강헌의 인문명리학〉
https://k-fortune.com

추천도서

입문
《조용헌의 사주명리학 이야기》(조용헌 / RHK / 2014)
《나의 사주명리 1》(현묘 / 날 / 2022)
《명리, 운명을 읽다》(강헌 / 돌베개 / 2015)
《명리심리학》(양창순 / 다산북스 / 2020)
《나의 운명 사용설명서》(고미숙 / 북드라망 / 2022)

초급
《나의 사주명리 2》(현묘 / 날 / 2022)
《운명의 해석, 사주명리》(안도균 / 북드라망 / 2017)
《춘하추동 신사주학 춘》(박청화 / 청화학술원 / 2005)
《명리명강》(김학목 / 판미동 / 2016)

중급
《명리, 운명을 조율하다》(강헌 / 돌베개 / 2016)
《명리 3권 : 일주편》(강헌 / 돌베개 / 2024 출간예정)
《운을 묻고 명을 답하다》(정희태, 김태경 / 계축문화사 / 2019)
《피클 일주론 사주명리학의 꽃》(조재렬 / 책과나무 / 2020)
《사주경영학》(김원 / 비즈니스북스 / 2017)
《사주심리학1, 2》(낭월 / 삼명 / 2018)
《알기 쉬운 용신분석》(낭월 / 동학사 / 1999)

고급
《자평명리신해》(나명기 / 지식과 감성 / 2020)
《용신》(낭월 / 삼명 / 2013)

《운세》(낭월/ 삼명 / 2020)

《사주풀이 Z엔진》(박청화/ 신지평 / 2010)

《명리학의 이해 1, 2》(루즈지/ 사회평론아카데미 / 2018)

이외

《새벽에 혼자 읽는 주역인문학 1, 2》(김승호/ 다산북스 / 2015)

《내 팔자가 세다고요?》(릴리스/ 북센스 / 2020)

《당신에게도 세 번의 대운은 반드시 찾아온다》(소림/ 트로이목마 / 2023)

《신령님이 보고 계셔》(홍칼리/ 위즈덤하우스 / 2021)

* 명리학 고전을 읽게 될 경우에는 가급적《적천수천미》,《자평진전》,《궁통보감》순으로 읽으
  시길 권합니다.

명리, 나를 지키는 무기

© 초명

초판 1쇄 인쇄 2023년 11월 25일
초판 5쇄 발행 2024년 8월 5일

지은이 초명
펴낸이 박지혜

기획·편집 박지혜 **마케팅** 윤해승, 장동철, 윤두열, 양준철 **경영 지원** 황지욱
디자인 박선향
제작 한영문화사

펴낸곳 (주)멀리깊이
출판등록 2020년 6월 1일 제406-2020-000057호
주소 03997 서울특별시 마포구 월드컵로20길 41-7, 1층
전자우편 murly@humancube.kr
편집 070-4234-3241 **마케팅** 02-2039-9463 **팩스** 02-2039-9460
인스타그램 @murly_books
페이스북 @murlybooks

ISBN 979-11-91439-38-0 03150